校企"双元"合作开发丛书

山西省"双高"项目建设成果

"游山西·读历史·品文化"地方特色丛书

薪火相承

山西的非遗文明

管 萍 马素萍 李文慧 ◎ 编著

中国旅游出版社

项目策划：段向民
责任编辑：武　洋
责任印制：钱　宬
封面设计：武爱听

图书在版编目（CIP）数据

薪火相承：山西的非遗文明 / 管萍，马素萍，李文慧编著 . —— 北京：中国旅游出版社，2024.8
（校企"双元"合作开发丛书 ."游山西·读历史·品文化"地方特色丛书）
山西省"双高"项目建设成果
ISBN 978-7-5032-7268-4

Ⅰ.①薪… Ⅱ.①管… ②马… ③李… Ⅲ.①非物质文化遗产—介绍—山西—高等职业教育—教材 Ⅳ.① G127.253

中国国家版本馆 CIP 数据核字 (2024) 第 018494 号

书　　名：薪火相承——山西的非遗文明

作　　者：管萍　马素萍　李文慧
出版发行：中国旅游出版社
　　　　　（北京静安东里 6 号　邮编：100028）
　　　　　https://www.cttp.net.cn　E-mail:cttp @ mct.gov.cn
　　　　　营销中心电话：010-57377103，010-57377106
　　　　　读者服务部电话：010-57377107
排　　版：小武工作室
经　　销：全国各地新华书店
印　　刷：三河市灵山芝兰印刷有限公司
版　　次：2024 年 8 月第 1 版　2024 年 8 月第 1 次印刷
开　　本：720 毫米 × 970毫米　1/16
印　　张：15.75
字　　数：225 千
定　　价：59.80 元
ISBN　978-7-5032-7268-4

编 审 委 员 会

总 序

华夏古文明，山西好风光。山西是华夏文明的摇篮、著名的革命老区……"表里山河，伟岸气魄的三晋大地，散落着先人灿若繁星的智慧，也凝结着无数文明传续的印记，她被赋予了太多的历史标签。"不到山西，不懂中国；到过山西，才知华夏。

《山西省"十四五"文化和旅游发展规划》明确指出：要挖掘和弘扬优秀三晋文化，突出山西华夏文明植根地位，深入研究梳理中华文明、中华文化的起源和特质，开展黄河文化、长城文化、太行文化系统性研究。

为了讲好山西故事，我们策划了此套丛书。丛书以"文化·历史·旅游"为主线，以讲好山西故事、弘扬中华文化为目标，依托山西鲜明的地域特色文化资源，围绕"黄河·长城·太行"三大品牌，从"表里山河""悠悠长河""文明根脉""民族脊梁""边塞烽火""晋商寻踪""土木华章""薪火相承"八个维度"品游"山西，让更多的人了解山西、走进山西，让旅游成为新时代人们感悟中华文化、增强文化自信的过程。

丛书适逢山西省文旅产业蓬勃发展之际，山西文旅"品牌时代"的到来，为培养复合型高素质的旅游人才、服务于地方经济建设、推动山西文旅"走出去"创造了很好的条件。

丛书是太原旅游职业学院山西省"双高"项目教材建设结晶，丛书体系完整、资料丰富并配有数字资源，编写人员以太原旅游职业学院的"双师型"教师为主，旅游企业、行业的专家、学者也参与其中，体现了"双元"特色。

丛书在编写过程中参考了大量的著作、文献和新闻报道，因篇幅有限，恕不能一一列出，在此谨向这些论著资料的作者表示真诚的谢意。丛书编写工作还得到了中国旅游出版社的支持，对此深表感谢。由于编者的知识、能力和水平有限，以及编写时间有限，书中不妥之处在所难免，还请广大读者不吝赐教，以臻完善。

丛书编委会

2023 年 10 月

前　言

　　山西是中华文明发祥地之一，历史悠久，人文荟萃。五千年绵延不绝的历史演进，在这里积淀生成了丰厚宝贵的文化资源。山西省不仅地上文物数量位居全国之首，非物质文化遗产蕴藏量也毫不逊色。

　　截至 2023 年 7 月，山西省拥有国家级非物质文化遗产代表性项目 182 项，省级非物质文化遗产代表性项目 1173 项。项目涉及民间文学、传统音乐、传统舞蹈、传统戏剧、曲艺、传统技艺、传统体育游艺与杂技、传统美术、传统医药、民俗十大门类。这些项目构筑起一座种类丰富、门类齐全、形式多样、特色鲜明、浩瀚巨大的非遗宝库。

　　山西省非物质文化遗产植根于山西民间沃土中，是山西传统农耕文化以及农耕游牧文明碰撞融合的社会生产、生活方式的集中体现，蕴含着三晋大地人民独特的文化意识、精神价值、思想情感、审美理念等，是人民群众智慧的结晶，凸显出人民群众高度的创造力。老陈醋酿造技艺、五台山佛乐、晋剧、闻喜花馍……一项项非遗背后是一代代山西匠人坚持不懈的匠心守艺和传承发展，而这些非遗项目至今仍对山西老百姓的生产和生活产生着影响。让更多人了解非遗、热爱非遗，提高大众对非物质文化遗产的保护意识，认识到非物质文化遗产是中华传统文化的瑰宝，能自觉守护非遗、为非遗传承贡献力量，让非遗之花灿烂绽放，是我们编写本书的初心。

本书以非遗的十大类别为章节提纲，每一章按非遗文化解读、具体项目解析的思路编写。每一章择选山西省 3 项代表性强、内涵丰富、影响深远的非遗项目进行详细阐述。本书笔法清新通俗、内容深入浅出，每一项非遗项目的每一部分以别致凝练的小标题引出相应内容。本书采用二维码技术，合理植入相关数字化资源，读者可使用手机扫码读取，灵活方便。纸数融合，让非遗项目的真实感、画面感、场景感更加立体，有利于激发读者的阅读兴趣，增强阅读效果。

本书由管萍（太原旅游职业学院副教授）确定体例，撰写第一章、第二章部分内容、第三章部分内容、第四章，共计 8 万字；马素萍（太原旅游职业学院教师）撰写第二章部分内容、第三章部分内容、第六章部分内容、第七章、第八章部分内容、第九章、第十章，共计 12.2 万字；李文慧（山西省非物质文化遗产保护中心工作人员）撰写第五章，共计 2 万字；李晓阳（太原旅游职业学院教师）撰写第六章部分内容、第八章部分内容。管萍、马素萍、李文慧、李晓阳、赵爽（山西科技报社编辑）共同完成数字化资源内容的设计。

由于笔者水平有限，文中不妥之处敬请各位读者不吝赐教，以便日后更加完善。

管　萍　马素萍　李文慧

2023 年 7 月

目 录

壹　技艺创新敬匠心

当我们已经习惯了使用由机器大批量生产出的物品，那一件件使用传统工艺打造的、散发着质朴的原始风貌和乡土气息的手作物件，越发显示出它的独特与珍贵。当代，越来越多的人开始珍视手工技艺和手工技艺带来的温度。

01 在地手作　传统技艺

传统技艺也称传统手工技艺，是指一门有着悠久文化历史背景的技术、技能，通过一定的艺术构思，纯手工或借用一定的工具，以手工作坊的方式来制作。中华民族是勤于劳动的民族，传统技艺就是手工劳动的文化，凝聚着我们祖先的智慧。传统技艺作为非物质文化遗产的重要组成部分，是中华优秀传统文化的活态实践。

人所需的一切物质产品，都离不开手工技艺制造。人的衣、食、住、行，如服饰制作、农作物种植、食品加工，离不开手工技艺；住房构建、车船修造、桥梁建设，离不开手工技艺；民间美术如年画、竹雕、木雕、玉雕、砖雕、石雕等，也离不开手工技艺。三百六十行，行行有技艺。众多的手工行业，说明了手工技艺在人们生活中的重要作用。同时，传统手工技艺的产生和发展，是社会文明进步的表现。在中华民族五千多年的文明史中，有成千上万的发明创造。火的使用与陶器的发明，使人类告别了茹毛饮血的时代；房屋的建造使人的住宿条件和生活环境有了很大改观；服饰的缝制、桌椅的使用，乃至中国的"四大发明"也离不开手工技艺，这些都是手工技艺发展的成果，反映了社会文明程度的提高。

当下，传统手工技艺类非物质文化遗产从满足人们的物质需求，逐步发展为满足人们的精神需求。正如日本民间工艺学者柳宗悦所说："只有工艺的存在我们才能生活……如果工艺是贫弱的，生活也将随之空虚。"手工艺人对产品的精雕细琢、用心创造，使产品具有审美价值和艺术价值，装饰人们的生活并丰富人们的精神世界。

传统工艺不仅是千变万化的制作技艺，还是民族文化的情感表达，亦是中国人文精神符号的象征。中国民间技艺是中华儿女沟通情感的纽带，是彼此认同的标志，是维系群体团结的黏合剂，是世世代代锤炼和传承的文化传统。

02 三晋珍宝　山西的传统技艺

一声唱腔，一把乐器，历史就活了。一缕香烟，一项技艺，文化就活了。传统技艺是民间传承下来的技艺，每一门技艺都烙着民族的印记。生长在山西这片土地上的人们受几千年历史文明的熏陶，形成了具有山西特色的民俗文化底蕴，造就了非遗文化极其丰厚的宝库。山西传统技艺植根于百姓生活，是从百姓生活中提炼出来的艺术结晶。它们历史悠久、种类繁多、特色鲜明，散发着质朴的乡土气息，蕴含着丰富的历史文化信息。

截至 2023 年 7 月，山西省拥有传统技艺类国家级非物质文化遗产代表性项目 35 项，国家级代表性传承人 26 名。

截至 2023 年 7 月，山西省公布的六批省级非物质文化遗产代表性项目名单中，传统技艺类省级非物质文化遗产新增及扩展项目共 311 项。

★ 以手抛光的慢艺术　平遥推光漆器髹饰技艺

平遥古城是世界文化遗产地，国家历史名城。久负盛名的平遥推光漆器则是伴随着这座古城应运而生的一朵中国工艺美术奇葩。在晋中，有一句俗语可谓家喻户晓："平遥古城三件宝，漆器、牛肉、长山药。"在古城三件宝中，漆器列为首。平遥推光漆器是古城标志性的"符号"之一，来到这里的人们常常寻访古城，为"抱得一器而归"。

1. 历史悠久，匠心传承

新石器时代，这里被大量树木覆盖，其中漆树的树种分布甚广。先民们便用漆树的浆汁涂抹食器，以图光亮、好看、耐用。春秋战国时期，平遥漆器已粗具雏形。在汉代，漆器已达到鼎盛时期。魏晋南北朝时期，平遥推光漆器髹饰工艺已达到较高水平。以此种技艺制作的漆器在唐代开元年间已闻名遐迩，明清两代由于晋商的崛起，推光漆器有了长足的进步，平遥漆器远销蒙、俄、东南亚一带。

漆艺艺术的发展离不开几代匠人的钻研和创新，他们一代代创造出了独特的技艺——描金彩绘、堆鼓罩漆和手掌推光，同时把经济、美观、适用统一起来，表现出巨大的创造才能。

光绪年间，乔泉玉老艺人在工艺上不断摸索，减少擦色，增添漆色，吸取唐、宋工艺的重彩精华，从木胎、灰胎到漆工、画工，整个髹饰过程得到进一步完善，在突出形成描金罩漆、擦色特色的同时，展示出当地鲜明的区域风格，从而发展了推光漆器绘画艺术，使推光漆器的生产进入发展的高峰期，为平遥漆艺的承前启后做出了杰出贡献。乔泉玉的得意弟子、现代平遥漆器的集大成者薛生金大师，是将平遥推光漆器复苏、振兴、发扬光大的里程碑式人物。他创立了独具一格的"乔派"风格，成为平遥漆艺第二代传承人中的杰出代表。在继承前人传统技艺的同时，他大胆创新，和同行共同努力，恢复了已经失传的平遥堆鼓罩漆技艺。他兼取诸地之长，融会贯通，最终形成不同于别人的风格和流派，培养一批又一批徒弟，把平遥推光漆器的艺术推到顶峰。

中华人民共和国成立后，平遥推光漆器厂建立，老艺人乔泉玉、任茂林等献艺授徒，使推光漆器的生产进入黄金时期，平遥推光漆器自此成为中国著名的漆艺品种之一，产品销往30多个国家，有些精品为人民大会堂和中国美术馆所珍藏。

平遥推光漆器以家具、首饰盒等类型为多。长期以来只是摆放在皇亲国戚的宫殿、达官贵人的府第和晋商大院的深宅里，但是随着时间的推移，如今的平遥推光漆器也已跟着传统老技能的承继开展，逐渐构成一个产业集群，成为普罗大众都可以自由购买的商品。在数百年的历史长河中，平遥推光漆器成为平遥这个晋商故地除古城之外的另一张名片。

2. 工艺细腻，用心"推"进

一项技艺的传承，既要有技艺所需的物质条件，还需有掌握技艺的工匠。平遥推光漆器制作以用料考究、工序烦琐、制作精良为名。

首先，用料考究。材料用炼制过的天然大漆髹饰器具，天然大漆具有绿色环保、防腐、防潮、耐强酸强碱、绝缘、抗冲击等优点。"滴漆入土，千年不腐"说的就是大漆，目前保存完好的出土漆器文物，绝大部分采用了大漆工艺。木材则常选用造型好、质料优、不易变形的椴木。

其次，工序烦琐复杂。分木胎、灰胎、漆工、画工和镶嵌五道工序。在精致的木胎上挂灰后，刷、涂、阴干、磨推，多至八九道程序，然后手掌蘸取麻油反复推擦，直到手感光滑，用老艺人的话说就是："凭眼力，凭心细，凭感觉，凭次数，推得漆面生辉，光洁照人。"

最后是美术画工、镶嵌等技艺。工匠们凭着所掌握的绘画技巧，描金彩绘、刀刻雕垫，在漆面上勾画出花鸟、山水、人物（戏剧、神话传说中的故事人物）等各具特色的图案。刻绘工人的刀锋，要求像笔锋一样，粗细相间，深浅适度，起落自如。镶嵌原件的制作台上，团团烟光紫气，叮叮有声，工人们把河蚌壳、螺钿、象牙以及彩色石头加工成各种原件，由镶嵌工人根据图案的要求，巧妙地镶妥粘牢。这些推光漆髹饰品外观古朴雅致，绘饰金碧辉煌，手感细腻滑润，经久耐用，不仅具有使用价值，而且具有审美价值。

值得一提的是，每一件漆艺品"髹漆"是最关键的工序。漆工的操作是非常细致和复杂的。在灰胎上每刷一道漆，都要先用水砂纸蘸水擦拭，擦拭毕，再用手反复推擦，直到手感光滑，再进行刷漆，每上完一道漆干后需打磨—再上漆—再打磨……最后磨出光。用手掌推磨出光，是制作推光漆器最重要的一步。先用2000目的砂纸打磨平整，接下来用优质椴木烧制的木炭块蘸水细细打磨以增加漆面的黑度，再用头发丝抹上豆油打磨光滑，最后撒上砖灰面，用手顺着一个方向推磨，直到手掌发热，这样推出的漆面光亮如镜，以后也会越擦越亮。

3. 精湛技艺，绽放异彩

在浩瀚的历史长河中，中华民族五千多年的文明孕育出无数艺术瑰宝。作为中国最古老的传统手工艺之一的漆器艺术，是中国人自古以来追求"天人合一"精神的载体之一。平遥推光漆器能如此流光溢彩，全得益于工匠师傅夜以继日的刻苦钻研、一遍遍辛勤的打磨和日积月累练就出的精湛手艺。这不仅仅是一项技艺的传承，更是中华民族精神文化的传承。

平遥漆器，在几千年的历史发展长河中，因其文化的博大精深和强烈鲜明的地域特色，为人民所喜爱。

平遥漆器是地域文化。平遥位于晋中盆地，山文化特点鲜明。平遥推光漆器在发展过程中，其内容题材大多绘制山水花鸟、亭台楼阁，或一点而过，或大幅写意，以山水为题材的漆器是平遥漆器的主流之一。到明清时期，晋商足迹遍布大江南北，富有的平遥商人不但对家具精益求精，连摆设的位置也颇为讲究，以此显示家族的富贵。这种生活习俗，与制作精良的漆器正好匹配。此时推光漆器中常见通体装饰，富丽堂皇，这些设计都是地域文化的表现。

平遥漆器是民俗文化。平遥的晋商多依靠镖局和票号营生，因为保平安和求财的心理，明清时期的漆器纹饰多以"寿""福"等字样和谐音图案为主。民间工匠用丰富的想象力，将纹饰、瑞兽、花鸟等形象组成连续图案绘制在漆器周围，因"蝠""福"同音，蝙蝠成为经常出现的吉祥动物。此外，还有表现"平安""祈福""多子"等的纹饰，有《花开富贵》的牡丹、《年年有余》的童子，《财源广进》的关圣。

平遥漆器是艺术。平遥推光漆器艺术蕴含着中国画艺术的精髓，其图案的绘饰也讲究"空"。因其面对的是黑漆底，与中国画正好相反，将黑当白，漆上画鸟，黑处是蓝天，漆上画鱼，黑处为水，其空黑处与国画的空白处一样给人以想象的空间。此外，平遥推光漆器有着丰富的表现力，漆上作画有重彩之美，漆上修描有工笔之美，漆上装饰有浮雕之美，漆上雕刻有版画之美，漆上刮擦有油画之美，漆上泼洒有水彩画的意境，它取各画种之长，兼收并蓄，丰富自身。

平遥漆器盒的图案

平遥推光漆器流传至今，已有数千年历史。2006年，平遥推光漆器髹饰技艺列入首批国家级非物质文化遗产代表性项目名录。2007年，首届中国平遥漆文化节成功举行，开创了中国平遥推光漆艺文化双年展之先河，2011年获准实施国家地理标志。在平遥，大师工作室、漆器企业厂商以及私营漆器厂商并存，从业人员达千人以上，居全国之首。这一现象引起全国同行业的极大关注，被称为"平遥现象"。现在仍健在的平遥推光漆艺人有中国工艺美术大师薛生金和他的传承人耿保国、贾兴林等。

4.薛生金：守一种精神，修一份匠心

薛生金，汉族，1937年出生，山西平遥人。薛生金是中国工艺美术大师、平遥推光漆器髹饰技艺国家级代表性传承人。1902—1937年，其父经营着平遥老字号"源泰昌"漆店，因此他从小就与"漆"字结下了不解之缘。薛老先生从小喜欢绘画，1953年进平遥文化布景社学艺。1958年平遥推光漆器厂草创时期，他便进厂师从平遥推光漆器老艺人乔泉玉老先生学艺。他从事漆艺60多年，在继承传统的基础上大胆创新，成功恢复了已经

失传的平遥堆鼓罩漆工艺，先后创造了三金三彩、青绿金碧山水、堆鼓彩绘、沥金、沥银、沥螺等工艺。薛生金的代表作是《猫》。漆画《玉宇琼楼》《台山晨曦》曾在全国首届漆画展览会上获优秀奖，两套屏风《琼山初曦》《万千山楼正曙色》被中国工艺美术馆收藏。他设计的屏风《春苑献翠》《神州韵史》以及彩绘宫廷柜在全国工艺美术品评比中分别获银杯奖和金杯奖。

卢梭曾在《爱弥儿》中说：在人类所有的职业中，工艺是一门最古老最正直的手艺。用一生做好一件事，而且要做到极致。薛老先生沉浸在漆器的世界里，慢慢打磨自己的技艺，淬炼心性，用"美"回报时光与岁月，这是一份幸运，更是一种选择。一个匠人对自己手艺的热爱，都饱含着一种浓浓的情怀。如果没有这样的胸怀，做出来的东西绝对不高级。薛老先生在平淡生活中，静心创作，一生默默坚守匠人的荣光，付出自己的一份匠心，心无旁骛。

5. 传承创新，焕发生机

王国维称，古今成大事业、大学问者，必经过三种之境界。非遗传承发展也是如此。非遗传承的三重境界分别是纸上的传承、技艺的传承、精神的传承。这三重境界也是一切成功的非遗传承必须经历的三个阶段。精神的传承，是非遗传承的第三重境界，也是非遗传承的高级阶段。如果说纸上的传承、技艺的传承尚着眼于继承，以真实、完整地继承传统文化为目标，那么精神的传承则有了更高的目标，即文化创新，也就是融合新思想、新观念、新技术，达到"创造性转换""青出于蓝而胜于蓝"的效果。

虽然名气足够大，技艺足够精，平遥推光漆器并没有停下创新的脚步。过去，平遥推光漆器主要是指首饰盒、家具、屏风、漆画等产品，如今在一些流线型的工艺品中也有了推光漆器的踪影。目前，平遥推光漆器与福州脱胎漆器两种工艺相结合，制作的漆器作品既有平遥推光漆器的亮丽，又有福州脱胎漆器的轻巧，不掉漆也摔不坏。通过融合创新，平遥推光漆器能有更多的应用场景，让更多人认识它、喜欢它。薛生金大师的徒弟梁中秀敢于创新，将传统工艺与现代理念相结合，将油画、水粉、水彩画的表现手法有机融入漆器艺术，作品总是呈现出油画般绚丽的效果，风格鲜明。在创作《山西风光》时，他在传统堆鼓工艺的基础上，创新出多层次的堆鼓和贴金、泥金相结合的工艺，极大地提高了推光漆艺的表现手法，将平遥漆器技艺之美精彩呈现，让人们领略到独具魅力的山西文化，其作品被中国国家博物馆永久收藏。

随着国家提倡老工艺的传承，平遥推光漆器成为当地的一种纯手工工艺品，趋向大众化、艺术化、商品化，带动当地经济发展，也与文化效益、社会效益、艺术效益以及旅游效益同步发展。现如今，旅游与"非遗"的融合让非遗传承发展更具活力，也赋予旅游更为蓬勃的生命力，从而让来山西的游客能够更深层次、多维度地感知多彩的本土特色文化。平遥推光漆器已成为山西旅游商品的代表性符号，成为独具山西特色的旅游商品。其文创产品纷纷亮相各大景区专卖店，焕发出强大的生命力。非遗文化正在变成可观赏、可体验、可购买，集艺术性与观赏性于一体的新型旅游产品。大众近距离体验非遗、品味非遗、享受非遗，感受非遗焕发出的蓬勃生命力。此外，随着游客个性化旅游商品的需求，鼓励漆器手工艺的个性化定制，因为手工艺本身便是个性化、差异化、限量化的生产，"定制"很适合为小众服务，甚至满足特定人群的特殊需求，这就要求漆器手艺人要强化创意、重视创意设计能力的提升，同时还要能静下心来，用"工匠精神"去完成一件件作品。

如今，漆器手工制作不是"老古董"，它已然升级为兼顾流行与创意的新工艺，成为一个受欢迎的概念，还带着一丝迷人的新鲜感。谁都可以是生活的手作者，没有完不成的事，只有想不到的事，只要愿意动手自己创作，来平遥体验平遥推光漆器髹饰技艺，让传统的漆器技艺以新的方式点缀你的生活吧！

★ 百年陈醋历久弥香　老陈醋酿造技艺

山西老陈醋是中国四大名醋之一，素有"天下第一醋"的盛誉，以色、香、醇、浓、酸五大特征著称于世。老陈醋酸醇、味烈、味长，同时还具有香、绵、不沉淀，过夏不霉、过冬不冻的特点，为山西醋中独具一格、质地优良的佳品，而且老陈醋储存时间越长越香酸可口，耐人品味。

1. 传承千年，"醋"意盎然

自古酿醋在山西，山西做醋的历史大约有 3000 年之久。醋古称醯，又称酢。《周礼》有"醯人掌共醯物"的记载，由此可见，西周时期已有酿造食醋。晋阳（今太原）是中国食醋的发源地，史称公元前 8 世纪晋阳已有醋坊，春秋时期已遍布城乡，至北魏时《齐民要术》共记述 22 种制醋方法。当时，制醋、食醋已成为山西人生活中的一大话题。其中"作米酢法"便是

"山西老陈醋"的酿制方法。到清初顺治年间，介休出了一位"醋仙"王来福，他在清徐城关开办"美和居"醋坊，又在白醋的基础上增加熏醋工艺，大胆地改革创新，"冬捞冰，夏伏晒"，终于创出山西"老陈醋"，使老陈醋一举名列中国四大名醋之首。2004年8月9日，国家质检总局批准对"山西老陈醋"实施原产地域产品保护。2008年，"美和居老陈醋酿制技艺"被国务院、文化部认定为"国家级非物质文化遗产"。按照2014年10月1日起正式实施的山西老陈醋产品质量新标准，山西老陈醋不用再标注保质期，且只有酸度为6度才能被称为正宗的老陈醋。

作为醋的故乡，在民间至今有做醋的遗风。如果盛夏到山西的清徐一游就会发现，老乡们在烈日之下，放一口麻纸闷着的大缸，在用"老醯儿"（制醋的醦子）晒醋，而且醋缸需不断地搬动，因为醋缸要跟着太阳"爷爷"走。看到此情此景，过去山西"家家有醋缸，人人当醋匠"的场景定会跃然眼前。据《中国实业志·山西省》载："晋人嗜醋，凡小康之家，皆自酿造。"在广大农村，酿醋技术已成为妇女的普通技能，一般农户每年都要酿造一次，以供全年食用。山西是制醋的大本营，现在全省有100多家醋厂，著名的除清徐老陈醋外，还有陵川玉泉老陈醋、壶关辛寨老陈醋、榆次南堡老陈醋。品种有老陈醋、名特醋、双醋、陈醋、特醋、晋醋、味醋、熏醋等。同一品种的醋，根据使用原料和生产工艺的不同，又可分出各种各样的品种类别，真可谓琳琅满目，各具特色。

人说山西好地方，地肥水美醋更香。山西人善制醋，是因为山西人爱吃醋，而山西人爱吃醋的程度可称为全国之最，在山西民间有"无醋不成味"之说。有关醋的典故还有很多。传说，唐太宗为了笼络宰相房玄龄，想给房纳妾，房妻出于嫉妒，横加干涉，太宗无奈，令房妻在喝毒酒和纳小妾两者之中选择其一。没想到房夫人很有几分刚烈，宁愿一死也决不在皇帝面前低头。端起"毒酒"一饮而尽。当房夫人含泪喝完后，发现杯中不是毒酒，而是带有酸甜香味的浓醋。这便是"吃醋"一词的由来。

2. 好水酿好醋，工艺铸特色

山西老陈醋传统酿制技艺是一种地方传统手工技艺。山西老陈醋作为黄河流域农耕文化的结晶，是晋文化的重要组成部分，也是晋文化绵延不衰、传播华夏的重要载体。

酿醋如酒，必得好水才出得好醋。在太原，酿醋的地表水是管涔山流下来的汾河水，而地下水源自天龙山水系。管涔山位于晋西北宁武县境内，海拔2603米，迄今仍有原始次生林82万亩，湖泊6个，其中宁武天池为中国著名天池之一，其万年冰洞一年四季冰封。山中夏季云雾缭绕，绿意葱茏，冬季白雪冰封，洁白纯净。管涔山属高寒地区，这里生产的粮食有莜麦、豌豆和土豆，且盛产沙棘，年平均温度只有6℃。宁武的民俗中，特别追求绿色食品，至今仍使用水动力的石磨磨面，而汾河源的水冽冽甘甜，是可以生饮的。天龙山原名方山，属吕梁山脉分支，海拔1700米，位于太原市西南36千米处，天龙山屏峰黛立，松柏成荫，溪泉鸣涧，山中多砂页岩，森林覆盖率达70%，水质良好，是酿造山西醋的优质用水。

山西老陈醋以"食而绵酸、口感醇厚、滋味柔和、酸甜适口、余香绵长"享誉中外，原料均取自本地生产的高粱、大麦、玉米和豌豆。山西所处黄土高原上的日照强烈，昼夜温差大，所产杂粮糖分含量高，其他成分的含量也较高。日本曾有研究机构将山西老陈醋带回去分析，证明山西老陈醋中的各种氨基酸均高于其他品牌的醋。山西老陈醋还有一个使其他地区无法仿制的因素，即山西冬天的寒冷及夏天阳光的猛烈。

从工匠技艺层面讲，山西老陈醋一代代传承人秉承"诚信世间"——内诚于心，勤俭为根，外信于德，和顺为本的精神，继续采用红心大曲，每投料100千克高粱就投料62.5千克的大曲；工艺方面，山西老陈醋是微生物发酵的产物，不像生产牛奶一样采用高温杀菌，而是采用为期一年的"冬捞冰，夏伏晒"的陈酿工艺，不仅耗时长，老陈醋在陈酿的过程中损耗也非常严重，100斤的新醋经过一个陈酿期会蒸发掉30斤的水分和醋酸等可挥发性物质，使得山西老陈醋的口感、营养成分得到升华。"冬捞冰，夏伏晒"是核心工艺，是一次经济上浪费、品质上保证、风味特色上拔高的过程，也是商家"良心醋"的特点。相较于现代工艺所采取的"液态醋酿制法"，一周便可产出成品，传统生产方式需占用更大的空间，场地、人力、物力、财力等成本投入更大。在生产过程中正视这些"损耗"，绝不为了利益牺牲"质量"获得"数量"，保证核心工艺，保存原汁原味是酿制山西老陈醋的细节要求。

山西老陈醋与其他名优食醋工艺相比，不同之处主要有四点：首先，以曲代粮，发酵时每100斤高粱原粮会搭配至少60斤曲。使用的醋曲为红心曲，需要将精选大麦和豌豆按7:3的比例搭配，根据不同的季节磨成适当大小的颗粒，再相应调整温度，制成的曲断面是青白色，中间有一道红线，散发着酱香和炒豌豆的香味儿。山西老陈醋酿造原料品种多，营养成分全，特别是蛋白质含量高，为我国食醋配料之最。经检测，山西老陈醋含有18种氨基酸，有较好的增鲜和融味作用。其次，曲质优良，微生物种丰富，特别是大曲中含有丰富的霉素，使山西老陈醋形成特有的香气。再次，使用独特的熏醋技术。熏香味是山西食醋的典型风味，熏醋的独特技艺使山西老陈醋的醋香、熏香、陈香有机复合，并使山西老陈醋的色泽饱满，不需外加调色剂。最后，突出陈酿，以新醋陈酿代替醋配总酸度，其比重、浓度、黏稠度、可溶性发酸、总糖、还原糖、总醋、氨基酸态均名列全国食醋之首。并且由于陈酿过程缩合，不挥发，酸比例增加，使老陈醋历久陈香。

明代李时珍在《本草纲目》中有"醋能消肿、散火气、杀邪毒、理诸药"之说。经科学研究和实践证明，山西老陈醋中有丰富的总黄酮、川芎嗪等物质，使醋泡系列产品具有预防现代病的作用，可用于改善人体机能，如泡黑豆具有补肾明目作用，泡花生具有调节血脂作用，泡黄豆具有调节血压作用。从史料记载到现代生活，山西老陈醋被百姓应用在各个领域，用山西醋洗脸可以祛除青春痘、老年斑；用山西老陈醋洗脚可以杀菌、消灭脚气；喝醋可以调节身体内微生物的生存环境和酸碱平衡度，解决水土不服的问题。事实证明，山西醋源远流长，几百年来百姓在生产、生活等各个方面都离不开它，民间流传的"缴枪不缴醋葫芦""家有二两醋不用请大夫"等俗话便是最好的印证。

3. 品醇香食醋，赏千年文化

民谚云"山西人爱吃醋，家家有个醋葫芦""老西生性怪，无醋不吃菜""有醋可吃糠，无醋肉不香""宁可丢了饭担子，不敢扔了醋罐子"，甚至"阎锡山的兵，缴枪不缴醋葫芦"，可见山西人"嗜醋如命"。"家家有醋缸，人人当醋匠"，这是对山西醋文化的一种描述。山西人为什么爱吃醋？除了山西醋品种多、质量好之外，还有其特殊的地理环境原因。

首先，山西省地处华北西部的黄土高原东翼。从地形看，是一个由许多复杂山脉构成的高台地。山西省位于内陆，外缘有山脉环绕，因而难以受海风的影响，形成了比较强烈的大陆性气候。同时，又因受内蒙古冬季冷气团的袭击，北部比较寒冷，由此形成山西的气候特征：冬季长而寒冷干燥，夏季短而炎热多雨，春季日温差大且风沙多，秋季短暂且气候温和。

山西属温带大陆性季风气候，年平均气温 3~14℃，昼夜温差大，南北温差也大。地形条件使山西现有耕地约 5804 万亩，气候条件使山西的主要粮食作物有小麦、高粱、玉米、豆类和薯类。高粱产量多质优，这使得山西醋的原材料极其丰富。

其次，山西省矿产资源十分丰富，其中以煤、铝土、铁等为主。煤炭资源得天独厚，分布在全省 90 多个县（市、区）内。山西省位于我国主要的运煤铁路上，煤炭资源的丰富以及运煤交通的便捷造就了山西以煤为中心的工业。这就导致山西省空气中一氧化碳含量相对较多，而醋有解除煤气的作用，这也是山西人爱吃醋的一大原因。

再次，山西水质较硬，水土呈碱性，醋可以起到软化的作用。

最后，山西的地理位置以及气候条件使得山西没有条件种植水稻，只能种植小麦、高粱等粮食作物。所以，山西人的饮食结构以面食为主，尤其各种杂粮面食。面食不易消化，而醋有帮助消化的作用，久而久之，醋成为山西人的必备食品。

醋最能引起山西人的认同感，因为爱吃醋是山西人区别于其他地方人最显著的标志，所以醋给予了人们凝聚力，起到象征符号的作用。象征符号不仅能表达人的感情，还能代表社会的要求。象征符号是一种社会记忆形式，它在横向上能巩固占据特定空间的人类共同体的成员的认同心理，使他们目标一致地按照既定的模式改造自然和社会；它在纵向上能传承于后代，是民间教育的重要部分，对于新一代人它永远是不以其意志为转移的价值体并表达着历史积淀下来的价值取向。每个人、每个民族都是在自己独特的文化中生长、发展起来的，这种文化直接表达着一个民族的个性特征，蕴含着一个民族自身的认同感、亲和力和凝聚力。其在很大程度上正是通过某种象征符号来表现的。醋在山西这个特定的地域里，具备着历史悠久、传承性强、内聚力强而又相对保守的特征。

"醋源酶祖"是山西根祖文化的重要组成部分。醋中包含了由老百姓创造、认同的一种生活文化，山西的醋文化如此博大精深，山西的酿醋工艺如此精湛超群，山西的醋资源如此丰富，山西人民对于醋又是如此热爱，可以说，醋是老祖宗留给山西人的宝贵财富，也是山西地域文化最鲜明的旗帜。

4. 一缕醋香释乡愁

自古以来，"乡愁"一直是游子心中难解的情结，在不同的人心里，乡愁有着百变的模样，也许是一蓑烟雨，也许是一声秦腔。但当它出现的一瞬间，自己仿佛已置身家乡。对远游的山西人而言，那触发乡愁的也许就是那一缕醋香。老陈醋的醇香，是山西人骨子里的味道。是否记得小时候一口一口吞着醋，只是为了融化喉间的鱼骨，还暗自得意自己如侠士一般灌酒的豪气？是否记得和伙伴溜进厨房，偷了整整一瓶醋，只是为了一碗面，咕嘟咕嘟喝下醋香浓浓的面汤？作为山西人几乎餐餐离不开醋，这已经成为一种习惯，没醋的宴席总觉得少点什么，再丰盛也索然无味。来过山西的朋友会发现，烧菜时，掌勺的大师傅会在菜里放醋；开餐时，服务员会给每位食客递上一份盛满醋的小碟；酒菜过后是主食，醋壶又会递上来，人人都给自己要吃的主食里放醋；还有菜单上的菜品更是有不少和醋有关，糖醋排骨、老醋花生、醋熘白菜、糖醋鱼、酸汤莜面、醋腌黄瓜、酸辣土豆丝等，数不胜数。

山西人素以善制醋、爱吃醋而闻名，山西老陈醋与山西人有着割舍不断的关系，"老醯"的雅号让山西人有了寓意深刻的内涵。黄土高原上醋香飘飘，缭绕不绝的醋味醋情，已经深入我们的血液、骨髓和生命中，纵有千山万水的阻隔，也隔不断对醋的思念和偏爱。或许这种醋情、醋思、醋的情结，已不仅仅是口味的偏好，而是蕴含着浓浓深深的故乡之情，和对久远过去亲人朋友的拳拳眷恋之心。

5. 华夏第一醋园——东湖醋园

东湖醋园深藏于太原马道坡街的一处角落。东湖醋园有很多的"名号"——中华老字号、国家级非物质文化遗产、中国名牌、中国驰名商标、国家级非物质文化遗产生产性保护示范基地、中华非物质文化遗产传承人薪传奖、国家地理标志保护产品、国家 4A 级旅游景区，同时也是山西省爱国主义教育基地。

东湖醋园

如此丰厚的"身家"，源于悠长的岁月累积。东湖醋园始创于 1368 年的美和居醯坊，承载了晋醋文化千年发展史的风采。1956 年，在公私合营的大背景下，太原市清徐地区 21 家酿醋作坊经公私合营成立山西第一家国营醋厂，并注册了"东湖"商标。1996 年，为弘扬晋醋文化，实施名牌战略，加大山西老陈醋在国内和国际市场的竞争力，组建了山西老陈醋集团有限公司。承启传统精艺，实现健康理念，山西老陈醋集团有限公司以"高粱、豌豆、大麦、麸皮、谷糠"五种自然谷物为原料，坚守"蒸、酵、熏、淋、陈"5步传统工艺82道工序，在完整保留山西老陈醋酿制技艺和保持正宗山西老陈醋风味的同时，进一步挖掘山西老陈醋的保健养生功效，从单一生产山西老陈醋发展到如今生产保健醋、醋饮品、老醋小食品、醋美容产品等系列共计200余款产品，畅销全国31个省、市、自治区，并出口至美国、加拿大、日本、俄罗斯、澳大利亚、马来西亚、荷兰等国家。

东湖醋园是山西陈醋历史和文化的展示区。作为山西省爱国主义教育基地，东湖醋园共设立了5个展馆，分别命名为"美和居东湖历史博物馆""美和居东湖历史展馆""醋博馆""醋疗园""美和居精酿车间"。老陈醋历史文化博物馆、健康醋疗园，以古今器皿展示、文献典籍摘要、照片图片写真、产品实物陈列等方式展现了山西老陈醋厚重的历史文化底蕴。人们可以在老陈醋天然灭菌室、东湖老醋养生大讲堂、老醋食府以及国家非物质文化遗产老陈醋酿制技艺传习所和老陈醋系列食品互动区，体验健康美味的原创醋食品、便捷实用的醋衍生品。

2016年以来，东湖醋园在太原市教育局搭建的"社会实践育人共同体"平台举办过多项独具特色的研学活动。如"醋动五谷""不忘醋心""醋与祖国共成长""探秘山西老陈醋""魅力东湖妙'醋'横生""醋与生活""醋让生活更美好""奔跑吧醋园"等。这些活动让同学们在接触醋、认识醋、了解醋的体验中，检验课堂知识，与校内学习形成互动，看着原粮到食醋的一步步变化，深刻感受到"非遗"从历史长河中走来，对农耕文化的敬畏、认知和归属感油然而生。

"尊天规做人正和，守地法做事勤慧。"郭俊陆撰写的这副对联道尽了百年老号传承不绝的玄机。山西人作为民族醋文化的继承发展者，有着无上的荣光。作为当代"醯人"，承担着这一非物质文化遗产的传承义务。至于雅号"老西儿"，这是对山西人的赞美，是对山西人的尊重，又是对山西人的鞭策。

★ 复活的中华瑰宝 绛州澄泥砚制作技艺

"万般皆下品，唯有读书高。"传统的中国人向来将文学造诣作为一生的至高追求，与之相伴的，文房四宝也成为文人骚客的心头挚爱。在古代，无论一介书生还是账房先生，家中必备文房四宝之一的砚台。

绛州澄泥砚是"中国四大名砚"之一，它是取绛州汾河泥做原料，经特殊焙烧工艺制成的。其特征是质坚莹润，呵气生津，抚似童肤，晶莹细腻，纹理纷呈，色泽素雅，储水不涸，历寒不冰，性温绵润，不损笔毫。古人称其"一匙之水，经旬不涸；一洼之墨，盛暑不干"。其优良的品质受到历代文人雅士的一致推崇，历代皆为贡品。绛州澄泥砚制作技艺融物理、化学、雕塑、绘画、文字、书法、篆刻、造型设计于一炉，是一种属于陶又高于陶、属于刻砚又复杂于刻砚的综合艺术。

1. 得天独厚的自然条件，众口皆碑的美誉度

绛州澄泥砚的传统制作最早可溯源至秦汉。不管史料文献记载唐代以来有多少地方生产澄泥砚，但山西绛州——今天的新绛县是它最早闻名的产地。也就是说，自从它脱胎于秦砖汉瓦的"砚瓦"，在绛州能工巧匠的实践探索下，于唐代初年甚至更早些时候一经成熟问世，就赢得了文人墨客的喜爱，再加上科举考试的兴起，雕版印刷术带动的著书业大热，都让绛州澄泥砚在拥有前所未有的商机当中，获得了众口皆碑的美誉度，从而成为古绛州闻名天下的一大工艺名牌特产。

绛州澄泥砚制作技艺得益于汾河湾得天独厚的自然条件。新绛位于山西省西南部，临汾盆地西南边缘，北靠吕梁山，南依峨嵋岭，汾河在此折向西流，横穿中部。新绛能产澄泥砚，很大程度上在于汾河的恩赐。汾河上游多是峡谷，水流湍急，而到了新绛，河道拓宽，流速减缓，浊水变清，富含多种金属矿物质的泥沙沉积成床，这些得天独厚的澄泥资源，为澄泥砚"窑变"为朱砂红、鳝鱼黄、蟹壳青、檀香紫等自然色彩创造了条件。

"镜必秦汉，砚必唐宋"这一说法，证明在唐宋时期澄泥砚已经形成了一套系统、完整的制作工序。明代末期，随着石砚的大量开采，以及铜砚、瓷砚、铁砚、漆砂砚、木砚等的出现，澄泥砚由于制作技艺复杂已明显处于下风。明末清初，由于战争频繁、经济衰退，绛州澄泥砚的生产技术几近失传。到了清中期，绛州澄泥砚的制作几乎没有成功的佳作。乾隆皇帝在1775年曾命绛州知府在汾河取泥，打包运送到京城，再命造办处找杭苏工匠烧制，制作"绛州澄泥砚"，历时10年之久，至今故宫库房内还保存有完整的汾河之泥。之后，民间不断有很小规模的制作。

绛州澄泥砚在中国砚史上享有极高盛誉，但遗憾的是，历史文献上并没有留下一个具体的绛州匠人的姓名，没有一个完整的传承谱系，只有"绛人善制澄泥砚"等群体传承的记载。20世纪80年代，新绛县的有关机构多方

搜集资料，组织人员按照史书记载进行试制，历经 20 余年，终于使绛州澄泥砚重现人间。

2. 古今延续的技艺，孜孜不倦的探索

澄泥砚的制作古法并未流传下来，如今的澄泥砚制作技艺是绛州人蔺永茂、蔺涛父子为了抢救这一珍贵的民族文化遗产，多方搜集资料，潜心研究，反复实验，苦磨精炼，复原出的制作技艺。主要为：将采掘来的河泥放置在一个绢制的箩中过滤，滤出极为细致的澄泥，再经过澄泥过滤、绢袋压滤、陈泥、揉泥、制坯、阴房晾干、雕刻、砂磨、入窑烧制、出窑、成品水磨等工序，制成一方砚需要一年半的时间。

"澄泥"工艺可以说是澄泥砚制作的特色工艺，"澄泥砚"正是由此而得名。"澄"其实是"淘"的意思。"澄泥"工艺，用现代的语言表述就是对澄泥砚制作原料的精选过程。其目的是使泥料更加细腻，同时也通过对泥料颗粒大小的控制使其达到适宜做砚台的标准，这个过程即使在当代澄

绛州澄泥砚之"澄"

泥砚制作工艺中也仍然需要人工来完成，是无法用机械替代的。之所以这么说，是因为如果将当代瓷器制作工艺中用来进行原料精选的"水力旋流器"等机械运用于"澄泥"工艺，精选出的泥料颗粒必然过细从而导致砚台成品虽然不损毫但也不易发墨，故为了达到古人所称的"发墨而不损毫"的砚台佳品之水准，唯有通过人工来对泥料细腻程度进行把握。

蔺永茂、蔺涛父子两人白手起家、艰苦摸索出来的制作焙烧工艺与古代绛州澄泥砚有很大区别。比如因汾河湾不及唐代宽阔，加上现代生产生活导致的严重污染，只好改绢袋澄泥为沉积层取泥过滤法，而且过滤密度可达 600 目以上，远非绢袋过滤可以比拟，也进一步保证了砚台泥质的细密度；再如通过科学化验分析手段，对泥质成分有了更透彻的认识，原料调配与添加剂的运用也自然更为精细多样；更别说多达几十道工序的制作流程，都让砚台的整体品质远远超过古绛州澄泥砚。

由于澄泥砚和砖瓦及陶器的生产工艺十分接近，泥坯经过高温（一般是 1000~1250℃）烧制一定时间而成，由于泥坯的原材料成分属性和坯体大小厚薄不同，泥坯入窑的干湿度也不尽相同，需要烧制的温度和时间都不一样。众多的生产工艺过程，稍有不适，就会造成澄泥砚成品的质地不理想。质地不好的澄泥砚作为砚台的材质也会大打折扣。所以要生产一方好的澄泥砚，

需要的经验和精力非石砚可比。制作澄泥砚最关键的一个步骤是烧制。烧制的温度、火候、周期，需要根据泥坯的材料、大小，干湿度不同而变化。温度过低，时间不够，则会造成泥坯烧结不够，烧结不够的成品澄泥砚质地散，易烂，而且吸水率特别高，根本蓄不了水，这样的质地不适宜做砚。反之，温度过高，烧制时间过长，就会出现我们陶瓷行业说的"过烧"。过烧的澄泥砚会瓷化变硬，易变形，变硬的澄泥砚会"滑墨"，也就是不下墨，这样质地的澄泥砚也是不理想的。就质地而言，一方好的澄泥砚必须是材料和烧制的完美结合。澄泥砚之美还在于其色。石砚只能取材原色，而澄泥砚却可以根据需要，主动调配出制砚者想要的颜色。

澄泥砚产量受季节性影响较大，一般一年烧 10~12 次，装窑量在180~300 方。成品率受季节、风力、窑温、窑变等因素影响较大，一般一窑的成品率在 30%~40%，最好的时候可以达到 80%。

如今，绛州澄泥砚的生产以家庭作坊为主，忙时也雇用一些从事简单工序的人员。由于劳动量不是很大，除少数工序制作为男性外，多以年轻女性为主，工人的流动性大，大部分为季节性的短工，但烧窑等工艺则由作坊的主人亲自操作。

3. 知行合一，造就经久不衰的口碑

汾河湾得天独厚的制作原料的唯一性，以绢袋抛入河中澄泥的独特性，制作总量不多的紧俏性，水旱码头与经济文化中心凝聚而成的文艺性，以及因工艺"秘方"失传而消失长达 300 多年的稀缺性，赢得了经久不衰的历史口碑。

绛州澄泥砚形状各异，有圆形、长方形、龟形、钟形、海螺形等百余种；大的半米见方，小的形如拳头；重者十斤以上，轻者仅几两；砚体以鳝鱼黄、蟹壳青、豆沙绿、玫瑰紫、虾头红、朱砂红等绚丽色彩居多。设计理念与主题有的取材于地域特色和历史人物，如桐叶封晋砚、平遥古城砚、舜吟南风砚、精忠报国砚、关公夜读春秋砚等；有的以祈福纳祥为内容，如福寿砚、寿比南山砚、子孙万代砚、云海腾蛟砚、海天浴日砚等。"制砚技艺，是一个将诗、文、史、书、画、篆集萃于一身的综合艺术。只有将文史家的史诗与人物、美术家的设计灵感与工艺师的精到技艺高度融合，知行合一，方能创造出富有生命力的具有收藏价值的艺术珍品。"蔺涛说，为探索制作技艺，他拜能者为师，向显达学习，到各地取经，脚步踏遍了全国所有的砚台产地。

现在的绛州澄泥砚，既保持原有品质和实用性，又以上佳的澄泥质地、深厚的文化底蕴、丰富的表现内容、精湛的雕刻艺术、多彩的色泽变化而具有极好的使用、欣赏和收藏价值。曾获百余项国内国际大奖；6 次获得联合国教科文组织"世界杰出手工艺品徽章"；5 次获得中国文房四宝行业最高荣誉"国之宝"称号，并被 10 多家博物馆珍藏。

4. 勇担历史责任，澄泥砚荣光重现

1984 年担任新成立的新绛县博物馆业务馆长的蔺永茂老先生，以他干一行就要精通一行的脾性，一头扎进了文物期刊与书籍的学习钻研中。正是在这样的学习当中，最早生产于古绛州又失传于古绛州的闻名上千年的绛州澄泥砚，让年近五十初涉博物天地的蔺永茂发自内心地为之扼腕叹息。一次，一位远道而来的从事古砚收藏的华发老者，找到他这位业务馆长打听起绛州澄泥砚，并倾诉说，自己几乎收集到所有的砚品，就差一方地地道道的由绛州人制作的澄泥古砚。得知绛州澄泥砚早在古绛州地面上失传，一砚难求，老者为数百年来竟然无人能使生产最早、名气最大的正宗绛州澄泥砚重获新生感到惋惜，更是反复表达出期待绛州澄泥砚能在它的故乡再度辉煌的愿望。老者被送走后，他茶饭不思，夜难成眠，追古思今，感慨万千。自己身为新绛县博物馆人，作为古绛州的传人，并且还拥有美术专长，怎能面对这一国宝失传的缺憾而熟视无睹、心安理得、无动于衷呢？一个声音在耳边召唤着，让绛州澄泥砚重见天日，是你义不容辞的历史使命！于是，一个复苏国之瑰宝——绛州澄泥砚的重大抉择，在蔺永茂心间明朗确定起来了！刚走上教师工作岗位的儿子蔺涛，放弃城里学校的优越条件，把工作关系转到老家光村学校，追随父亲，于 1986 年成立了"绛州澄泥砚研制所"，开始朝这座看不到山顶的高山攀登。父子俩以现有文献记录为参考，先拉通从选泥到制作再到烧制的工艺流程，然后按照这个流程，在实践中检验、调整。为查找有关澄泥砚的技术资料，他们成天泡在故纸堆里，细查密寻、用心领悟着与澄泥砚有关的只言片语；为了试验用绢袋沉在河底采集澄泥，父子俩险遭洪水没顶、土崖埋身之灾；为了设计砚窑，拜砖瓦窑的老工人为师，从烧制彩陶的工艺中琢磨烧制流程，到景德镇考察陶瓷窑炉的性能，去十三陵参观考察地宫"金砖"的特殊烧制技术……经过六个春秋不计其数的失败，1991 年 8 月的一天，终于烧制出三块成品砚台，取得初步的成功。他们在逐步掌握由泥到陶的微妙"质变"——因火候、添加材料变化而产生出不同

色泽纹理"窑变"奥妙的同时，也逐渐完善出一套完全属于蔺氏父子自己的绛州澄泥砚制作焙烧工艺，并且拥有绝对的自主知识产权。

蔺氏父子经过多年探索，上千次的实验，在设计、配方、雕塑、烧制等方面，每一道工序均亲自实践，熟练掌握了各道工序的技术要领，最终让这一瑰宝得以复苏。

5. 守正创新，千年古技永流传

凭着一股钻研劲儿，身为青年制砚家的蔺涛，通过文史绘画、雕塑的特长，并运用精湛的刀法，尽情地表达着古老传统的工艺和时代特色，让每一块砚都引人入胜，具有摄人魂魄的美感和视觉效应。同时他意识到，作品当随时代，因为砚台已经由过去实用性为主的大众文化用品，转变成现在以观赏、礼品与收藏性为主的小众工艺产品，所以只有融入主流社会，用作品表现现实生活，才会引起应有的关注，找到自己应有的定位，突显出绛州澄泥砚应有的文化艺术价值，进而拓展出新的市场发展空间。

蔺涛开发出独具特色的旅游纪念品——运城"一景一砚"系列，山西"一县一砚"系列，尧舜禹帝王系列、"关公"等历史人物系列，既丰富了各地旅游景点富有地域特色的文化产品，又形象地提升了不同县域的历史文化知名度，在社会上产生良好的影响。

与此同时，他积极参与国内、国际重大活动。从 2000 年首次走出国门参加新加坡举办的"春到河畔迎新年"文化活动，之后先后参加了"纪念中日邦交正常化 30 周年——中日砚台交流展"、第十七届"世界手工艺理事大会"等一系列国际政治文化交流活动，以独特的形式弘扬中华文化。在 2010 年上海世博会上，以"东方之冠砚"作为定制礼品，"和谐砚"作为"联合国千年发展目标公益主题活动"指定礼品，并荣获"中国国粹文化金奖"，被参会人员收藏。2011 年，又以两套各 100 款不同造型的"荷塘月色砚"作为清华大学"百年校庆特制礼品"，被北京的清华大学和台湾的清华大学分别收藏，对促进两岸文化的互通交流，做出了贡献。

正是这一系列有益尝试，让蔺涛进一步清醒地认识到："艺术当歌颂时代，更好地服务于党、服务于国家、服务于社会。"中国共产党建党 90 周年，他创意推出令人耳目一新的"红色革命圣地"系列作品；抗日战争胜利 70 周年纪念日，他制作出以"同护和平"为主题的 22 方"抗战系列砚"；2018 年，他特别推出 8 方"纪念改革开放 40 周年"系列砚；2019 年，为向中华人民共和国 70 华诞献礼，蔺涛隆重推出"五星出东方利中国砚""瑞金砚""钢铁长城砚""盛世中华砚"等系列主题砚……这一系列时代选题、红色主题砚作的密集亮相，以及形式多样的捐赠活动，在引起社会反响的同时，不断扩大着绛州澄泥砚的知名度，联系预订和求购收藏者源源不断。

截至目前，有机融合历史、文化、科技、艺术于一身的绛州澄泥砚，已成为集工艺品、旅游纪念品、文化礼品、收藏品、馈赠品于一体的高品位综合艺术珍品，并以其独具特色的品牌效应，越来越为国内外不同阶层的人群所喜爱。伴随而至的，是应接不暇的荣誉奖章与奖杯——三度入选"中华民族艺术珍品"；五度蝉联中国文房四宝行业最高荣誉"国之宝"称号；2006—2018 年 6 次被联合国教科文组织授予"世界杰出手工艺品徽章"，这是世界手工艺品的至高荣誉。

让优秀的传统文化更好地得以传承，就必须创作出适应时代的文创作品。绛州澄泥砚目前正在与国内几个有影响力的文创公司合作，运用现代科技对历史上存留的精品砚台进行一比一复制。同时成立一支年轻的高素质的文创团队，结合年轻人的审美观，从包装到产品更新换代，更好地适应时代的需求。

贰　仁心仁术守健康

传统医药是中华民族的伟大创造，自春秋时期发展至今，涌现出扁鹊、华佗、张仲景、孙思邈、李时珍等令人敬仰的名医大师，更有《黄帝内经》《伤寒论》《神农本草》《本草纲目》等不朽的典籍。其中所蕴含的不仅是治病救人的医学理念，更是中华民族对生命、健康、疾病的辨证思维和认知总结。传统医药以悠久的历史、独特的理论支撑和丰富的实践积累，一直影响着人们的生活。

01 以医为技大医精诚　传统医药

与现代医药相对应，传统医药通常指历史上遗传下来的医药经验和技术，或指现代医药以前的各个历史发展阶段的医药经验和诊疗技术。世界各国的传统医药是国际医药界不可多得的宝贵财富，尤其是中医药，在新冠疫情大考中，以中医药、中医诊法为代表的传统医药成为重要的战"疫"力量，更为全球抗疫贡献了中国智慧，为保障世界人民健康做出了巨大贡献。

神农氏尝百草，始有医药。中医药是中华民族的智慧结晶，有着上千年的历史，早在春秋战国时期，中医理论已基本形成，又经历了唐、宋、元、明、清、中华民国几个时代的发展，如今已经具有完整的理论体系。中医的独特之处在于"天人合一""天人相应"的整体观及辨证论治的诊疗思路。古时的医者不但需要拥有精湛的医术，还需要宝贵的药物。良医有了良药，方能治病救人，使危在旦夕的病人起死回生，让垂垂老矣的老妪童颜鹤发。

中国传统医药包括以下四个方面：首先，传统医药是对人体生命的认知和防治疾病的实践。以中医学为例，其天人相应的自然观、阴阳五行的整体观、脏象经络的生理观、六淫七情的疫病观、辨证论治的诊疗观，都在世界医学史上独树一帜，别具一格。其次，民族医药和民间医药中很大一部分是口传心授的口头文化，例如，壮医药、苗医药、瑶医药、土家医药、侗医等。这些民族医药最具备非物质文化遗产的特征，是"非遗"保护的重点。再次，养生、保健、医疗活动中的传统技艺，如太极拳、八段锦等养生方法，推拿、按摩、针灸、拔罐、刮痧等传统医术，中药和民族药的加工、炮制、制作工艺等。最后，有关传统医药的民俗、节庆、礼仪，如屠苏酒、端午节、忌门、饮食宜忌、卫生民谚等。

中医学是中国古代社会形成的人体生命之学和人类健康之学，它不仅是一方一药、一技一招的简单积累，更是一种关乎人体生命健康的知识体系。这个知识体系具有深厚的传统文化背景，它以独特的哲学思维、系统的基础理论、丰富的科学内涵和鲜明的人文色彩屹立于世界医学之林。它既是中国传统文化的活化形态之一，又是传统文化的巨大发展空间。例如，恬淡从真的养生之道，冲和中庸的治疗法则，清心内守的性命理念，以人为本的医道准绳，诚信无欺的行业规范等，始终贯彻于中医药理论与实践的各个方面，成为一切中医药人物、著作、文物、事业的灵魂，也成为今天中医药企事业引以为傲的优良传统和敬业精神。

现代，随着化学药品毒副作用不断出现，药源性疾病日益增加，以及生化药品研制成本昂贵等问题，人们开始呼吁要回归大自然，希望用天然药物和绿色植物来治疗疾病和保健。1991年10月，国家中医药管理局和世界卫生组织联合在北京召开国际传统医药大会。会议一致通过了以"人类健康需要传统医药"为主题的《北京宣言》。同时，42个国家和地区的代表一致决定将大会的开幕日10月22日定为每年的世界传统医药日并写进《北京宣言》，这成为弘扬各民族传统文化，振兴传统医药的重要节日。我国的中药是世界传统医药的主要代表之一，已经有数千年历史的中药，目前已广泛应用在东南亚、日本、韩国等地区及国家，美、欧等西方发达国家也逐渐开始重视中医中药。

02 医药瑰宝国药传奇　山西传统医药

中医药是中国的国粹，那些动物、植物、矿物被古人的慧心点燃，一直给人以荫泽。千百年来，山西历代医药学家创造了独具山西特色的中医药文化，直至当下，经过今人的巧思与坚守，山西中医药老字号隔着光阴依然不断缔造着生命的奇迹。

山西是中药材资源大省，特别是大宗道地中药材的质量和数量在全国名列前茅，道地药材对土壤、气候、阳光、水分有着严格的要求。自宋代创办中药堂，到清朝中医药的繁荣，沉淀了如繁星般的历史瑰宝，他们是国药品牌的不老传奇，更是山西老字号的永久魅力。更多的老字号药铺如雨后春笋，传承至今的著名老字号有太原市的大宁堂、顺天立；晋中市的广誉远、颐圣堂；运城市的盛义堂；大同市的广盛原等。其中，山西广誉远国药生产的龟龄集和定坤丹被定为"国家保密"配方。

我国中医方剂汗牛充栋，但列为永久和长期的"国家绝密""国家保密"配方的只有 8 种。第一个等级为国家绝密级的配方，也叫国家中药绝密品种，保密期限为永久，目前只有云南白药和漳州片仔癀。第二个等级为国家级保密配方，也叫中药保密品种，当前仅有六个，分别为北京同仁堂的安宫牛黄丸、广州奇星药业的华佗再造丸、杭州雷允上的六神丸、上海和黄药业的麝香保心丸、山西广誉远国药的龟龄集和定坤丹，这六个配方仅次于云南白药和漳州片仔癀，保密期限为长期。这八个药是货真价实的国家级"秘方"。

山西中医药主要采取前店后厂、自产自销的经营方式。各店搜集各种古方、名方、验方，按方制药，在选料上务求质量。同时，规范加工以保证药效。广誉远的定坤丹、大宁堂的小儿葫芦散、黄河中药的牛黄清心丸等，经过严格的古方操作再通过世代临床经验的总结，以及创新运用现代制药工艺，跨越千年仍旧闪耀着神奇光彩。

截至 2023 年 7 月，山西省拥有传统医药类国家级非物质文化遗产代表性项目 8 项，国家级代表性传承人 4 名。

截至 2023 年 7 月，山西省公布的六批省级非物质文化遗产代表性项目名单中，传统医药类省级非物质文化遗产新增及扩展项目共 59 项。

★ 一碗珍品　药膳八珍汤

久居太原之人都晓得冬天吃一种早点——"头脑"。外地人听了很是不解，常常认为是动物的头或是制作成脑状的食品，其实食材与名称南辕北辙。药膳八珍汤俗名"头脑""长寿汤""益母汤"，是我国中医"医药同源"和"治未病"强调保健滋补理念指导下不可多得的一种药膳清真食品，由傅山先生于明崇祯年间研创，在太原地区已传承 370 多年，是一道独具特色的地方名吃。

2008 年 6 月 14 日，药膳八珍汤入选第二批《国家级非物质文化遗产代表性名录》。

1.“头脑”声名鹊起

“头脑”传说与明末遗民傅山有关。山西太原阳曲人氏傅山乃反清复明人士，因不愿委身于清朝朝廷招安为官而隐居太原北郊的崛围山与老母相依为命，“改黄冠装，衣朱衣，居土穴，以养母”。他说：“处乱世无事可做，只一事可做，吃了独参汤，烧沉香，读古书，如此饿死，殊不怨尤也。”傅山不仅是著名的文学家、书法家而且精通医道。傅山母亲陈氏因肠胃不适，每逢寒冬备受胃痛折磨，傅山便亲手配制了一套名为“八珍汤”的早餐供母亲调养。经过一个冬季的精心调治，他的母亲百病尽消，精神焕发，从此，“八珍汤”之名不胫而走，人们称其为“名医孝母剂”。

在太原城行医的傅山，经常到附近的南仓街吃羊肉杂割汤。这是一间很不起眼的临街小铺，店主人是回民，姓朵。朵老板为人善良，性情也十分随和，尤其敬重侠骨柔肠已有响亮名头的傅山先生。见朵家人配的汤好，但生意却不景气，傅山便无偿地将“八珍汤”配方传给他，教授其制作方法。傅山还为这家饭馆起字号为“清和元”，并亲笔题写牌匾，又把“八珍汤”改名为“头脑”，意为一早起来就要吃清人和元人的头脑，暗喻亡国之恨。“头脑”一经推出便受到欢迎，店前车水马龙，无论官宦中人还是平头百姓纷纷对“头脑”赞不绝口。当年的“清和元”饭馆位于太原市南仓巷的中段西侧，民国年间迁到太原市桥头街。“清和元”经过多少代的风云洗礼，作为食品老字号留存下来。“头脑”也成为一道美丽的食品风景线，至今仍然“闪烁”在各大酒店，成为经久不衰的太原名片。

“头脑”作为食品名称并非傅山首创，据考证大约始于 14 世纪末（元末明初）。《水浒传》第五十一回中有“赶碗头脑”的话，足见那个时期已经有了卖“头脑”的饭馆，当时的“头脑”用什么材料，如何做法不得而知。作为食品的“头脑”也并非只是太原的传统名吃，上海有一种名吃也叫“头脑”，与太原的“头脑”原料、做法完全不同。但不管怎样，提起“头脑”，人们总是想到太原名吃，想到傅山先生，这是因为太原的“头脑”是傅山发明的，其最有养生价值，文化底蕴也最丰厚。

“头脑”每年白露上市，多为早起食用，具有补气固表、温中消积、润泽皮肤、调剂脏腑等功能，久食可强壮身体，轻身延年。明末徐复祚在《花当阁丛谈》中记载，明代时，头脑酒亦被江南人称作"遮头酒"。盖时逢严冬，寒风刺骨，每令风尘中人迎风头疼欲裂，食一碗"头脑酒"周身暖热，可挡风寒。陆澹安先生在《水浒研究》中说："我从前以为这种酒早已失传了，最近读者郭本堂先生来信告诉我，原来太原市至今还有'头脑酒'。每逢冬令，各饭馆都有出售，把羊肉数块和藕根等放在大碗里，用黄酒掺入。吃的时候配以类似面包的熟食品，当地叫作'帽盒子'。初次吃这种酒很难下咽，习惯之后就喜欢了。"

2. 汤品一绝

"八珍汤"以黄芪、煨面、莲菜、羊肉、长山药、黄酒、酒糟、羊尾油八种中草药和粮食为原料（外加腌韭菜做引子）。羊肉味甘性热，补虚开胃；藕根清热化痰；长山药补脾除湿；黄芪味甘性温，补脾健肺。

头脑

"八珍汤"制作时选料讲究、工艺程序复杂、方法技巧要求十分严格。在选料备料时，要达到备料全、选料精的要求。精选成块的肥嫩上等肉做原料，经过清洗、净肉、加辅料煮炖、出锅晾存等诸道工序将肉煮熟，并将羊汤、羊油撇出备用；同时将诸种辅料严格按照既定制法或煨或腌或煮或蒸，做好备用。随后将专用的汤锅放上水，加入羊肉汤，把黄酒糟用粗笤、细笤过两次，去掉糟渣，将酒液放入锅中煮沸，表面还会有沫子，撇净；然后将煨面粉用凉水调成糊状，过筛，再慢慢向锅中勾兑，一边勾一边搅，防止粘锅。看锅中汤稀稠状况，差不多时用碗舀上一点转一下，如碗上能挂住，就成了；挂不住的话就说明太稀，需再兑面糊；挂多了，太稠，也不合适。同时可品尝一下汤的味道，如绵中带点甜即可。此时加入适量黄酒，压火，汤即做成。

食用"头脑"时，一般佐以腌韭菜与"帽盒"，腌韭菜好比是服药的药引子，"帽盒"是一种烤制的面饼，短圆柱形，中间空，是用不发酵的面粉壳合在一起，入炉烤制，喝"头脑"时，把"帽盒"掰成小块，泡在"头脑"汤里。"头脑"比较地道的吃法是要分双碗。正碗以羊肉、藕根、长山药各三片为主，副碗以汤为主，把帽盒掰成小块泡入，类似西安的羊肉泡馍。佐以自腌韭菜、稍梅（也叫烧卖、烧麦，类似于包子，只是口部上凸张开，形似花瓣），小碟里放宁化府老醋（山西名醋之一），配合着吃，喷香耐嚼，别有风味。

3. 挂灯笼，"赶头脑"

在山西太原提到"吃"，老百姓认定"认一力的饺子，宁化府的醋，老鼠窟的元宵，六味斋的酱肉，杂割头脑清和元"。在山西省太原市，有家以卖"头脑"闻名的老字号"清和元"，每天清晨就数这家店最为忙碌。喝"头脑"是需要赶早的，早年太原人天不亮就起来吃头脑，也叫"赶头脑"，需要挂灯笼照明，所以经营"头脑"的饭店门前都挂一盏纸灯笼作标志，这个习俗一直流传至今。由于"八珍汤"的研制是傅山根据北方的寒冷气候，采用药性温热中和的中草药和食物，针对当地特点而进行配方的，所以该汤食较适于我国北方地域秋冬季节食用。因此，每年农历白露到立春期间，太原市各清真饭店大都有"头脑"上市。

"赶头脑"这个习俗一直流传至今，已经成为太原人生活的一部分。如今，吃头脑的不仅是当年那些提笼遛鸟的闲人了，许多年轻的上班族也喜欢吃，要一个单碗，斟一壶烫热的黄酒，配一碟腌制的韭菜，再要二两稍梅。

4. "治未病"，膳饮宜有所养

中医学认为，人体的生命健康是人和自然适应的过程，是机体生、长、壮、老、已的变化过程。中医非常重视人体主动的养护、调摄和预防，这就是中医养生，也叫"摄生"，养生思想应贯穿于人的一生。"头脑"是以养生为主的药膳。

傅山对吃"头脑"的季节和时间都有特殊的要求，"头脑"每年白露至立春上市，出售时间为寅时至卯时（凌晨三点至七点）。这样做的好处是促使就餐者进行晨间运动，既有滋补之效，又取锻炼之功，一举两得。中医养生要遵循"天人相应"的原则，从"头脑"的成分看，属于温热类药膳，用来补助人体阳气之不足，从现代营养学来讲，属于高脂肪、高蛋白、高热量类食品，凌晨三时到七时是一天中大自然阳气升发的时刻，气温在此时最低，然而"阴盛则阳"，阴气最盛之时即为阳气萌发之时，这时服用温补之品，可谓"顺天而行"，与人体"生物钟"相吻合，自然效果会好。现在有一种减肥的新理论，就是不提倡少吃，特别是早餐应该吃饱，只要将就餐时间提前就能既保证一天足够的能量，又不至于营养过剩，这个理论与"赶头脑"越早越好的古老传统不谋而合，现在很多人习惯不吃早餐而晚餐过量，从中医养生理论来看这是"逆天而行"的，很不利于健康。

"头脑"属于中医的药膳，必须遵循药膳的服用原则，即辨证施膳，三因制宜（因人、因地、因时）。所谓辨证施膳，就是要把药膳当作药来服用。药都有偏性，中医治病的道理，通俗地讲就是"以偏纠偏"，药膳也有偏性，与药相比只是程度的差别而已，所以药膳必须有适用人群。具体到"头脑"，其性偏温而升散，故适合于体质偏寒之人，平素脾胃虚寒、畏寒喜温者或产后营养缺乏而致奶水不足者最宜；阳盛体质，平时易"上火"者，或阴虚阳亢如某些高血压、动脉硬化者不宜，就年龄而言则中老年较青少年更为适宜。另外，按"因地"和"因时"制宜的原则，"头脑"适合于北方秋冬季节服用，南方和春夏之季则不宜。以上这些都是需要多加注意的，否则不利于弘扬"头脑"这一传统美食。

5. 养生侠医——傅山

傅山学贯儒、道、佛，自称庄子门徒，他的养生健康理念也颇受道家思想的影响。他推崇阴阳平和，重视"精气"，强调"养生即在人事中"。他认为人每天的行动坐卧，饮食劳作都与健康有关，应当时刻注意调整自身的情绪与行为，时时养生。

傅山在中医学上的贡献包括几部传世的医学著作，如《傅青主女科》《傅青主男科》《傅氏幼科》等。傅山妻子过世很早，他因难过终生未再续弦，并着力研究妇科方面。《傅青主女科》是清代重要的妇产科专著。这部书文字通俗，论述简明扼要，"理法方药"严谨。书中所记方剂，都是傅山长年行医的实践经验，多用气血培补、脾胃调理的方法，多以四君子汤、四物汤、逍遥散、补中益气汤、当归补血汤等验方加减变化，在妇科方面疗效颇佳，流传至今。傅山经过长时间的观察发现，女性尤其旧时妇女，经常忍辱负重，难免气血淤滞，气息不通，所以应注意在这方面进行调治。有一次，傅山到一户人家去看病，这家丈夫好吃懒做，夫妻经常吵架，这次吵得凶以致妻子卧床不起，肚子鼓得老高，水米不进，看起来很严重。傅山看后，转身到门外拔了些野草，回来把丈夫叫到屋外嘱咐道："这几天你言语和善些，给妻子做点儿顺口儿的饭食。最重要的是这些草药，每天一定要当着你妻子的面煎煮十遍，然后服下，一遍也不能少。三天之内必痊愈。"这人言听计从，果然不出两天，病人便痊愈了。旁人问其原因，傅山笑答："那妇人看他低眉顺眼服侍，精心熬药，自然气全消了，心平气和，诸事皆无。"虽然这故事有一定的演绎成分，但用今天的话说，重视女性心理健康正是傅山远远超越时代的境界。对于今天的我们，尤其是夫妻相处之中，也颇有值得借鉴之处。

傅山四处游方，每到一地，总会停留一阵，观察当地的气候、水土、风俗习惯和当地百姓的常见病症，加以研究并详细记录。在行医的过程中不断积累，提高医术。每到一处，总有人请他看病，傅山在哪里，哪里便终日挤满病人。对于平民百姓他是有求必应，遇到家里贫困无钱买药的，他一律免收诊金，免费拿药。有行动不便，需要出诊的，他都不辞辛劳，哪怕是二三十里路程，也在所不辞。而对一些名声不好的官吏，尤其是明朝降臣，他往往直言谢绝。官僚豪绅请他出诊看病，他都避而不见，除非是来登门看诊，他才要求和普通病人一样依次排队候诊。后世有人评价傅山，都知道傅山字写得好，但字不如其诗，诗不如其画，画不如其医，医不如其人。算是对傅山"侠义"的最高评价。

★ 本草精魂　安宫牛黄丸

山西人有句俗话："安宫牛黄丸，放着是钱，用了是命！" 2017 年 4 月，一颗广誉远 20 世纪 60 年代的安宫牛黄丸竟然拍出 11 万元，成交价格翻了近 19 倍，拿下了中药场全场最高价。安宫牛黄丸到底是什么？为何这么贵呢？

1. "心"安居其宫

安宫牛黄丸属于名贵中药，因疗效显著，遂与云南白药、化风丹、片仔癀共称四大国药。安宫牛黄丸在中国药史的画卷里留下了浓墨重彩的一笔，关于它的由来，民间说法颇多。

据说，当年老子在函谷关写《道德经》期间，一场瘟疫毫无征兆地流行起来。有一日，老子的坐骑青牛也突发疟疾，老子忙找来郎中为家中的青牛诊病，郎中来后，青牛突然咳出一个肉团，随即开始吃草，郎中大喜，忙将肉团拿回家炮制成药丸，病人服用后药效立显，疫症就这样被控制下来。其实，青牛咳出的肉团不是别的，正是清热解毒的良药——牛黄。

一提到"宫"，大家首先想到的肯定就是皇宫，宫殿、宫城是君王居住的场所，也是一个国家最重要的中心。如果把人看作一个国家，那对于它来说，也有一个不可或缺的君王，那就是心脏。没有心脏日夜不停地跳动输送血液和营养物质，人体的各个脏器就很难保持活力，人本身也就没有活力可言，大脑自然也没法思考。所以心脏算是人体的君主之官。心有心包，也即心脏的包膜，可以起到保护作用，心包就像君王所住的宫殿、宫城，具有代君受过，防范邪气攻心的功能。如果热邪侵犯心包，会导致心功能失常，出现高热、神昏、谵语、惊厥等危险症状。所以安宫的意思就是使心安居其宫。因内含牛黄这味名贵药材，又配伍麝香、冰片等具有清心豁痰、醒神开窍、重镇安神作用的药物，使心得以安居心包，故最终得名安宫牛黄丸。

安宫牛黄丸的研制者是清朝的温病大家吴瑭（字鞠通），著名的温病通论书籍《温病条辨》就是吴瑭所著。吴瑭出生于江苏淮安一个书香之家，19岁时其父因病去世，他对此深感愧疚"父病不知医，尚复何颜立天地"，从此便开始刻苦研读医术。26岁时，吴瑭被选贡入京，参与《四库全书》子集医学部分的抄写检校工作。其间，他进一步研读晋、唐各家名医学说，受益匪浅。十几年间，可以说是读医书万卷，也可算医术精通，但因其处事谨慎，且对生命充满敬畏，一直未敢坐堂行医，出手治病。直到乾隆五十八年（1793年），京城瘟疫流行，一时死亡无数，人心惶惶。吴瑭心怀救世之志，不忍看更多的人因瘟疫而死去，在亲朋好友的鼓励下，终于施以名家叶天士奋力抢救之法，"六经辨证，三焦论治，卫气营血"，在改良牛黄清心丸的基础上，加减化裁，最终研制成安宫牛黄丸，也就是现在安宫牛黄丸的前身。现在的安宫牛黄丸已是经过几百年临床试验，不断优化升级而成的加强版。

不起眼的安宫牛黄丸却救活了几十个危重病人，吴瑭因此声名大噪。到嘉庆十八年（1813年），吴瑭在朋友汪廷珍（时任礼部尚书）的鼓励下，撰写《温病条辨》。有人曾这样评价这本书"是书一出，大道不孤"，这也算是对吴瑭的一种肯定吧。从那时起，安宫牛黄丸就被人们所知晓，并且奠定了其的重要地位。

2. 上品选材，古法炮制

安宫牛黄丸具有清热解毒，镇惊开窍的功效，用于热病，邪入心包，高热惊厥，神昏谵语；中风昏迷及脑炎、脑膜炎、中毒性脑病、脑出血、败血症见上述证候者。现代医学中常运用于治疗流行性乙型脑炎、流行性脑脊髓膜炎、中毒性痢疾、尿毒症、脑血管意外、中毒性肝炎、肝昏迷等病，属于热毒内陷心包者。

众所周知，中医组方讲究君臣佐使，其中，君药是起主要作用的成分，是整个组方的核心；臣药是辅助君药加强治疗主病或主证作用的药物，或者是对兼病或兼证起主要治疗作用的药物；佐药是辅助君、臣药起治疗作用，或治疗次要症状，或消除（减轻）君、臣药的毒性，或用于反佐药；使药则是起引经或调和作用的药物。

安宫牛黄丸由 11 味中药合理组合配伍，以达到清热解毒，镇静开窍之功效。

君药（方中治疗主症，起主要治疗作用的药物）：以牛黄、麝香这两味药共为君药。牛黄能够清心解毒、豁痰开窍；麝香则有开窍醒神之功效。

臣药（协助主药或加强主药功效的药物）：水牛角能够清心、凉血、解毒；黄芩、黄连、栀子具有清热泻火、解毒的功效，可以增强牛黄清心包之火的效果；冰片、郁金芳香避秽，通窍开闭，可以加强麝香开窍醒神的功效。水牛角、黄芩、黄连、栀子、冰片、郁金作为臣药，清热泻火，凉血解毒，芳香开窍，共同组合可加强君药牛黄和麝香之功效。正如吴鞠通所说："使邪火随诸香一齐俱散也。"

佐药（协助主药治疗兼症或抑制主药毒性的药物）：朱砂、珍珠镇心安神，可以缓解高热引起的烦躁不安；雄黄能够增加牛黄豁痰解毒的效果。

使药（引导各药直达病变部位或调和各药的作用）：蜂蜜和胃调中，为整个组方中的使药。最终安宫牛黄丸要用金箔为衣，包裹整个蜜丸，更是为了取黄金能够重镇安神之功效。

经广誉远从选料、炮制、加工等方面改进，安宫牛黄丸深受大众的喜爱和信赖。光绪十一年（公元 1885 年），广誉远前身广升远对成药大力改革，在招牌产品龟龄集、定坤丹的基础上扩大特色产品生产销售。为此特别聘请当时裕丰堂名医吕振音、高丕明，根据"天人合一"的理论，运行阴阳五行辩证思想，结合自身传统炮制及制剂方式进行独特制作技艺，对安宫处方及制作进行改良，成功研制出具备古法炮制特色的传统产品——安宫牛黄丸，是文献记载的最早生产安宫牛黄丸的企业。

从选材上看，广誉远生产的安宫牛黄丸由牛黄一两、郁金一两、犀角一两、黄连一两、朱砂一两、梅片二钱五分、麝香二钱五分、珍珠五钱、山栀一两、雄黄一两、黄芩一两研极细末，炼老蜜为丸，每丸一钱，金箔为衣，蜡护而成，是芳香化秽浊而利诸窍，咸寒保肾水而安心体，苦寒通火腑而泻心火之名方要药。而其特色主要在于其所用天然牛黄和麝香。众所周知，牛黄对大脑有镇静、明显的抗惊厥及解热作用；此外其对心血管则有强心和降压作用。麝香能辛散温通，芳香开窍，经药理研究证实，它可以增强中枢神经系统的耐缺氧能力，且可以透过血脑屏障直接作用于大脑。中医认为二者一温一凉，相辅相成。

此外，广誉远有着不同于一般制药企业的炮制技艺及炮制手法。安宫牛黄丸中的诸味药材都经过鲜于其他同质产品的辅料及技艺进行深度炮制，使其激发最为有效的药性，并相互兼容促进，共奏精微奥妙之效。如广誉远安宫牛黄丸的两道独特的炮制工艺——水飞法和吸附法，是国家级保密工艺。以入药的朱砂为例，朱砂需要去除其中的汞才能安全使用，通过第一道水飞法，去除朱砂中的大部分汞，再由第二道吸附工艺，将游离的残余汞彻底清除。制作丸药时要求大小均一，重量相差无几，需特殊的手工技艺；挂蜡技术十分讲究火候与手法，所制腊丸厚薄均匀，光滑细致；外裹金箔具有镇静安神的独特疗效，同时对于保持药力不散至关重要。

广誉远安宫牛黄丸原处方的君药牛黄、麝香，臣药犀角（现用浓缩水牛角粉代替）等中药材皆为上品珍贵药材。广誉远是当时全国最大的药材买卖商，兼营包括牛黄、犀角、木香、肉桂、砂仁、郁金等南药的进出口业务。作为这些珍贵药材的主要经营者，广誉远为自身产品提供质量最高的原料药，在珍贵道地药材的选择方面有着得天独厚的优势和经验。广誉远企业的内控标准远高于行业标准，选用药材极其讲究，产地不合、采集季节不当、入药部位不准、等级不够标准者一律不用，例如，牛黄因产地、性状、质量不同而价格、品质差距很大；犀角只看暹罗犀角，其次是云南犀角，对非洲广角却一点兴趣也没有；牛黄要天然进口牛黄，麝香更是如此。因为严苛道地的选材，谨遵古训严格的古法炮制，当时山西中药厂（广誉远）的安宫牛黄丸因其卓越的疗效，获得老顾客的信赖，在 20 世纪七八十年代占据市场份额的 90% 以上，其经营的洋广药材和中成药更是一枝独秀，在 20 世纪 80 年代的营业额高达 5000 多万元，更是高出当时的北京同仁堂、广州陈李济、胡庆余堂三家的总额。

除用于急危重症的治疗外，安宫牛黄丸还可以用于节气养生，尤其是惊蛰、夏至、霜降、冬至这四个节气。对于某些中医药世家，或者有真正传统文化传承的世家，在每年四大节气服用安宫牛黄丸，非常郑重而必要。山西人尤其是山西的企业家们心脑血管发病率在全国算较低的，因为山西人有惊蛰、夏至、霜降、冬至服用安宫牛黄丸的习俗。

　　小小一枚丹药被后世各代医家推崇，被冠以"救急症于危时，挽垂危于顷刻"的美誉，其中凝结的是我国古代名医的智慧结晶，用这份百年秘而不传的绝技，延续着对传统医药精益求精理念的传承。

3. 安宫牛黄丸有多珍贵

　　安宫牛黄丸所包含的各种药物，工艺特别复杂。比如已经拿到并打开过珍藏版安宫牛黄丸的朋友，会发现药丸的外面包有一层金箔。有人会想：这金箔能吃吗？答案是：当然能吃，而且必须是随着药丸一起吃。因为金在中医里面有镇惊安神的作用，取其重镇之意。这个金箔，制作起来工艺极

安宫牛黄丸有多珍贵

为麻烦。把黄金制成金箔，不仅需要极高纯度的黄金，还需要精湛的技艺，要经过千万次的锤制。古代那些经验丰富的老药工们说，一两黄金锤制成的金箔可延展至将近一亩地的面积，可见制作之艰辛、工艺之精湛。金箔既薄又轻，稍有气流就会被吹乱，因此必须用两层棉纸中间夹一层金箔，以防粘连。手指只能接触棉纸，不能接触金箔，因此很难控制，需要一种特殊的技艺手法才能把金箔包裹在药丸上。

　　此外，手工制作的安宫牛黄丸，基本标准是一料药必须出 160 丸，正负只许差一丸。这一料药的分量大约是 480 克，相当于 240 克药粉加上 240 克蜜，折算出来则大约是 3 克一丸，可见误差得控制在这么小的范围才行。

★ 养生丹药　太谷"龟龄集"

　　山西太谷所产的龟龄集是采用多种珍贵的动植矿物药材炼制而成。其处方严谨，用料珍奇，工艺精湛，历经 400 多年的临床使用，证实疗效显著，为高级滋补强身药，畅销全国，誉驰中外，并远销 21 个国家和地区，深受用户欢迎和赞赏。

1. 皇家出身的养生丹药

　　龟龄集源于古代神仙家养生服食方药，一般认为是由晋代葛洪《玉函方》中"老君益寿散"发展而来。中药方剂都是以丸、散、膏、丹、汤、饮命名，而以"集"字命名的只有龟龄集。在古代，龟被列为四灵（龙凤龟麟）之一，有着祥瑞象征，相传它的寿命是以百年、千年计算的。取名"龟龄集"表示采用大自然东西南北中各地的名贵中药材，广收天地之灵气，集天下之大成，服之可获像龟那样的高龄。《中国长寿辞典》中收录的 40 余种

益寿内服方剂中，龟龄集独占鳌头，甚至有人评价：内服益寿谁第一，山西太谷"龟龄集"。所以，龟龄集是典型的中医服食养生丹药。

据《山西通志》记载，公元1522年，朱元璋第八世孙朱厚熜登基，年号嘉靖。其时嘉靖皇帝刚刚15岁，由于嘉靖自幼体弱多病，一直未有后嗣。到29岁（1536年）时竟然卧床不起，因此朝纲不振，群臣忧患。为挽救社稷，嘉靖帝遂下诏全国，广征医方，以调养龙体，延续皇室血脉。时有邵元节、陶仲文两位著名方士，总结多年行医心得，根据《云笈七签》中的"老君益寿散"，集纳众多滋补良药之所长，精心配伍，加减化裁，拟定处方，并采用古代神仙家"炉鼎升炼"的技术，为嘉靖皇帝量身定做制成益寿"仙丹"进献给朝廷。嘉靖皇帝服用后果然身体日臻强健，至50岁时甚至精力益发旺盛，一连生下八个皇子，五位公主。于是龙颜大悦，遂将此丹奉为皇室至宝，御用圣药，并赐名"龟龄集"，以示服之可与神龟同寿。据史料《明司礼监刻本〈赐号太和先生相赞〉》记载，当时两位方士因为献制龟龄集有功，深得圣上宠幸，被昭封为朝廷二品官爵，位济三孤。所以龟龄集自从诞生后，便受到王公贵族的追捧，有"四百年宫廷礼遇，十八代帝王享用"的历史。正是由于龟龄集的皇家出身和帝王们的青睐，其流传到民间后也备受追捧。

明朝嘉靖年间，山西襄垣县的名老中医石立生，到太谷县城行医，因医术高明，求医问药者应接不暇，于是他在太谷城钱市巷开设广盛号药铺，悬壶济世，兼售自行配制的各种药物。当时，龟龄集是"皇室至宝、御用圣药"，一直在皇宫里秘密升炼，为皇室所独享。后来皇宫医药总管陶仲文的义子告老还乡时，将龟龄集的秘方带回祖籍山西太谷，辗转流传在广盛号药铺制售。后来，因石立生年近八旬，无儿无女，便将广盛号药铺以300两白银转让给自己的好友，即当时太谷阳邑旺族官僚绅士杜振海，龟龄集制作工艺亦为阳邑杜氏所得。其后很长时期，龟龄集一直在广盛号药铺里销售，从皇家流入民间。

龟龄集曾经辉煌一时，远销海内外，获得巨大的经济利益和广泛的知名度，至今还有人收藏有数十年前的龟龄集，可见其影响之大、之深、之广。《中华道教大辞典》认为龟龄集乃"壮阳延年之药"，并引用清宫词谓"目下医家抄写遍，龟龄集胜息饥丸"。可见服食龟龄集养生在当时的风行程度已经远远超越辟谷养生。据美国人艾梅霞所著《茶叶之路》记载：清代著名商号"大盛魁"与漠西蒙古地区有生意往来，传说其创始人王相卿恰逢一个蒙古王公的女儿生了重病，濒临死亡。王相卿给她服用自制的龟龄集而得救，其父为了报恩把她嫁给王相卿的三儿子，这使得蒙汉贸易联盟从此有了保证。这足以说明山西不少商人自制龟龄集，而且随着他们商号经营范围的扩张，将龟龄集也推向世界各地。

2. 组方布局严谨，炮制恪守古法

龟龄集"补脾胃之元阳，宛似丹成九转，益命门之真火"。龟龄集的作用在于调五脏、行气血、通经络；综合调理人体脏腑、经络、气血各项机能，使得体质得到全面提升，精神元气得到充足的补益。龟龄集疗效显著，与其组方讲究、配料精良密不可分。

龟龄集以人参、鹿茸为"君药"，可以大补元气、补脾益肺，对治神疲畏寒、腰脊冷痛等病症。以海马、肉苁蓉、熟地黄、枸杞子、雀脑、天冬为"臣药"。主治肾虚作喘、润肠通便、滋阴补血、腰膝酸痛、清肺生津、养阴补脑之外，皆有反助君药增进药效之功，避免温燥之弊。另有"佐药""使药"，味多而不杂乱，圆融而集大成，寒热并用，动静结合，阴阳双调，共奏温肾助阳，补气固肾，暖脾开胃之力。龟龄集组方布局严谨，充分体现了中医"天人相应"的生命观。

选材上，精选 7 年生高丽红参之天参，5 年以上的梅花鹿和马鹿的二杠三岔之茸尖，体长 20 厘米以上的海马；广集天上飞物如蜻蜓，陆地逐物如鹿茸，水中游物如海马；遍采植物根（熟地）、茎（锁阳）、叶（淫羊藿）、花（丁香）、果（枸杞）；更有浅表矿物（大青叶）和深层矿物（石燕）等，共计 28 味，应 28 星宿，暗合九宫八卦，外归五行三才，动静互涵，升降有序。

炮制上，搭配 28 种辅料，异于常规，激发最佳药性。其中红虹一味辅药，就需经煮、蒸、爆、土埋等多道工艺完成；鹿茸，一般在炮制其他药品时都用黄酒炮制，龟龄集则用山西老陈醋炮制，晾晒 3 年以上，待 10 千克的陈醋晒至 1 千克左右，才能作为辅料入药炮制；公丁香则要用椒水浸泡，并炒至蒂头出现白点为止；乳地黄的炮制，需经九蒸九晒，直至"黑如漆，亮如油，甜如蜜，香如饴"，这样不仅使其滋阴补血的作用增强，又入口便化为精血，极利于吸收。炮制所需辅料除陈醋、花椒外，还有黄酒、牛乳、蜂蜜、姜汁等多种。这一炮制工艺的复杂性和唯一性是不可能用标准化的现代技术替代的。

制作手段上，龟龄集遵循"五行制"古法。所谓"五行制法"，即指在龟龄集的炮制过程中，以五行金、木、水、火、土对应银锅升炼、烧炭法、水浴法、火燔法、土埋法等制作手段，让药物作用归于五脏。其中，"烧炭法"要求"炭而存其性"，这需要老药工把握火候，过犹不及，不仅对原料烧炭，而且要保存其应有的性味归经和功效；"水浴法"则要求"撒要巧、喷要匀、堆要松、放要凑、翻要勤"，保证药物软化又不流失有效成分；"火燔法"是指各种用火炮制的方法；"土埋法"指原料经过炮制后，土埋一定时间，以汲取土之"厚德"之性，使药性更加醇厚；"银锅升炼法"是龟龄集炮制的最后一道工序，取"金生水"之意，使龟龄集组方更专注肾脏，肾阳得温，肾水充盈，可以灌溉五脏六腑，扶正祛邪，延年益寿。目前，这些炮制方法不会在其他中药制作方法中使用，大部分都是龟龄集所独有的炮制技艺和方法。"五行制"分别与"金、木、水、火、土"阴阳五行相对应，炉鼎升炼七七四十九天方可制成，其制备工艺有99道大工序，360道小工序。"五行制"不仅使药物的作用归属于五脏，而且根据五行相生相克、相互平衡的理论，整个处方得到水火既济之妙，长期服食，可以达到延年益寿之效。

1975年，著名科学家华罗庚应邀前往山西中药厂（广誉远公司）考察研究龟龄集升炼技艺。经仔细研究，华罗庚从龟龄集此前49天升炼周期中选取升炼效果最佳的17个昼夜，并以此为依据，成功研发了电子数控程序"电升炉"，让龟龄集的"炉鼎升炼"工艺有了一次新的飞跃。这一创新成果从根本上扭转了龟龄集供不应求的局面，为龟龄集"普济苍生"提供了坚实的技术保障。

龟龄集因其立方选药之精，炮制工序之繁，炉鼎升炼之巧，养生功效之著，适用人群之广，覆盖地区之多，经营利润之高，历史上无出其右者。因其唯一性，龟龄集传统制作技艺也成为目前考察养生丹药、炼丹技艺的唯一标本。

3. 养生国宝，百炼金丹

因其独特的工艺和卓著的功效而被称为"百炼金丹"，更因其近500年久盛不衰的历史和明清十八代帝王享用的皇家礼遇而被称为"济世金丹"与"补王"。后流入民间，因其卓著的疗效和独特的工艺而备受追捧，在清代已行销18个国家和地区，享有"有华人的地方，就有龟龄集"的美誉。

1885—1930 年，广誉远商号仅以龟龄集为主卖点，就获得 75 万两白银的丰厚利润。《中国长寿辞典》中收录的 40 余种益寿内服方剂中，龟龄集名列第一，被古今医学界誉为"补王龟龄集"。龟龄集在国内外久享盛誉，屡获殊荣，现已列入"国家保密品种""国家基本用药目录""国家中药保护品种"，2009 年被列入《国家级非物质文化遗产代表性项目名录》。

作为养生国宝，"中医药活化石"龟龄集能综合调理人体脏腑、经络、气血各项机能，使得体质得到全面的提升，精神元气得到充足的补益。《黄帝内经》记载"上医治长病，中医治欲病，下医治已病"。龟龄集承载千年中医药文化，肩负养生防病的时代责任。对于现代常见的诸多身体亚健康症状，如肾亏阳弱、精神疲倦、记忆减退、身体乏累、情绪烦躁、贫血气虚、腰酸膝软、头晕耳鸣、失眠多梦、四肢冰冷、脱发、牙齿松动、肾虚泄泻、便秘、夜尿频多、免疫力下降等，通过服用龟龄集，调理人体各项机能，提升身体综合素质，皆可以得到有效治疗。

龟龄集为什么要用淡盐水送服？

植根山西，继承百余种国药秘方的"中华老字号"，在 2003 年由全国著名的大型高科技现代化医药企业——西安东盛集团投资控股，正式定名为"山西广誉远国药有限公司"。在民族复兴的新时代，中医药文化日渐深入民众的生活，广誉远恪守"修合虽无人见，存心自有天知"的古训，推出系列高端精品方。这是中医药行业的社会责任，更是广誉远国药的历史使命。

1962 年，聂荣臻元帅身体不佳。聂老委派秘书来山西中药厂购买龟龄集。聂老服用后效果出人意料得好，后来又数次派人来厂购买。据聂老的秘书回忆说："首长服龟龄集后精神特别好，吃饭也很好，还建议把龟龄集改为胶囊装，一者剂量准确，二者防止药物沾到牙齿上，免得浪费药物"。

4. 非遗年度人物——柳惠武

2019 年 12 月 29 日，由文化和旅游部非遗司指导，《光明日报》、光明网主办的"2019 中国非遗年度人物"推选结果揭晓仪式在京举行。经过层层选拔，拥有中医传统制作技艺的国家级代表性传承人、广誉远非遗传承人柳惠武最终荣获"2019 中国非遗年度人物"奖。"秉承千年技艺，发掘传统秘籍，他让古老药酒焕发时代光辉；继承先辈精神，探索矢志不移，他用古方妙丹温暖世代仁心。"这是柳惠武的颁奖词，也高度概括了他"专注做好药"的一生。

柳惠武，山西太谷人，1955年1月生，国家级非遗项目龟龄集、定坤丹代表性传承人，自幼便师从其父柳子俊学习中药鉴定、炮制及制作工艺，14岁就在父亲所在的药厂做临时工，一边工作一边自学，《药性歌括四百味白话解》一书抄写了好几遍，能够倒背如流。1970年开始进入广誉远的前身——山西中药厂工作，一干就是40多年。

柳惠武所在的广誉远，在清代曾与广州陈李济、北京同仁堂、杭州胡庆余堂并称为"四大药店"，目前拥有两个国家级保密产品（龟龄集和定坤丹）和三项国家级非物质文化遗产代表性项目产品（龟龄集、定坤丹、安宫牛黄丸），2006年成为首批被中华人民共和国商务部认定的"中华老字号"企业。柳惠武就是广誉远龟龄集、定坤丹制作技艺传承人，对他而言，炮制药材远比这些名誉重要得多。

在中药的生产过程中，炮制是最重要的环节，可谓十分讲究，"不及则功效难求，太过则性味反失"。按照传承下来的古法进行炮制，不仅要将药材仔细分门别类，还要按照蒸、煮、熏、烧炭法、水浴法、升炼法等不同的方法进行处理，目的就是将药材真正的药性挖掘出来，达到预期的功效。在这个过程中，绝不可有丝毫懈怠。柳惠武一生专注做药，练就了摒弃浮躁、宁静致远的心性，这或许就是"工匠精神"的另一种体现。

近年来，柳惠武还多了一项工作——让传统制药技艺延续下去。对于柳惠武来说，目前最大的任务是把手上流传的中药制药技艺传给下一代。"中药古法炮制的传承，依靠言传身教的自然传承，无法以文字记录，以程序指引。"柳惠武说，"技艺的掌握靠的不只是三天两天、三年两年的工夫，关键是要耐得住寂寞，沉得下心，把基础夯实，再多多出去跟别人交流学习，成就才会超过前人"。道德品质好是柳惠武选徒弟的首要标准。"做得好人才能做得好药，老实本分、热心、有责任心是做中药应具备的基本素质。"柳惠武觉得更有责任把中药师应坚守的道德原则传承好。

除了手把手地带徒弟之外，柳惠武还身体力行地做传统中医药文化的传播者，在全国各地布展位、搓药丸、讲中药，走到哪儿就把他的搓丸设备和中药材带到哪儿。年过六旬的老人，用一辆小推车载起几十斤的纸箱子，里面满载着海马、鹿茸、蜻蜓、地黄等道地药材，即使是领奖也能随时掏出海马给观众讲解它的药性。作为中医药的中坚力量，柳惠武多年来先后走进新疆五家区二中、山西太原二十七中、山西师大附中、山西农业大学文理学院等及全国 20 多个小学，进行中医药常识的传授，培养孩子们对中医药的认知和兴趣，增强学生对祖国传统文化的了解，从而在从小培育中医药人才的现实意义上，弘扬中华优秀传统文化。2018 年 10 月 18 日，在吉尼斯世界纪录认证官的见证下，柳惠武在同一时间、同一地点对 1000 多人进行了搓制定坤丹大蜜丸的教学，成功创下"最大的传统中医药课"全新吉尼斯世界纪录称号。同时通过吉尼斯世界纪录的窗口，让中医药技艺传播向更广阔的范围。

多年来，柳惠武还通过传习场所活动、非遗博览会、非遗文化日及各种民间活动，以推丸、炮制、药材鉴别等形式，展示中医药技艺，让观众近距离感受中医药文化的丰富内涵，并集中体现了非物质文化遗产这一活态遗产以人为载体、重在传承的生动特点。柳惠武曾荣获"中国非物质文化遗产中心传承人薪火相传奖"，在济南非遗博览会上获得金奖。2018 年，在全国第 13 个文化和自然遗产日当天，柳惠武开展非遗走进帽儿巷、非遗走进雁门关、非遗走进代县等活动，在山西掀起一场非遗热、中医药热。

通过对龟龄集进一步的挖掘与创新，在他指导下生产的龟龄集、定坤丹、安宫牛黄丸等精品系列产品，不仅以切实的疗效增强老百姓对中医药的信任和信心，而且推动公司"精品战略"的实施，通过精品战略的实施，公司市场销售持续扩大，2015 年实现销售 2.94 亿元，2016 年达到 6.41 亿元，2017 年增长至 12 亿元。同时，龟龄集等精品产品成为"国家名片"，作为国礼活跃于外交场所，礼赠英国前首相布朗、法国前总理拉法兰、加拿大总理特鲁多、澳大利亚前总理陆克文、美国前总统克林顿、台湾地区领导人马英九等，使中药以崭新的国粹形象重新展示于世界面前。

"厚朴待人，使君子长存远志；苁蓉处世，郁李仁敢不细辛。"这是柳惠武的制药精神，也是其作为传承人的个人精神。正是像他这样的传承人点点滴滴的传承工作，才使各类非物质文化遗产在今天焕发出新的生命力，带动着中华传统文化的不断复兴！

叁　丝竹之音表情感

音乐，由简简单单的几个音符组成，却展现了它奇特多彩的个性，呈现出一个五彩缤纷的世界。当你悲伤的时候，它可以让你快乐；当你开心的时候，它可以让你更开心；当你幸福的时候，它可以让你感动得流泪；当你孤独的时候，它可以让你感觉温暖。聆听音乐能感受到有限生命升华出无限精神的过程。

01 国乐雅韵　传统音乐

人类的感情丰富而敏感，生活的一点一滴都会拨动人们的心弦，引发人类最初的感动和渴望，于是有了音乐。音乐是人类最早诞生的艺术形式之一，它是人们抒发和表达感情的媒介，记录着人类的历史。音乐的世界虽然缥缈，却洋溢着激情；虽然平实，却洋溢着芳香；虽然遥远，却充满感动。

中国音乐的产生距离现在已有 6700~7000 年的历史。从 50 万年前的旧石器时代，中国开始有人居住，到新石器时代人们开始学会用火，并且用火烧制精巧的陶瓷器具来演奏乐曲。如最早被发现的骨笛、盘等，到后期发现的陶钟、埙、鼓、陶铃以及编钟等，都是远古先秦时代演奏音乐的主要乐器。远古时代的音乐作品大多偏自然形成并且带有宗教性的色彩，到商周时期，乐师演奏制度开始完善。春秋战国时期则根据各思想派别发展出各自的音乐。隋唐时期，外来音乐相对繁盛流行，到宋元时期，民族音乐开始得以重生（在外来音乐已被中国化的基础上）。中国传统音乐是在以黄河流域为中心的中原音乐、四夷音乐及外域音乐的交流融合中形成和发展起来的。

传统音乐是中国文化的厚重名片，发源于民间，根植于民众。传统音乐按照内容可以划分为民间音乐（民歌、歌舞、曲艺、戏曲、器乐）、宫廷音乐（历代宫廷音乐）、宗教音乐（佛教音乐、道教音乐、伊斯兰教音乐、基督教音乐）、文人音乐（古琴音乐、词调音乐）四大组成部分。中国传统音乐多保留于民间的村落、街道、道观、寺院等文化社区中，服务于各类民俗活动，以民歌、歌舞、曲艺、戏曲、器乐为主要表现形式，构成了不同地域、不同形式、不同风格，体量巨大、内容丰富、影响广泛，覆盖人民生活方方面面的传统音乐文化体系。中国传统音乐在音乐语言、音乐风格上都单纯朴实，清新自然、没有繁复的地位，没有浓重的和声，在独具特色的伴奏音乐的陪衬下，充分发挥旋律的美丽，整个音乐朴实无华而又充满生机，同时又能产生极大的感染力。

传统音乐具有浓郁的地域色彩，这是传统音乐突出的特点。每个音乐品种形成和发展都不同程度地留有不同的文化背景、音韵特点、方言特点的积淀。传统音乐是百姓在生活中不断地创作、传唱、创造而逐步形成的，是无数人智慧的结晶。传统音乐不依附于某个物质而存在，它是人们在生活中经过口头传唱，代代相传逐渐形成的。没有任何载体的艺术形式。传统音乐大多会现场即时表演，必须依靠表演人而不依托乐谱进行传播、传承。

02 本土艺术　山西的传统音乐

山西有着悠久的历史和深厚的传统文化积淀，非物质文化遗产种类繁多，传统音乐类非遗也是格外璀璨，如有吹打并重的上党八音会、雄宏热闹的威风锣鼓、黄土新韵——绛州鼓乐等。山西的非遗传统音乐反映着山西独有的区域特色，展现了人民简单质朴的生活状态，表达着人们对美好生活的向往和追求。

山西省各个地方都有其独特的音乐文化，综合来说山西省的民间音乐主要有三大特点：第一，民间音乐来源于生活，人们用音乐诉说着他们的生活和情感，是当地人民的生活写照。第二，有很强的地域特色，历史渊源。许多民间音乐都是历史传承下来的，威风锣鼓始于尧舜时代；上党八音会起始于夏商，形成于春秋，到了汉唐时期形成一个完整的音乐形式；绛州鼓乐源于先秦，盛于明清，有"闻声十里"之誉；文水鈲子是老百姓与大自然抗争的表现形式，是祭神祈雨的仪式；太原锣鼓盛行于清代的社火活动中。第三，音乐形式的多样性。山西的传统音乐按照艺术特色的不同，分为五类：一是民歌类，如左权开花调和河曲民歌；二是锣鼓类，如晋南威风锣鼓和太原锣鼓；三是打击乐类，如绛州鼓乐和文水鈲子；四是宗教音乐类，如五台山佛乐和恒山道乐；五是吹打乐类，如上党八音会。五台山佛乐既有佛教音乐特色，又有民间音乐韵味，由打击乐和吹奏乐组成，演奏乐器多样。恒山道乐由声乐和器乐组成，是道教和民间音乐相结合的历史产物。

音乐本来是娱乐、愉悦的事情。山西传统音乐的复兴和传承应和山西旅游发展结合。山西的锣鼓乐被称为中国第一鼓，许多游客在看到现场锣鼓演出后都赞叹不已，根据游客的需要，可以增开"锣鼓乐体验游""山西民歌专线"等旅游线路，为山西民间音乐的传承开辟一条新出路。另外，可以借助山西大剧院这一平台，组织优秀的山西民间音乐演出或讲座，使游客在领略山西美景的同时，欣赏带有地方特色的音乐文化，得到精神上的享受，实现真正的音乐文化旅游。把民间音乐规划到旅游景点中。以五台山为例，五台山是山西省最著名的旅游景区之一，也是中国佛教四大名山之首。五台山佛乐还是国家级非物质文化遗产，对五台山佛教音乐合理地开发利用才能更好地保护和传承，打造山西民间音乐品牌。同时，可以将各种山西民间乐器做成纪念品，如制作成精美的迷你版配饰或者工艺摆件。还可以在景点宣传民间音乐，推出光盘、图书等产品，既吸引了游客，又保护了民间音乐。建立山西民间音乐博物馆，把山西优秀的民间音乐汇集到一起，聘请民间艺人现场教授游客，使游客真正参与到民间音乐中，如游客演唱或演奏一段民间音乐，穿上演出服，配上音乐在舞台上表演，并录下来制作成光盘。这种体验山西民间音乐的新景点，使民间音乐的艺术形式得到更好的传承。

截至 2023 年 7 月，山西省拥有传统音乐类国家级非物质文化遗产代表性项目 18 项，国家级代表性传承人 18 名。

截至 2023 年 7 月，山西省公布的六批省级非物质文化遗产代表性项目名单中，传统音乐类省级非物质文化遗产新增及扩展项目共 65 项。

★ 圣境梵音　五台山佛乐

五台山佛乐，是流行于山西省五台县五台山一带的传统音乐，随着佛教向山西地区的传入逐渐兴盛起来。原来的印度梵乐佛曲，在流传过程中，逐渐吸取中国唐宋曲牌、元代杂剧散曲以及民歌民乐的音乐养分，发展成为具有中国特色的寺庙音乐。

2006 年，五台山佛乐被列入第一批《国家级非物质文化遗产代表性项目名录》。

1. 小沙弥带来的震撼演出

2000 年 1 月 27 日，在台北中山纪念馆的音乐厅，来自佛教圣地五台山的"中国五台山佛乐团"演出了传统的五台山佛乐。具有悠久历史的古老乐曲和他们精湛的技艺，不但使观众得到一次难得的艺术享受，而且使有幸聆听到他们精彩演出的人们看到佛教文化在祖国大陆得到很好的保护和继承。值得指出的是，这次出访的五台山佛乐团，全部由年青

小沙弥带来的震撼
演出

一代组成，这些小沙弥平均只有十四五岁，其中最小的只有十二岁。当大幕拉开，人们看到端坐台上的竟是些稚气未脱的"小师父"时，都有些惊讶。但当这些"小沙弥们"开始演奏时，观众席上便鸦雀无声了。人们耳听优美的梵音，眼看这些"小师父"们中规中矩地吹打，无不心生赞叹。他们演奏的五台山佛曲《西方赞》《焰口选段》等，充分代表了中国北方佛乐的传统风格，典雅幽静，气韵生动，具有很高的艺术性。在中国台湾地区享有"第一维那"之称的悟一长老，不顾 80 岁高龄，在演出结束后跑到后台，亲切地鼓励"小沙弥们"好好继承中国佛教音乐遗产，让中华文明在全世界发扬光大。

2. 钟管齐鸣，咏诵千年的佛音

中国的佛教音乐分为南北两派，南方佛乐以委婉、清秀为特点；北方佛乐则深受古印度音乐的影响，呈现古朴、典雅、庄重和肃穆的特点。佛教音乐与五台山佛教相伴，是五台山佛教文化的重要组成部分。五台山是全国唯一兼有汉传佛教和藏传佛教的圣地，五台山佛乐兼有汉传佛教（称"青庙"）和藏传佛教（称"黄庙"）的特点。作为北方佛乐的代表，五台山佛乐与五台山佛教同生共荣。

五台山佛教音乐，分为经文音乐和经外音乐两部分。经文音乐是专门用于佛事活动的音乐，由经文与佛曲相融而成。没有乐器伴奏的称为"咏读"或"念高调"；有乐器伴奏、以歌赞为主的称为"梵呗"或"合念"。经文音乐主要有四种形式：第一种是带有乐器和法器伴奏的唱经，僧人们称其为"和（音格）念"；第二种是不带伴奏，只用法器击节的唱经，僧人们称其为"令调"；第三种是有简单旋律线条的"吟诵"；第四种是以语言自然音调为基础，和着木鱼敲击节奏的"诵经"，僧人们称其为"直数"。经外音乐没有

词、偈，仅有以乐器演奏为主的器乐曲牌，是五台山庙堂音乐的精华。

五台山佛乐源于印度佛教音乐。唐代，由于佛教仪式的日益集体化、规范化，五台山佛乐达到繁盛，形成独唱、齐唱、轮唱等多种演唱形式。元末明初，乐器被引入五台山佛教，除为经文诵咏伴奏外，还要演奏乐曲，使五台山佛教仪式的艺术性得到很大提升。明代，五台山佛乐又有新的发展，进一步吸收唐宋曲牌、元杂剧曲牌以及民歌、民间乐曲等的特点。清康熙以来，由于统治者特别青睐藏传佛教——喇嘛教，五台山佛教音乐中便又出现了黄教音乐。目前，僧人掌握了演奏技巧的五台山佛乐有20多首，在法事活动中常用的有《华严会》《普庵咒》《千声佛》等。随着时代的发展和变迁，五台山佛乐也在发生着变化。新一代僧人已开始学习简谱和西方的乐理。同时，一些新编的佛乐则采纳了不少当代流行歌曲的乐谱。一些香客认为，这样的佛乐更易上口，也容易深入人心。

五台山佛教音乐的传承方式是传统的口传心授。学习时，徒弟首先要把乐器上每个字的位置记牢，然后学习唱谱。学习唱谱时，师傅首先依照工尺谱（中国民间传统记谱法之一，因用工、尺等字记写唱名而得名）所提供的曲调框架，按照自己的理解或是个人的爱好和习惯，依据板眼一句一句施教，待徒弟唱会并背下来之后，再拿乐器依字找音（俗称"捏眼"），慢慢奏出旋律。每一首乐曲的每一句都需要这样去教。所以，如果没有师傅的传授，徒弟仅有乐谱也是唱不出曲调的。这种教授方式，使每一首乐曲旋律由于师傅的不同而产生微小的差异，同时也形成了相同曲调有多种不同唱法的现象，使乐曲显得非常丰富。但是，无论怎样变化，曲调的基本风格不会变，此外五台山僧人在点笙（调音）方面有独特的技艺。

以前五台山每个寺院都有佛乐队，学习佛乐也是每一个出家人的必修课。而且每年都会在六月法会期间举行比赛，推选第二年的会首，能当上会首，便是最大的荣耀。演奏佛乐，需要一个配合默契的团队，最少需要8~12名僧人组队，众僧手持木鱼、引磬、钟、鼓、笙、管、铛子、云锣等10余种法器和乐器，同声共吟。

3. 千年梵音的现代传承——记汇光法师

汇光法师，五台县政协委员、五台山佛教协会副会长、五台山佛教音乐（青庙音乐）传承人、南山寺住持。

汇光法师出生于1966年，五台山五顶之一的西台山麓繁峙县王家，俗名王还晟。远近村民大多笃信佛法，王家世代积德行善，虔诚敬佛，每辈均有出家之人。父母亲亦是虔诚的佛教徒，从小受佛法熏陶，青年时期为了减轻家庭负担，外出打工，成为一名煤炭工人。面对矿井里不断的塌方事故，在多次救援中，对生死已经有了另一种认识，为此，他毅然辞职，在征得父母同意后求佛五台山。1991 年，汇光法师一步一叩到南山寺落发，拜万富和尚为师，由塔院寺高僧寂度大和尚亲授具足戒，参禅礼佛、受持戒规，同时学习吟诵经文的曲牌和演奏乐器的技艺。

"饱吹饿念"，学佛乐是很辛苦的，寒冬腊月，哪天风大哪天练。不仅要掌握乐器音律，还要练手脚功夫，有时手、脚会冻得脱一层皮。汇光法师主修管乐一练就是 20 多年。学习佛教音乐的演奏，与城市的音乐学院不同，而是师父口传心授，乐器是几百年乃至上千年来基本没有变化的那一套，乐谱是仅有少数人看得懂的工尺谱。

"铁打的寺院，流水的僧。"由于佛门弟子大多一生四海为家，云游不定，主要的任务还是修行，所以好的乐僧也存在流动性极强的现象，这也是五台山佛乐传承的一大难题。为抢救和保护这一文化遗产，南山寺在 1986 年挂牌成立禅门佛事音乐培训班。近年来，汇光法师一直致力于收集整理遗存下来的曲目，并主抓佛乐培训班乐僧的训练。

2011 年 3 月 19 日，上海大剧院内人头攒动，梵音飘扬，由汇光法师带领的南山寺、殊像寺乐僧组成的佛乐团演奏的《吉祥佛韵》正式上演，成为"魅力三晋——山西文化艺术精品展演月"上最大的亮点，赢得满堂喝彩。佛教音乐特有的清新典雅、超凡脱俗、幽远深长，使现场观众意念净化、身心合一，至今余音绕梁。

"'千日管子，百日笙，大杆子唢呐一朝生'。看演出很轻松，但学佛乐很辛苦。我们就是这样一代一代传承的。"释汇光师承于慈音师和万富师，主修管子，至今已吹奏 20 多年。如今，他又将自己学到的佛乐技艺传授给释义福等徒弟。

4. 去五台山听一场穿越千年的清凉梵音

五台山佛乐是五台山佛教的重要组成部分，具有浓厚的中国传统音乐特征，并形成独特的形式，被誉为"中国传统音乐的活化石"。一场五台山佛乐演出盛况如下：静默中，一位领头的乐僧发出了一声低沉的咏诵，声音穿越人群、直冲云霄。紧接着引磬声响过后，所有乐僧都开始咏诵经文，并击打起各自手中的乐器，诵经声和器乐声交织在一起，如天籁之音般震撼着观者的灵魂。随着乐曲的深入，乐僧们排成了一行，围绕大雄宝殿外的一座白色舍利佛塔缓步绕行。寺庙内香烟袅袅，乐僧们裟裟飘舞，诵经声和时而响起的笙管钟磬齐鸣，一曲经典的佛乐被演绎得浑然一体，萦绕在清凉的五台山圣境上空，令现场观者置身其中，魂牵梦萦、如痴如醉。

培根说过："艺术就是自然加入。"佛乐在佛教活动中，那抑扬顿挫的诵经节奏，或配以伴奏，或单独清唱，或经停乐起，唱念结合，声乐相间。忽儿深谷溪泉，忽儿高岭鸿雁，其水乳交融的演奏，具有十分浓郁的古典风味，不禁令人想起唐诗、宋词、元散曲的格调。"箫笛箜篌，琵琶筝瑟，敲锣振鼓，百戏喧阗，舞袖云飞，歌梁尘起，随时供养……"清凉山有锦绣壮丽的自然景观、深厚的文化内涵，铸就一种灵魂，凝成一种精神，形成一种特色，终成世界之文化瑰宝，中华民族之骄傲，使这里源远流长的佛教文化理所当然地享誉海内外。

★ 难舍难弃的民间精粹　上党八音会

上党八音会是一种民间吹打乐，在山西省东南部的长治、晋城一带广为流传。2006 年，上党八音会被列入第一批《国家级非物质文化遗产代表性项目名录》。

1. 兼容并蓄，吹打结合的音乐盛会

说"八音会"，首先要说何为"八音"。中国古代的人们发现能发出声音的材料非常多，在以后的生产、生活中逐渐将这些材料进行加工，做出各式各样的乐器，并用这些乐器进行简单的音乐演奏。在当时，能制作乐器的材料大约有八种：金、石、土、木、匏、革、丝、竹；"会"在这里指的是一种形式、一个平台，将各种乐器有机地结合在一起演奏音乐。上党八音会最初由锣、鼓、钹、笙、管、唢呐等乐器组成，后来又逐渐增加小镲、梆子、胡琴、笛子等乐器，兼吹兼打，吹打结合。

上党八音会形成发展于元明之际，成熟兴盛于明末清初，脱胎于宫廷、庙堂、戏曲音乐和民歌小调，主要在古庙会、节日庆典、婚丧嫁娶等场合演出，演出时吹打并重，文武相接；声情并茂，高亢悲壮；歌戏互补，荡气回肠。最初，上党八音会是"俗家弟子"，非嫡传真授，所能演奏的曲目也大都是些乡野小调、地方俚曲等。他们没有套曲、程序、仪式也不太讲究，每

年活动的次数有限，像长治县北张、南张一带的民间吹打乐（当地人叫"细家伙"）就是典型的"八音会"。村民们闲时相聚在一起演练、交流，自娱自乐。到了春祈、秋谢和庙会等场合，都要和邻村的八音会设台摆擂，猛吹、猛打一番，吸引十里八村的乡亲们驻足观看，在人们的喝彩、助威声中，使出浑身解数尽情展示平时练就的各种技能和技巧，劲使足了、汗出透了，也就心满意足了。那些好的吹打班子，人人都有一种成就感，说不定哪天就会被别人相中而前往助兴。他们不办白事（葬人），一般也不办红事（迎亲），专司上香祷告、迎神驱傩和正月十五"闹元宵"等，有事时聚，无事时散，农闲时聚，农忙时散是他们的一大特点。随着时间的推移，同为民间音乐的"八音会"和专业的乐户们，他们之间的交流增多了，禁忌减少了，今天有事我叫你，明天有事你叫我。"八音会"融合乐户们的许多内容，乐户们也从"八音会"学到很多地方性很强的东西，交融后的结果是产生一个全新概念的"八音会"。

上党八音会的音乐要素分为四个部分：一是宫廷音乐。上党八音会从乐器配置、使用到演奏方式、用途皆与汉代鼓吹乐有相同之处。现存泽州县的唢呐牌子曲《迎仙客》就是一首唐代宫廷古曲。二是庙堂音乐。上党境内佛寺庙宇极多，高平开化寺和二仙庙至今仍保留着庙堂乐队排座演奏的宋代壁画和金代石刻图。晋城吹打乐中现存的《大十番》《小十番》套曲及昆曲与江南正乙教道士的斋醮音乐中的昆曲、粗细十番锣鼓曲牌同名，音律相近。三是戏曲音乐。上党八音会1/4的曲牌是与上党戏曲通用的。四是民歌小调。八音会曲牌中的《摘花椒》《摘豆角》《打酸枣》《放风筝》《闹元宵》《大观灯》《迎春欢》等几十个曲牌都是民歌小调。

上党八音会乐器有文场、武场之别，文场为唢呐、丝竹，武场为梆、鼓、锣、镲。文场突出唢呐吹奏技巧，要求吹奏者不仅大、中、小唢呐和老咪（口哨）都能运用自如，而且还要吹奏出喜、怒、哀、怨等不同的感情色彩；不仅能吹奏各类歌曲，而且能吹奏整本戏文；不仅能"文吹"，而且能"武吹"（如吹奏时口咬铡刀，刀的两端还要挂两大桶清水）；不仅有独奏，而且有多人联袂吹奏。有没有几个好"吹家"，是衡量一个八音会团体质量高低的主要标准。武场则是为了突出鼓、锣、镲，"鼓佬"（或称"掌鼓板的"）不仅负有指挥职责，掌握演奏的节奏情绪，而且击鼓要花样迭出、令人心动；锣、镲不仅要节奏有致、嘹亮利落，而且要上下翻动、金光闪耀，乃至高潮处、忘情时,将手中锣、镲抛向数米高空,随手接来,继续按节奏敲打。这种吹打轮番、文武和唱、互为激励、相呼相应、配合默契的演奏技巧,既给观众以美好的艺术享受,又使演奏者得以休息和调整。

上党八音会的传承采用面对面的方式。如今,上党地区不仅村村有八音会,有的村多至两三个,甚至还有个体组织的八音会,能分能合,灵活多变,适应性强。

2. 追师寻宗,上党乐户

说"上党八音会"不能不提"上党乐户",两者一脉相承,仅是称谓的变化。称谓的改变并不意味着历史的割断,文化的传袭就是这样的神奇,影子是影子,骨子里的东西是抹不掉的。"上党八音会"发展到今天,已全部承袭"上党乐户"的衣钵,无论从形式上、内容上讲,它都是一种文化现象的延续和发展。"上党八音会"正是"上党乐户"的历史再现。

民间乐器登上大雅之堂

"上党乐户"是职业乐人,他们代代相传,自成体系,户与户之间密切相连,艺不外传,就连娶妻嫁女也都是在相互之间进行,是一个相对封闭的群体。从商周到汉唐一路走来,到清雍正年间止,"乐户"这一称谓已有近2000年的历史。古代封建统治者受儒家文化的影响,在管理国家事务中,对两项大事非常重视:一个是战争,另一个是祭祀,谓之"国之大事在祀与戎"。打仗要擂鼓鸣金助威,鼓号齐鸣造势。壮士气,扬军威,离不开"乐";祭祀活动推崇的不仅是神,更重要的是统治者的治国方略。为凸显其重要性,祭祀的整个过程也离不开"乐"。"乐"重要了,"乐人""乐户"也就重要了,所以有战争的地方就有"乐人""乐户";有祭祀的活动,就有"乐人""乐户"。无论是王公贵族还是士大夫阶层,都因礼的重要而对"乐"产生浓厚的兴趣,以至于百家论乐,习乐之风盛行。

上党历来是兵家必争之地,战略地位十分重要,历史上大小战争无数。朝廷往往指派皇亲国戚及因功而进者前来镇守,这些人中很多都有藩王之类的头衔。从京城来地方后,其礼仪、宴食等方面都需要有专门的群体为之服务,所以王府中也就有乐户的身影。地方官府和军中的乐户,也是有一定规模的乐人群体。据《襄垣县志》记载,嘉靖年间,兵部尚书刘龙以功告老还乡,皇帝赐乐工数人,专为其祭祖和娱乐服务。明洪武年间壶关县出了一位杜丞相，告老还乡时皇帝也赐了一班刘姓乐户，其后人至今仍在从事"八音会"这一行当。随着朝代的更迭，这些乐户孑遗在本地居留下来，成为乐户的后人。这些乐户到民间后，一身的乐技成了他们的生存之道，再和民间的俚曲小调、杂耍百戏相结合，所以，上党乐户不仅善乐，还会演戏，像队戏、参队戏、傩戏等。

乐户从隋唐设立起到清雍正年间止，经历了1000年左右的历史，这一群体见证了历史的演变，也尝尽人间的酸甜苦辣。由于各种原因，乐户们的社会政治地位一直都非常低，备受社会各阶层的歧视和压迫，属于三教九流中的下九流，整个社会群体被冠以"王八、龟家、行道、吹鼓手等"。例如，"王八"这一称谓，原来是说"忘八"，忘记了"忠、信、礼、义、廉、耻、孝、悌"这八个字的人群，民间有这样的顺口溜："头戴七折八扣，身穿有领无袖，脚踏五蝠捧寿，手拿一尺不够。走在大街，排成两溜，锅叟觅火，棚匠伺候。干在人前，吃在人后。"清雍正年间废除乐籍制度后，这些人在民间仍操持着旧业，吃百家饭，穿百家衣，为人欢唱，替人悲伤。

故人虽已去，八音今犹在，钟鼓琴瑟之声依旧。历史将记住这些创造优秀文化、传承古代文明的"乐户"们。

3. 承载民风民情，释放艺术魅力

明清以来，八音会越来越受到群众的喜爱，凡婚丧嫁娶、满月祝寿、庆功贺典，都要请八音会演奏。在农村，乡亲们都叫他们"家伙"，每到迎婚嫁娶、开业典礼、欢送新兵等时，都要请他们助兴。人们将请八音会叫作"顾家伙"，并把乐手们称作"打家伙的"或"吹家伙的"。乐手们都是自学成才，也是他们的爱好使然。他们也从中挣一些零用钱，或用烟、酒换成钱以贴补家用，他们很少参加丧事，偶有乐队成员去世，才跟在灵车的后边吹打，以示为好友送行。每到元宵、庙会前夕或被邻村请去比赛，他们都会凑到一起磨合磨合。最热闹的还是每年的庙会，举办方都会请近处较有名气的八音会前来助兴，助兴之余就是他们的重头戏——比赛。地点设在宽阔的地带，少者四、五队，多者七、八队，各自选好自己的场地，然后开始吹打，叫好声此起彼伏。那铜锣一会儿飞到天空，一会儿又落下来，之后便是口哨声、叫好声。赛罢，组织者会根据群众的反映，评选出最优者予以奖励，除了锦旗之外还会有物质奖励。接连几天这个比赛都会成为全村"饭场"上的热议话题，人们常常会为各自喜欢的八音会队伍争得面红耳赤！

上党地区民间八音会最初是自娱性质的乐社组织，受人雇邀为婚庆吹打是后来的事。过去八音会以打坐场为主，吹奏内容大都是民间小调、梆子戏、落子戏曲牌和选段等。八音会的人为红事吹打时，会穿一件很简易的红布"小褂"——用一块红布，中间开个豁口，头从豁口中探出，前胸后背各有一片红布，无领无袖，因此当地称其为红衣行。红衣行是从自娱性质的八音会逐渐演变成的半职业性质的民间鼓坊类型的吹打班，在民俗观念中，这种吹打班和乐户（民间乐手）班有着严格的区别。红衣行只办红事，不办白事，后来也为贫苦人家吹打丧事，但讲究的人家不雇红衣行吹打丧事；民间俗称也不相同，称红衣行为"吹打"，称乐户为"龟家"，称乐户的班主为"科头"，称红衣行的班主为"揽头"；乐户只能与乐户联姻，红衣行则无这种限制；红衣行的人乐器单打一的多，乐户则全把式多；支应同样的乐事时，红衣行与乐户即使水平相当，但得到的工钱比乐户要少一些。

4. 民间乐器登上大雅之堂

2008年，25名精通上党八音会的精兵强将，参加了奥林匹克广场文化节选拔赛，广受好评。参加选拔赛的曲目《醉了·太行》就是在上党八音会《潞安鼓乐》的基础上加工修改而成，该曲目曾在由中央文明办、原文化部组织的全国第五届"四进社区"文艺展演活动中荣获金奖。《醉了·太行》还曾荣获全国第十四届"群星奖"表演奖。

为庆祝中央音乐学院建院70周年，由晋城市委宣传部、市文广局组织举行上党八音会赴京专场演出。2010年11月11日晚，在中央音乐学院演奏厅内举行的上党八音会专场演出，受到音乐学院师生们的高度评价。一曲上党吹打乐《庆丰收》拉开演出序幕，其热烈高亢、粗犷豪放的旋律立即赢得阵阵掌声。在观众情绪的调动下，队员们又接连演奏上党套曲《十大番》《小十番》《十样锦》和唢呐咔戏《梆子腔》。最后一曲吹打乐《八音新韵》，队员们声情并茂，花样迭出，既有大气热烈的气势，又有委婉动听的细腻，把演出推向高潮。演出结束后，中央音乐学院的广大师生还陶醉在音乐中，久久不愿离去。传统音乐理论教授周青青说："整台演奏让人耳目一新，锣鼓的热烈火爆和唢呐的委婉细腻实现有机结合，让师生们从中得到很多启示。"民族管乐、打击乐教研室主任胡志厚感慨地说："上党八音会让我感受到民间乐风的淳朴，它是真正的民族艺术瑰宝，应该得到传承和发扬。"

★ "天下第一鼓"　晋南威风锣鼓

晋南威风锣鼓是由锣、鼓、铙、镲四种乐器共同演奏的一种汉族传统打击乐艺术表演形式，因其表演时锣鸣镗镗、铙音清脆、鼓声如雷、气势磅礴、威风凛凛，故名威风锣鼓，主要流行于山西晋南地区，尤其在临汾市的霍州、洪洞、汾西、襄汾、曲沃、浮山等地最为盛行。2006年，晋南威风锣鼓入选第一批国家级非物质文化遗产代表性项目名录。

1. 鼓声雄宏，缘何而来？

"凡大乐者，必有大鼓。"晋南威风锣鼓起源于尧舜时期，历史悠久、源远流长，表演起来鼓声如雷、粗犷豪放；铙音清脆、荡气回肠；锣鸣镗镗、排山倒海，融音乐、舞蹈、技艺于一体，富有民族特色，体现民族精神，有着"天下第一鼓"的美称。

有关威风锣鼓的起源，民间说法众多，有三种说法最为贴切：第一种是黄帝造鼓的说法。据说在远古时期，黄帝在并州一带与蚩尤作战，蚩尤铜头铁臂，食铁饮石，飞檐走壁，如履平地，很难对付。蚩尤的士兵都具有奇身异术，可以蹿天入地、呼风唤雨。黄帝与之多次征战，每次都惨遭失败，为了改变局面，黄帝想了个办法，他用擂动皮鼓来给将士们壮胆。一个偶然的机会，黄帝听说东海有一个岛屿，岛上长期居住着一个野兽"夔"，它发出的声音如同冬雷震震，气壮山河。于是，黄帝费尽力气寻找能人异士把它擒到军营，将它的皮做成鼓面。黄帝又让部下把居住在雷泽中的怪兽捉来，用它身上最长最粗的一根骨头做鼓槌。在大家的共同努力下，大批的战鼓很快就被制作完成。等到再次跟蚩尤决战时，双方摆好阵势，黄帝一声令下，战鼓敲响，几十面夔皮鼓齐鸣，势如排山倒海。黄帝手下的将士在鼓声中勇气倍增，而蚩尤的部下一听到鼓声便军心涣散、阵前倒戈。在这次大战中，黄帝巧妙地利用撼天动地的鼓声降服敌军。时至今日，民间仍旧有击鼓驱邪避害的传统。经典曲目《秦王破阵乐》，激昂明快与雄放紧凑的鼓点交错，为大家演奏出将士身经百战的威武雄壮，一曲奏罢，使人回味无穷。威风锣鼓素有"地动山摇""闻声十里"之誉，表演场面气势磅礴、波澜壮阔、势如破竹、锐不可当，体现出"天下第一鼓"的威武雄壮。

第二种说法便是洪洞之说。相传上古五帝之一的尧帝在位时，深受百姓爱戴，但是眼见年事已高，需寻找一位德才兼备之人继承皇位，为此他遍访各州。有一天，他行至洪洞县万安村历山，歇息的间隙，看到在广袤的原野上，一位青年农夫正驾驭一头黑牛和一头黄牛耕种田地，令人奇怪的是，农夫的手中并没有驱赶牲畜的皮鞭，而是在木犁的扶手上悬挂一面铜锣，尧帝不解其意，便询问缘故，农夫笑着回答："用两头牛耕田，如果驱赶黄牛，黑牛不走，如果驱赶黑牛，黄牛又不走，而一直用皮鞭驱赶为人类劳动的牲灵，于心不忍，所以，就在扶犁上悬挂了铜锣，每敲击一次，两头牛便以为是鞭打自己，便加快步伐耕地了！"尧帝听罢，深感耕者心地善良，聪慧贤良，如果做官封王，必定会爱护百姓。于是尧便把社稷禅让给这个农夫，同时，还将自己的一双女儿娥皇和女英许配给他，这个青年农夫就是舜。从此以后，帝尧的两个女儿便把洪洞万安村当作婆家，羊獬村作为娘家。二女出嫁的时候，作为娘家的羊獬村人兴高采烈地敲锣打鼓相送二女到婆家万安村。此后每年的农历四月初八，是娥皇、女英二女回娘家省亲的日子，作为婆家的万安村则又敲锣打鼓相迎。迎来送往，年年岁岁，威风锣鼓应运而生，鼓点的撞击中，接姑姑迎娘娘的习俗便如涓涓细流流传下来了。4000多年的历史，那热闹非凡的威风锣鼓也随之敲响了4000多年。

还有一种关于威风锣鼓起源的说法是，从远古人类种下第一粒粟开始，那种对丰收的渴望和对美好生活的向往之情便油然而生。于是，日出而作日落而息中，锣鼓便应运而生，人们通过敲击锣鼓来表达这份内心的情感。与此同时，面对野兽的侵袭，原始社会的人们用敲锣打鼓的方式来驱赶野兽，以求能够活命，日积月累，岁月沉淀，这种能够帮助他们表达情感、驱赶野兽的工具，慢慢地渗透进他们的骨血中，成为他们生活的一部分，更是他们驱赶邪气、避灾求福、期盼丰收的象征性工具。对于他们而言，锣鼓具有很高的使用价值。历史的车轮不断向前，更迭换代，时至今日威风锣鼓也成了晋南人民文化生活中不可或缺的娱乐表演方式：喜庆丰收，他们擂起锣鼓表达喜悦；年节喜日，他们擂起锣鼓表达欢乐。锣鼓的身影经过时代的变迁，在劳动人民的舞台上，从来就没有谢幕，一直流传至今。

2. 四件备齐，锣鼓开场

"无乐不成礼，无鼓不成乐。"鼓在中国人生活中的地位可以说是至高无上的。无论是祭祀、庆典活动，还是婚丧嫁娶，鼓乐都是其中不可缺少的重要组成部分。威风锣鼓的表现形式多种多样，这些多种多样的形式被四种乐器毫无保留地演绎出来。这四件乐器就是鼓、锣、铙、镲，虽件数不多，却个个精品特制，从选材到制作，件件打磨数遍。以鼓为例，制作鼓框的木材多取坚硬质地，桑木、枣木、槐木都是上等的首选。这些木材进行解板、抛光等工序后，将上等的牛皮蒙至鼓面上，鼓一般高约 30 厘米，鼓面直径约 60 厘米，在鼓框的两侧分别装有两对铁环，每对铁环之间距离 25 厘米，用麻绳把两个铁环连在一起，再将鼓带系在麻绳上。每条鼓带长约 3 米，宽 40~100 厘米。每次用鼓带系鼓的时候，鼓带的两头要余出部分的扎花装饰。击鼓的鼓槌也是由专用的枣木做成，长约 25 厘米，鼓槌头塞嵌一撮白羊毛染制的缕穗，多为红、黄、绿相间。除了鼓之外，其余三件乐器也都各有规制，将四件乐器制备齐全后，一场轰轰烈烈的威风锣鼓便可开始了。

威风锣鼓由鼓、锣、铙、镲四种乐器组合，是没有弦乐参与的一种清音乐。威风锣鼓有一整套丰富多变、能够表现多种情感和气氛的锣鼓点，即锣鼓经，它是演奏锣鼓所要遵循的法则，民间艺人诵读锣鼓经时，以特有的方言韵律，加上自身对锣鼓音乐的理解，将谱子诵读得津津有味。直到现在，一些村镇的锣鼓队还延续使用很原始的记谱方式，它是世世代代劳动人民口传心授的见证。发展到今天的威风锣鼓，曲牌有 200 多套，泛称"一百单八套"。其中有反映历史故事并以历史题材命名的，有以地名命名的，有以花草、植物命名的，还有以传统小调命名的。由于晋南威风锣鼓曲牌的传承大都是区域传承，一个地方一套锣鼓，没有文字记载，全靠口口相传，严重影响了威风锣鼓在更广大区域的传播。老文化工作者王振湖和宋庆云历经数载，对口口相传的威风锣鼓曲谱进行收集、整理和译解，为威风锣鼓的普及、推广做出巨大贡献，王振湖被命名为国家级非物质文化遗产代表性项目晋南威风锣鼓代表性传承人；宋庆云被评为山西省十大杰出非物质文化遗产传承人。

3. 鼓之以雷霆，润之以风雨

晋南威风锣鼓"融舞姿、音响、技巧、服饰、队形于一体，集粗犷、剽悍、倔强、好胜、风度于一身"，突出表现为一个"威"字。

威风锣鼓的表演深得广大劳动人民的认可与喜爱。同时，它也洋溢着人民勤劳、朴实的地方特点。在演奏中，除最基本的四件乐器外，对于演奏者的要求也非常高，每一位演奏者，无论手持什么样的乐器，都要讲究动作、表情和队形的默契配合。动作要求"帅、漂、脆"。"帅"指动作要刚劲有力；"漂"指动作要漂亮，可观赏性强。"脆"指姿态造型张弛有度，不拖泥带水，利落干净。同时，演奏者的手、眼、身、步、头要相互配合，协调一致。表情上要善于调动五官，眉目传情，把对锣鼓的热爱感、自豪感、陶醉感、鼓谱所要表现的内涵，通过面部表情生动地体现出来。队形编排方面，运动中阶梯分明，有纵深感，队伍聚得拢、散得开；布局密疏有致，有连有断；行进路线顺畅、流利，横、直、斜、弧4种路线巧妙穿插、交替行进。队列一般是八路纵队或十几路纵队，其中一人指挥，排列顺序一般为鼓在前中，锣在两旁，铙、镲居后。通过这三个方面的完美结合，一场赏心悦目的威风锣鼓表演便可大功告成。从威风锣鼓的每一个动作中，依稀能够看到远古时代晋南人民生产生活、辛勤劳作的影子。它敲出了人民对于丰收的翘首企盼，也奏出了晋南人民热诚朴实的精气神！

威风锣鼓的主要表演形式有三种：一种是挎鼓表演，平阳大多地方都采用挎鼓打，鼓手挎一面扇形大鼓进行表演。挎鼓打比较灵活自由，鼓手可以边打鼓边舞动，显得格外欢快热烈，演奏乐器主要以挎鼓为主，另有锣、钹、铙。另一种是阴阳鼓。阴阳鼓是将一面大鼓和一面小鼓同置于一个鼓架上演奏的一种表演形式，有些地方称"子母鼓"，大鼓为"阴"，小鼓为"阳"。演奏乐器除大鼓、小鼓外，有锣、钹、铙。大鼓和小鼓一般是由一人演奏，但在有些地方，是由两人演奏的，演奏风格细腻、文

晋南威风锣鼓的表演形式

雅。还有一种表演形式是架子鼓，这种形式主要盛行于浮山县，鼓比较高大，呈桶状，支放在架子上，因鼓不能随意移动，所以表演时没有什么队形变化，行进中一般都由一人背着，或两人抬着，边走边打。架子鼓同威风锣鼓中的挎鼓、阴阳鼓在演奏风格和技巧等方面有很大区别，架子鼓的曲牌中，铙的演奏出现了十六分音符；在演奏技巧上，出现了被称为"丁丁可"的演奏技巧，因此，架子鼓的演奏风格显得较为轻快、活泼。

晋南威风锣鼓是乐、舞、技三者有机结合的综合性鼓舞艺术。演奏者在敲击大鼓、锣、钹中倾情舞动，把自己生命的律动和祈求丰收的愿望都融会于表演之中。表演者配合默契，整齐划一，气势磅礴，威风凛凛。强奏时，鼓声震天，钹光闪烁；轻奏时，又如春雨滋润禾苗，给人们带来愉悦与鼓舞，从而增强求得好年景的信念。正如《易·系辞》中"鼓之以雷霆，润之以风雨"的意境。

4.萦绕耳畔的锣鼓记忆

现代社会，享受多了，视觉和听觉都已疲乏，传统节日总是感觉缺少一些感动和激动。中国人最重视过春节，吃饺子、吃花馍、穿新衣、贴春联、

放爆竹、祭祖拜年都是民俗常规。对晋南人来说，最有年味儿的是家乡的威风锣鼓。大年初一，吃过饺子，人们陆续来到村子的十字路口，锣鼓队的人各自带着鼓、锣、钹等乐器，集中到一起。他们的服装基本统一，都穿着黑色粗布的棉衣棉裤，头上用白毛巾扎成箍，脚穿白袜、白边黑鞋，鼓槌上、钹眼上都系着大红绸子，显得格外精神。其中一个人说点什么，然后就见他们围成圆圈，中间支架上放一面大鼓，另有四面小鼓分别挂在四人的胸前，有两人分拿两面铜锣，再有四人各持两个铜钹，有一长者拱手向众人作揖，道一声："过年好！"所有人都相互作揖，相互拜年。

随着一声嘹亮的口令，持钹者先举钹拍来，发出清脆的"ce-qing-ce"的节奏声，接着锣鼓便响起"镗—镗—镗"的音乐。首曲乐名叫《大得胜》。这音乐威武雄壮，嘹亮而又浑厚，如同惊天雷声，震撼长空、震撼大地、震撼人们的心灵。它驱鬼神、惊天地、送往迎来；它奏出农民的心声，期盼来年风调雨顺、五谷丰登、六畜皆旺；它是催春的动员令，震惊万物复苏，农民抖擞精神、意气风发。乐队演奏着各种曲子，当锣鼓敲到高潮时，那持钹者将钹抛向空中，金光闪闪，红线烁烁；四面鼓对在一起，敲鼓人如痴如醉、闭着眼睛，全身随着鼓点晃动，鼓槌在空中上下左右舞动，划出一个小阵，各显威风。从初一到初五，再到正月十五，几乎每天"威风"。

晋南的威风锣鼓历史悠久，它的精、气、神独一无二。它的声音之浑厚犹如黄河咆哮，透出华夏文明厚重的气息；它的气势之恢宏，波澜壮阔；它节奏明快催人奋进，激出中华民族自强不息的精神与浩然正气。它和时下舞台上的锣鼓表演不同，没有艳丽的色彩，没有精致细腻的动作，它古朴、粗犷、洒脱。它也不像婚庆公司的锣鼓队，它没有商业气息，不功利，是一种自娱自乐，由衷地表达自己感情的方式。平时锣鼓队的乐器都是分散保管，你不用担心谁会私自卖掉换俩钱花，也不必担心像马路井盖常丢现象出现；过年过节大家约定时间就会去卖力地演出；演出时没有乐队指挥，但配合得十分默契。一切皆已成习惯，一切那么自然、那么和谐。这种凝聚力、亲和力皆出自朴素的表演力，这就是晋南威风锣鼓的魅力。

威风锣鼓是农民的音乐，是农耕文化的艺术精神，也是民族文化的精品。它催人奋进的感染力，以及使所有人都融为一体的参与性是其生命力所在。山西省旅游资源丰富，"文化旅游"已定位为"山西的战略支柱产业"。"华夏古文明，山西好风光"，厚重的历史积淀与山美、水美、人更美的人文景象交相辉映，使山西形成独具特色的旅游文化。被列入国家级音乐类非物质文化遗产的绛州鼓乐、上党八音会、五台山佛乐、太原锣鼓艺术等，这些形式多样、极具地方特色的艺术门类，完全可以融入旅游产业当中，成为游客来山西旅游的"必点项目"。加大宣传力度，打造山西旅游特色，这样才能让山西文化"走出去"，让更多的人走进山西，了解山西，爱上山西。在当前社会背景下，我们强调的文化自信来自哪里？它来自对本民族、本区域、本地区传统文化的热爱和传承。因此，优秀的区域文化必须进入人们的视野，沁入人们的心田，融化在人们的血液中，才能将传统文化代代相传，将民族精神代代相传。

肆　以舞诉情击人心

　　舞蹈能给你带来什么？英国哲学家罗宾·乔治·科林伍德在《艺术原理》中称"舞蹈是一切语言之母"。舞蹈是一种表现人情感的艺术，古人翩翩起舞以求神保佑，现代人以舞蹈为媒介沟通交流，除了语言之外恐怕最有效的交流就要数舞蹈了。我们开心时会拍手、跳跃、拥抱；我们恼怒时会跺脚、奔跑；种种身体语言的组合构成了不同的舞蹈，也赋予舞蹈多样化的含义和内涵。

01 民族瑰宝舞之传承　传统舞蹈

　　在非遗的十大类中，传统舞蹈类是群体性活动最强的一个类别，平日里喜闻乐见的高跷、地秧歌、舞龙、舞狮，以及极富少数民族特色的面具舞、乞粒舞等均包含在此类别中。应该说，传统舞蹈类项目是非遗类别中最能展现民间情感的一类项目，是"土地里生长出来的文化"。诚如中国舞蹈家协会主席冯双白所说，非遗产生于广大的田间地头、基层土壤，实际上涉及社群、部族乃至村庄独特的信仰。我们的高跷、秧歌正是在劳动之余欢畅身心的一种娱乐方式。

　　舞蹈作为人体对自然和世界的情感表达，几乎和人类本身一样古老。自从人类形成了对客观世界的反映意识，舞蹈文化作为意识形态的表征便永不止息。《诗·大序》载："情动于中，而形于言。言之不足，故嗟叹之；嗟叹之不足，故咏歌之，咏歌之不足，不知手之舞之足之蹈之也。"早在原始社会，舞蹈就已伴随人类的发展而初见雏形。相较于诗歌，舞蹈能更直接地表达人类的情感。在原始社会，人们在群体生活中共同劳动去获得维持生命的物质材料。有了群体生活就必定交流情感，因此，人类在很长的时间里用表情、动作和简单的语言来进行交谈，继而从他们相互表情达意中孕育了舞蹈。

　　民间舞蹈文化不仅是一种娱乐活动，其形式与内容在历史的沧桑变化中沉积着人们思想与情感的痕迹，展示着人们的生存方式和状态。民间舞蹈表现的内容有原始社会的狩猎生活、战争经历、图腾信仰及生殖崇拜，渗透着各种民俗、祭祀、礼仪活动的遗风，被人们称为是一定区域文化生态环境的活化石。

　　舞是通过情来感动人的，人们在舞蹈所表达的情感中得到感悟，从而获得思想情感的激发和收获。中国舞蹈曾是我国古代所称"乐舞"的重要组成部分。《乐记》曰："诗，言其志也；歌，咏其声也；舞，动其容也；三者本于心，然后乐气从之。"古代至近代，特别是在各民族的民间舞蹈中，舞蹈、音乐、诗词三者结合的乐舞实为常见。乐舞不分家的相得益彰在中国舞蹈发展史上曾出色地推动了舞蹈艺术的发展，但在某种程度上也形成当今"非遗"保护项目的乐舞难分家，有时也会粘连不清于"非遗"的其他门类，如地方戏曲、竞技体育等。

02 民间舞的海洋　　山西传统舞蹈

　　山西不仅被誉为"华夏文明的摇篮"，也是"民间舞蹈的海洋"。据统计，山西民间舞蹈有200多种，不同的舞蹈形式、不同的表演内容，都在演绎着山西人朴素豪迈的性格和他们特有的智慧。民间舞蹈是人们最直接的情感表达方式和精神象征，诉说着人们内心的希望与渴求。山西传统舞蹈非物质文化遗产项目种类繁多，内容丰富，有高跷、秧歌、花鼓、狮舞、彩灯类、神鬼类等，它们都反映着当地历史、地域特色和文化内涵。

　　在山西民间舞蹈申报非遗之前，山西歌舞剧院的艺术家就乘着改革开放的东风，以山西民间舞中的一些动作为元素，在20世纪80年代初就创作出具有浓郁时代气息的《黄河儿女情》《黄河一方土》《黄河水长流》三部曲，不仅唱响大江南北，而且走出国门，影响世界。在三部曲的影响下，山西歌舞在沉寂10年之后，在21世纪初又相继创作出舞蹈《秧歌情》《红灯笼》《山坡坡》《亲圪蛋》《绵山鹿桥》《浑身板》《做军鞋》《亲圪蛋下河洗衣裳》《黄河情韵》《想亲亲》《九曲黄河》《天下黄河》《魅力山西》《在太行山上》《红红火火二人台》《歌从黄河来》《唐风晋韵》《一把酸枣》《粉墨春秋》等具有山西乡土气息的舞蹈和舞剧。这些舞蹈已随着现代媒体走向千家万户，走向世界。

截至 2023 年 7 月，山西省拥有传统舞蹈类国家级非物质文化遗产代表性项目 14 项，国家级代表性传承人 8 名。

截至 2023 年 7 月，山西省公布的六批省级非物质文化遗产代表性项目名单中，传统舞蹈类省级非物质文化遗产新增及扩展项目共 78 项。

★ 有一种震撼叫翼城花鼓

山西鼓舞文化源远流长，并且种类丰富，形式多样。花鼓是山西民间锣鼓的一种。它们生于民间，长于民间，这些锣鼓在节奏上的共同特点就是对称。民间锣鼓声中的对称节奏不仅让随鼓起舞者跳得稳定，而且上下呼应，有问有答，民风民情，妙趣横生。翼城花鼓是山西鼓类舞蹈中具有代表性的、流传于山西省翼城县的一种民间舞蹈。它舞中有唱，唱中带舞，唱、舞中又夹杂着特技，是一种集歌、舞、技为一体的综合表演艺术。

1. 翼城花鼓传千年

翼城县位于山西省临汾市南部，翼城花鼓源远流长。翼城花鼓名称的由来尚不明确，在民间流传的说法也各不统一。有的说法是打击花鼓时的动作好看，花样较多，因此得名。有的说法是古时的花鼓表面一般都要进行彩绘，刻画一些象征吉祥如意的图画或是图腾，来祈求平安、如意，花鼓因表面上绘有花纹而得名。还有的说法是，在表演队伍中，大苏锣的演奏者肩上扛的大锣上装饰有大红花，格外引人注目。在表演队伍中，演奏花鼓的演员女苗子（旦角）头戴大花，身穿大花裙，像是鲜花盛开，因此而得名。

据《翼城县志》记载，翼城花鼓在东晋末年就已经出现，在隋唐时期达到鼎盛，代代传衍，成为百姓庆丰收、祭先祖、闹社火的例行表演形式。翼城杨家祠堂牌匾上写道："唐太宗坐定长安城，黎民百姓喜在心，年年有个元宵节，国邦定，民心顺，国泰民安喜迎春，花鼓打得热哄哄。"落款为大唐贞观三年正月。这就足以说明，翼城花鼓已经有 1300 多年的历史了。

明朝时翼城花鼓盛行。根据当地传说，明朝万历年间，万历皇帝的母亲李娘娘生长在西关村，她回家的时候，翼城为欢迎她，就组织了好多社火活动，其中李娘娘对花鼓非常感兴趣，看了以后当场就奖了 3000 两银子，从此翼城花鼓就出名了。

2. "逗"与"闹"

翼城的打花鼓又叫逗花鼓和闹花鼓，表演形式丰富多彩，动作粗犷、节奏欢快、情绪热烈、风格淳朴。在当地还流传着这样一首民谣，"绕城东西南北走，到处皆闻花鼓声。"

翼城花鼓的表演形式主要分为两种，一是进行节日表演，每逢有重大的节庆活动，在大街上边走边打，进行游行表演，动作简单，节奏舒缓，往往适合与扭秧歌、抬花轿等传统社火节目配合在一起表演。二是场地表演，也分为两种形式；一种是在进行中走到围观人群密集的地方就停下来表演一番，这种情况下的表演一般都要露两手绝活，所以又叫斗花鼓；另外一种形式是广场表演，其乐器比较简单，有花鼓、大苏锣（也叫"背花锣"或"大锣"）、呆锣（也叫"斗锣"或"引锣"）、小战鼓（俗称"救鼓子"）等。曲牌则有"五流水""花流水""五槌"等，唱腔多为当地民歌。

翼城花鼓的广场表演主要有以下三种形式：第一种是鼓手搭配女苗子（旦角）和小丑的表演。先由鼓手带着女苗子和小丑跑各种队形，然后由鼓手独打一段花鼓，停打后，女苗子和小丑唱一段小曲，唱完后锣又开始重新表演，这种形式应变性强、可长可短，一般在"闹红火"时表演。第二种是不带女苗子和小丑，光是一群男鼓手上场表演。此种形式干脆利落，动作快，这种打法一开始鼓点就非常急，边打边快速变换队形，整个表演从出场到退场一环扣一环，动作与曲牌层次清晰，表演粗犷勇猛，一般在 5 分钟之内完成全套动作。第三种是踩高跷和杠上表演。鼓手踩着高跷打着鼓走圆场，在上杆表演时有几个队员抬着一根杠子上场，像猴子一样爬上杆表演造型。如"空中取酒""仙人过桥""蝎子倒挂""老虎大张口"等。此种形式也有不踩高跷表演的。

根据表演者挎鼓位置的不同，翼城花鼓有高鼓、中鼓、低鼓之分，翼城花鼓最初只是一人一鼓表演，后发展到一人多鼓表演，技艺高超的鼓手，在头、肩、胸、腰、后背、腿、脚等部位系鼓进行表演。一般的最少挂三面鼓，三鼓是一个头鼓、一个肩鼓、一个胸鼓；五鼓是一个头鼓、一个肩鼓、一个胸鼓、两个腰鼓；七鼓是一个头鼓、一个胸鼓、一个肩鼓、两个腰鼓和两个腿鼓，名为"满天星斗"；九鼓是在七鼓的基础上再加上两个小脚鼓。因为鼓手身上系挂的鼓多，不便于大幅度地移动位置，所以多在原地表演。观众可以看见艺人的双手在身体的上、下、左、右、前、后快速

翼城花鼓的表演形式

地飞舞缠绕，蹲下打、跑起来打、左旋右转、拧腰甩膀、踢腿跺脚，鼓点始终清脆响亮，接连不断。

翼城花鼓的动作特点很鲜明，其中鼓的动律为上身灵、下身沉，上身动作变化多样，下身则多用"大八字步半蹲""弓箭步"。移动时常用蹲、蹦、跳、碾、转，动作幅度大、速度快，在同一节奏里姿态变化万千，显得热烈奔放、刚健有力、活泼欢快。尤其是群鼓飞舞更是气势宏伟壮观，表现出浓郁的乡土色彩。另一个明显的特点是花鼓手的动作、神态酷似猴相，如晃头、耸肩、颤跳、瞪眼以及上杠的集体造型都形似活猴，诙谐风趣、机敏灵活。相比之下，手持花扇及手绢的女苗子显得格外轻松愉快，踮脚尖碎步慢行，穿梭于花鼓手之间，为花鼓舞增添了色彩。

翼城花鼓在表演风格上具有自身的独特性。它的鼓乐曲牌、民歌曲调、基本动作、基本打法都有一整套较完整的规定和约定俗成的规矩。翼城花鼓的唱腔多为当地民歌，由花鼓手或女苗子领唱，众人齐和，不用乐队伴奏，定调由领唱者掌握，且唱时不舞、舞时不唱，演唱内容与舞蹈可以没有密切联系。"花鼓"是翼城花鼓的主奏乐器，同时也是舞蹈的道具。翼城花鼓与流行于国内其他地区的腰鼓的最大差异就在于，后者是每人腰间仅挂1面鼓，而翼城花鼓鼓者的双腿、前胸、腰的左右两侧、脑门甚至后脖颈都挂着鼓，算来一个人挂了7面鼓，这种差异又形成了演奏方法上很大的不同。腰鼓的鼓槌较长，与小堂鼓的槌差不多，鼓者多数情况下只敲1面鼓，演奏动作比较舒展、夸张，击鼓的力度较强。一支几十人组成的腰鼓队边敲边扭，倒也很有气势。而花鼓则不然，它的鼓槌约手掌长，这样短的鼓槌在多数时间里，鼓者不是握在槌端，而是槌中间，所以击鼓力度不大。演奏的姿势也别有一番情趣，手臂多呈弯曲状，酷似中国拳道的五禽戏。鼓多，演奏的变化就多，表演时辅以一定的舞蹈动作，非常具有观赏性。翼城花鼓以优美清晰的曲牌，灵活多姿的动态，热烈奔放的气势，展现了一种蒸蒸向上的奋发精神。

翼城花鼓的艺术风格可概括为气势逼人似猛虎，神态逗人像顽猴，灵巧多变姿态美，铿锵有力节奏快。

3.花鼓打起来，喜庆与欢乐并发

花鼓是翼城的家珍，更是中国人的瑰宝。翼城花鼓如今已经遍布全县的大小村庄，上到七八十岁的老人，下到七八岁的孩子，基本上人人会打翼城花鼓。翼城花鼓在翼城县已经是家喻户晓，妇孺皆知。花鼓广场表演发展到现在已成为一种独具特色的民间舞蹈。这种表演节奏明快、气氛热烈、高潮迭起，表演形式有 20 多种，鼓点曲牌有 40 多个。欢快的节奏、热烈的情绪、淳朴的风格，给节日的人们带来了巨大的喜庆与欢乐。

翼城花鼓从鼓的结构、演奏配置及演奏方法上看，应该更适于表现充满情趣、生动幽默的内容，这方面的题材在农村中遍地皆是。农民艺术家们就地取材，表演起来轻车熟路，既风趣又实在。当地村村户户男女老幼对打花鼓有着别样的感情，世传"打起花鼓庆丰收，打起花鼓把年过，打起花鼓娶媳妇，打起花鼓闹满月，天黑打到公鸡叫，天亮打到日头落，一时不听花鼓声，凉水盆里着了火"的民谚，可以看出，世代相传的花鼓在这里蕴含着特殊的意义，不仅是村民们对农耕文化生活的心理体验，一种期盼丰年的情感迸发，而且与生命的繁衍生息紧紧联系在一起，是生命存在价值的自我肯定和鼓舞，是"天行健，君子以自强不息"精神延绵不断的抒写，是追求美好生活的审美心理写照。

翼城花鼓源远流长、经久不衰，与人们的生产、生活息息相关，在春耕即将开始的时候，人们用震天的锣鼓、生机勃勃的集会游行来唤醒大地，催促春耕，祝愿新的一年能够风调雨顺、五谷丰登。因此，花鼓也就成为农耕民族的精神力量，含有祝福和祈求丰收、幸福的意愿。此外，在寺庙迎神赛会的时候，也有大规模的花鼓出动，这类群众性的集会是盛大的传统民俗文化娱乐活动。

★ 太行乡间"亲圪蛋" 左权小花戏

左权小花戏是产生于山西省左权县，流布于左权县及其附近的榆社、和顺部分地区的一种汉族歌舞小戏。2014 年，左权小花戏被列入第四批国家级非物质文化遗产代表性项目名录。

1."小花戏"，大舞台

左权县被誉为"中国民间艺术之乡"。该县的民歌小花戏是我国歌舞艺苑中的一朵奇葩。自被确定为国家级非物质文化遗产后，该县的民间艺术新秀和文艺团体多次参加国家级比赛，并屡获殊荣，使左权小花戏唱响全国，受到文艺界专家的广泛好评。

1992 年 11 月，小花戏《开花调》力挫群雄，夺得第二届民间音乐舞蹈大奖赛一等奖。同年 12 月，在全国第二

小花戏，大舞台

"群星杯"评奖活动中，《开花调》又荣获金奖。1994年9月，《开花调》应邀赴兰州参加了中国第四届民间艺术节的演出，载誉而归。如今，左权小花戏不但闻名大江南北，而且在国外也产生了一定影响。2009年7月3日，左权开花调艺术团启程赴土耳其，代表中国参加第十届国际布尤切克美谢文化艺术节和第四届国际库楚克切克美谢湖泊艺术节。2013年9月，山西左权小花戏歌舞剧《太行奶娘》在国家大剧院上映。

2019年7月8日，"左权民歌汇·2019年国际民歌赛"正式拉开帷幕，7月8日晚，山西省晋中市左权县莲花岩景区，百里画廊中段，举办了一场盛大的实景式山水歌舞开幕式晚会，为"左权民歌汇·2019年国际民歌赛"拉开序幕。当晚，左权县莲花岩风景区五彩缤纷，"山花烂漫"，来自全国各地的民歌手们汇聚英雄的太行，致敬烽火岁月，唱响时代赞歌，用歌声向英雄致敬，向全国和世界人民传递民歌之美。

2. 从"文社火"到"小花戏"

早期左权小花戏的表演是由民歌小曲和社火结合形成的，在正月期间和其他社火形式融合在一起表演。旧时村中多立"社"（集体性组织），每年过了春节，由社首召集，排练节目，到元宵节在三官庙（封建时代供奉的天官、地官、火官）前先祭袍，后沿街表演节目。正月十六各路"社火"相互串村表演，正月十七云集县城比试夺魁。人们以闹社火的形式，一方面进行自娱活动，另一方面又通过敬神，祝愿年岁丰稔，四季平安。流传于当地众多民间艺术形式中，最受群众喜爱的，首推"文社火"。它起源的准确时日，志书未载，据老艺人回忆，"文社火"于清朝末年已在辽州（今左权）盛行。随着时代的发展，它吸收了本地和外地姊妹艺术的优点，逐步形成富有地方特色的小歌舞剧。

"文社火"的每个节目，一般由两个12岁左右的男童表演，服饰化装基本上是小生小旦（少量节目配以丑角）。舞蹈特点主要是扭，常用舞步是颤颤颠颠的"晓嚓步"。扮演女角的演员多舞"擦脯扇"，扮演男角的演员多持合扇。曲调大都采用当地流行的民歌，多为一剧一曲。常用的伴奏乐器是晋胡、京胡、大横笛、海笛、锣鼓镲、四块瓦、擦拉机（一种小型打击乐器）等。演唱的内容多是些有生活情趣的小故事。辛亥革命以后，"文社火"向前发展了一大步，角色行当在生、旦、丑三小门的基础上有所增加，化装上能区分人物性格。离城40里的孔家庄村对"文社火"的发展有较大贡献。

当时，该村有一批艺术人才，像已故老艺人关向阳、关秀阳等，能编善导，演员王兰田、王玉马、石束江等，舞的"随嘤步"别具风格，以表演《卖扁食》为拿手节目，影响很大。

由于"文社火"将歌、舞、剧三者进一步融合提高，扇花中又出现了蝴蝶花，异常花哨新鲜，老百姓亲切地将"文社火"称为"小花戏"。这个时期流传下来的代表剧目除《卖扁食》外，还有《放风筝》《打秋千》《摘花椒》《打樱桃》《卖菜》《铲菜》《游花园》《回婆家》《看觅汉》《送小姨》《金箍帽》《拿煞人》《怀孩》等。

1937年，八路军总部进驻辽县（今左权县）麻田镇。随着抗日民主政府的建立，社会组织及"文社火"之名逐渐消失，由"小花戏"取而代之。当地文化工作者、民间艺人和来自全国各地的新文艺工作者，对这一汉族戏曲民间艺术形式进行了改革与提高。内容上直接服务于抗战的需要；人物角色增加青年男女、老人儿童等，改变一贯男扮女装的旧俗，女孩子们开始登台表演；"隐咳步"发展成优美舒展的"三颤步"；单调的"擦脯扇"也逐步开合宛转，进一步发展为"蝴蝶扇"；舞蹈动作还从别的姊妹艺术里吸收精华，丰富自己；曲调也更加优美，伴奏乐器也有所增加；服饰、化装不再是单纯的小生小旦，而是按角色性格穿着彩服等。以上变化，极大地增强了小花戏的表现力，群众称此为"新花戏"。

左权小花戏之所以具有旺盛的生命力，与其独有的艺术特色分不开。左权小花戏可用"一小二花三有戏"概括，从通俗的角度把握其特点。小：表演者年龄小；剧本小，演出时间短，多在5~20分钟；演出场地小，这原指"文社火"时期只在街头火盘，院落人家演出而已。今天的小花戏既可在空间狭小的地方演出，又可满足大舞台演出的需要。花：指其舞者身形多变，活泼动人，彩扇上下翻飞，整个舞台效果犹如百花盛开，令人眼花缭乱。戏：具有构成一部小花戏的基本要素，有完整的剧情、活泼风趣的语言对白。

左权小花戏从过去的"闹社火"到现在的唱民歌、演花戏，已经由本土产生发展，逐步引申开来，知名于省内外乃至国内外。

3."万能道具"——扇子

扇子是左权小花戏歌舞艺术的典型代表道具，因此也有人称其为"扇子舞"。左权小花戏的表演是离不开扇子的，场上演员无论男女老少，生旦净末，人手一把扇子，后期发展为每人两把扇子。当地流传着这样的谚语：

"左权一大怪，冬天扇子卖得快"，形象地概括了扇子在小花戏演出过程中的风靡程度。

小花戏的扇不同于其他汉民族秧歌的扇，是小花戏独有的双手扇，两把彩扇在舞者手中舞动起来，灵活轻巧，开合自如，扇花绚烂多变，层出不穷。两把简单的双手扇是小花戏中的万能道具，通过舞者的肢体动作加工，在表演时扇子合拢可象征斧头、耙子、镰刀、勺子等工具，也可象征稻苗、庄稼等农作物；扇子展开时可象征书本、筐子、镜子等，也可象征花团锦簇、蝴蝶翩翩飞舞等景象，由此可见"扇"是小花戏抒发情感，渲染氛围的一种重要道具。就扇法而言，有"蝴蝶扇""飘扇""磕撒扇""翻扇""捻扇""凤尾扇""大小转扇"等 50 余种。这些扇法优雅别致，自成一派，其中"蝴蝶扇"是左权小花戏不同于其他任何一门舞蹈艺术的独一无二的扇法，抖动的彩扇看似彩蝶飞舞。就扇子而言，起初为纸质单面小扇，扇枝仅有 20 厘米左右，后来进化为彩色双面绸扇，又增加了扇须、彩条，并且越来越大。在小花戏《太行颂》中，由于表演的需要，男演员所持彩扇扇板竟有 80 厘米长。左权小花戏"以扇表意"，整个表演过程将扇子的万能作用发挥得淋漓尽致，让观众看得酣畅淋漓。

扇子在小花戏中既起到装饰的作用，又具有较强的功能性和表意性，除了帮助演员完成动作，具有演技的意义之外，还可以补充动作所表现形象的不足，成为动作的一种延续、一种强调、一种美化。扇子在剧中还组合成许多扇法，并通过一系列扇法语汇来表情达意，完成演员形象的完整塑造。

左权小花戏是山西民间艺术的一块活化石。当下小花戏舞蹈富有特色的舞台美的艺术形态与文化，也与山西本地的地域文化、人文精神和传统艺术气质息息相关。在当代中国舞蹈业界，国内外先进理念的注入与渗透，让舞蹈更为丰富多元化，同时也让我们本民族的各类原生态小地域舞种受到前所未有的冲击，保护与发扬中国民族民间舞蹈艺术迫在眉睫。让我们以传统文化精髓为根基，以时代审美变迁为向导，更好地传承发扬民族文化，让人们更好、更全面地认识中国民族民间文化艺术。

★ 威猛呆萌的高跷走兽

高跷走兽，山西省稷山县传统舞蹈，是稷山县清河镇阳城村庙会文化活动的一种表演形式。2006 年，高跷（高跷走兽）被列入第一批国家级非物质文化遗产代表性项目名录。

1. 火神信仰与高跷走兽

高跷走兽艺术不仅是一种汉族民俗文化，而且是一种汉族舞蹈形式。它盛行于清朝雍正初年，出现在规模盛大的庙会活动中，经久不衰，至今已有 300 多年的历史。

踩高跷据说是古代人为了采集树上的野果为食，给自己的腿上绑两根长棍而发展起来的一种活动。高跷在民间也称"拐子"，是表演者脚上绑着长木跷进行表演的形式，由于演员踩跷比一般人高，观众需要仰着头或在高处观看，因此也有人把高跷称为"高瞧戏"。高跷走兽是由两人表演的连体高跷，将人与兽巧妙组合，精心装扮，演绎一个个美丽的神话传说。

高跷走兽作为庙会文化的民俗活动，与火神信仰密不可分。在北阳城村东南方向，有一座火神庙，庙内供奉"火神娘娘"。传说火神爷和火神娘娘下凡，火神娘娘看重北阳城村这块风水宝地，在此定居。根据寺庙正梁记载，庙宇建于清雍正四年，正殿主体结构保存较好，殿内墙壁有彩色壁画，有祥龙、屏风和火灵圣母巡幸图，石柱上刻有对联"位正南开天景运，德符中女普慈心"，柱下有立体图像雕刻精美的方形石磉。火神娘娘在北阳城村非常受人们的崇拜，围绕火神娘娘流传着众多故事和传说，每逢闰年正月二十九周边村落和许多外地人都来参加阳城火神庙会，为火神庙捐钱捐物，表达自己对神灵的崇拜和信仰之情。庙里现存有河南商号捐赠的"神聽和平"黄稠一幅，据当地人们口头讲述，清朝末年光绪帝经过此地，在庙内休息时，火神娘娘托梦于他，让他赶紧回去，只剩下几年当皇帝的时间了，没过几年，光绪帝便驾崩了，据传这件事有碑文为证，但已丢失。

据传清朝雍正年间设立在阳城村的县城建成火神庙，在正月二十九这天举行大型祭祀活动，高跷走兽表演是其中最受欢迎的一项。从那时起，这项表演每年举行，一直延续到 20 世纪 60 年代，"文革"期间杨丙耀等老艺人凭着一种对祖先文化遗产的酷爱，将道具悄悄保存下来，使这种艺术得以传承。

2. 民间绝技：高跷走兽

"高跷走兽"是在历代民间高跷、杂技的基础上繁衍发展而来的，既受戏曲表演的影响，又吸纳历代高跷乐舞的表演形式，是庙会、祭祀活动中不可或缺的一部分。高跷走兽作为庙会表演中的一种民俗活动，还具有驱邪功能。

高跷走兽

高跷走兽由兽头、兽身和表演人员组成，表演时二人足踩高跷按曲牌节拍行走。因为走兽是一座大兽体，由两人足踩高跷同演骑兽状，饰演者均负重荷，脚下高跷必须同步行走并协调一致。表演时需要辅助配乐锣鼓、花鼓等打击乐器调整两个人的步伐，难度极大，扮演者经常大汗淋漓。由于两人脚踩高跷，腰间装饰一个巨大的野兽，从外观看像真人骑兽表演，表演者披甲跨骑，气势威武雄壮，摆弄各种姿势，活灵活现，引人入胜。

高跷走兽的服装道具分为兽头、兽身、跷体、各类兽型人物服装、下肢、头饰和手持道具，根据不同的兽型特点备有不同的服装道具，脸部水彩造型也是根据神话传说人物来具体化装，体现了民间艺人高度的专业素养。任何一种艺术形式都不是随意的，都值得我们尊重。着装过程严格讲究，化装是由民间戏班化装师根据人物故事情节来装扮；绑高跷，踩跷艺人需要借助较高的平台，因为跷体高度平均在1.2米以上，其中不露出上身的踩跷艺人的跷体高度仅有30厘米左右；套兽身，待两人跷体绑好之后，需要同时套兽身，并且兽腿穿着是关键，自下而上套好，并且套上肩带；安装假腿，根据不同的人物角色来具体设定假腿的位置；穿戏服，兽身之上露出的踩跷艺人需要着表演服装，藏在兽身里的踩跷艺人服装随意；踩跷艺人根据扮演角色手持道具；套兽头，这是着装的最后一个步骤，至此，高跷走兽着装完成。这个着装技术是阳城绝活，过去对外是绝对保密的，通过了解和学习，我们不难看出民间艺术技术的精湛，以及民间艺人对于艺术精益求精的高度追求。配乐是以稷山花鼓为主，通常情况下，兽前有一个花鼓手打节奏引领。

高跷走兽表演，因为其体积庞大的特殊性，表演场地要求宽敞，因此多在地面上表演，场地以圆形为主，有时候也在道路上巡演，最长的表演时间达到4小时，踩跷行走距离长达12千米，一个兽身的平均重量有30千克以上，这对于高跷艺人来说，需要强壮的体魄和充沛的体力，舞台场地的灵活性和多种组织性特点，也让高跷艺人有了更大的表演空间。高跷走兽在岁月的沉淀中能够延续下来并发扬光大，离不开所有高跷艺人的坚持和努力，他们是艺术长河中最可爱、最可敬的人！

3. 形形色色的"走兽"

走兽花样繁多，造型奇特，形态逼真，当地群众对"走兽"无人不知，无人不晓。古时流传下来的走兽花样形态逼真，如北阳城的走兽包括独角兽、豼狼、麒麟等；南阳城的走兽包括黑狸虎、梅花鹿、貘等。这些走兽的花样有的源自现实生活，但大部分是人们想象出来的，更多的是当时图腾崇拜的产物，还有一些来源于神话传说或故事。关于走兽的传说在民间颇为有趣，但基本表达了劳动人民的一个朴素观念，那就是"正义战胜邪恶，好人终有好报"。

现在的走兽形象基本由古时流传下来，经多次修补，原貌仍存。其兽头和兽身由技术很高的艺人做出模型，用麻丝、麻纸、细绳、细竹、铁丝、布料等缝制和绑缚而成，并涂以五颜六色，外形威武而精美。每个走兽都有美丽动人的传说或典故，每个故事都表现了征服邪恶的主题。

高跷走兽集中体现着代代相传的勇猛顽强的斗争意识和百战百胜的英雄气概，张扬着民族精神和民族自豪感。高跷走兽承载着正义战胜邪恶、为民除害、造福一方的善思观，是朴素健康的，所崇尚的全家团圆、金榜题名的理想则是对美好生活的向往，反映了我国劳动人民乐观、积极向上的生活追求，传递着我们这个时代崇尚文明、跨越发展的正能量。高跷走兽是先人留给我们的历史文化瑰宝，作为中华儿女有责任、有义务把祖先留下来的宝贝保护好，传下去，让它世代繁衍，造福人类。

伍　唱念做打演善恶

戏剧是中国传统艺术之一，剧种繁多有趣，表演形式载歌载舞，有说有唱，有文有武，集"唱、做、念、打"于一体，塑造舞台艺术形象，揭示社会矛盾，更反映现实生活，在世界戏剧史上独树一帜。中国的戏曲与希腊悲剧和喜剧、印度梵剧并称为世界三大古老的戏剧文化。

01 余音自绕梁　传统戏剧

我国传统戏剧的独特称谓是戏曲。中国戏曲是一种集体民间艺术，根植于老百姓之中，是我国劳动人民和戏曲工作者的伟大创造，演变发展了1000多年。中国戏曲是融合音乐、舞蹈、美术、杂技、诗歌、武术等多种艺术形式的综合表演艺术。

中国戏曲的本质是以歌舞演故事。戏曲最显著的艺术特征就是"曲"，"曲"主要由音乐和唱腔两部分构成，辨别一个地方戏剧种主要依靠声腔、音乐旋律和唱念上的地方性语言等。

传统戏剧类非物质文化遗产包括多种声腔系统项目，有梆子腔系统：秦腔、晋剧、上党梆子、河北梆子、豫剧等。皮黄腔系统：京剧、粤剧等。高腔系统：川剧、湘剧、青阳腔、徽剧等。昆腔系统：昆曲、梨园戏、潮剧等。民间歌舞类型诸腔系统：江西、湖北、广东等的采茶戏，山西、河北等的秧歌戏，湖南、安徽、湖北等的花鼓戏，贵州、云南、四川等的花灯戏。

02 戏曲之乡百年路　山西传统戏剧

山西省的戏曲艺术历史悠久、种类繁多，在中国戏曲舞台上占有重要地位，素有"戏曲摇篮"之美誉。蒲剧、晋剧、上党梆子和北路梆子是山西地方戏曲的四大支柱，称为四大梆子。蒲剧、晋剧、北路梆子系同根异枝，一脉相承,为梆子腔的正宗。而其中又数蒲剧最古老。蒲剧北传,容纳吸收当地民间音乐而有北路梆子。北路梆子声腔激越,富有塞外山野豪爽之风。晋剧也是由蒲剧逐渐演变而成,由于大批女演员逐渐占领舞台,激昂奔放渐失,以清新婉约、韵味醇厚深受欢迎。上党梆子则起源于古上党郡的泽州、潞州,具有粗犷、淳朴的乡土气息。

除了四大梆子之外,别具一格的地方小戏犹如闻名的地方土特产品,遍布山西各地,深受广大人民群众的喜爱。如秧歌戏就有朔州秧歌戏、繁峙秧歌戏、祁太秧歌戏、襄武秧歌戏、壶关秧歌戏等,道情戏又有神池道情戏、临县道情戏、洪洞道情、晋北道情戏,碗碗腔有孝义碗碗腔和曲沃碗碗腔,皮影戏有孝义皮影戏和新绛皮影戏等,还有木偶戏、雁北耍孩儿、灵丘罗罗腔、赛戏、锣鼓杂戏等珍稀剧种,不一而足。这些丰富的非物质文化遗产积淀并代表着地方戏曲艺术的历史文化价值,也反映出浓厚的地方民风民俗。

截至 2023 年 7 月,山西省拥有传统戏剧类国家级非物质文化遗产代表性项目 38 项,国家级代表性传承人 65 名。

截至 2023 年 7 月,山西省公布的六批省级非物质文化遗产代表性项目名单中,传统戏剧类省级非物质文化遗产新增及扩展项目共 56 项。

★ 源远流长说蒲剧

蒲剧,当地人通称"乱弹",因兴于山西晋南古蒲州(今永济)一带,以枣木梆子击节,故称梆子腔、南路梆子,也叫蒲州梆子。

山西蒲州与陕西同州(今大荔)、朝邑,河南陕州(今陕州区)、灵宝相邻,居黄河激流南下而折流向东的三角地带,其大庆关渡口毗连山西、陕西,是古代南方丝瓷通往西北的交通要道,商业兴隆,经济文化繁荣,为戏曲的发展、交流创造了有利条件。金元时期,这里金院本、元杂剧的演出极为盛行;明清以来,又是梆子、乱弹活动的重要基地,故素有"戏曲之乡"的称号。

1. 从晋南走出来的乱弹戏

蒲剧是山西四大梆子中最古老的一种,约形成于明代嘉靖年间,主要流行于山西及陕西、河南、甘肃、青海、内蒙古、河北等省的部分地区。

蒲州梆子的渊源与形成,说法有二:一说脱胎于晋南和陕西东部民间的锣鼓杂戏(陕西称跳戏);一说为北曲遗响,同山西、陕西民歌小曲、曲艺结合的弦索调，至明中叶受青阳腔（清戏）影响后演变而成。明末清初，蒲剧称为乱弹。清代孔尚任于康熙四十六年（1707年）在平阳所作《平阳竹枝词·乱弹词》可为佐证（见《长留集》）。当时的平阳乱弹演技已有非常高的水平，曾博得康熙帝的赏识。其旦角葵娃的花梆子小步非常出色，受到孔尚任的称赞。康熙至乾隆时期（1662—1795年），北京观众也称蒲剧为西调、西秦腔、勾腔。咸丰、同治（1851—1874年）后，又多以山陕梆子称之（见清吴长元《燕兰小谱》、近人王芷章《腔调考源》）。所谓山陕梆子，当时泛指山西的蒲州梆子和陕西的同州梆子。蒲州、同州仅一河之隔，语言相近，风俗习惯相同，又有大庆关渡口毗连一体，艺人相互搭班演出，历来无艺界。乾隆年间（1736—1795年）秦腔名旦申祥麟曾渡黄河由蒲州至太原（清严长明《秦云撷英小谱》）。嘉庆年间（1796—1820年）北京有山陕班演出，直到光绪、宣统年间（1875—1911年），蒲州和同州艺人仍有在北京搭梆子班演唱的，如名须生郭宝臣（艺名元元红，蒲州梆子艺人）和白长命（艺名盖陕西，工旦，同州梆子艺人）合演《鞭打芦花》。其后两个剧种逐渐开始分道发展。

清代末期至民国初年，是蒲州梆子又一个重要繁盛时期。尽管由它派生的北路梆子、中路梆子与京梆子（今河北梆子）早已独立成材，枝繁叶茂，但其自身却仍在变化、发展。在蒲州、平阳地区，梆子戏成为人们生活中不可或缺的精神食粮：赛神祭祀用优，喜寿庆典用优，官衙饮宴用优，集市贸易用优，连殡葬、服丧、祭祖也用优。

蒲州梆子在晋南又分南路和西路，在剧目和表演风格上各具特色，人称"南路文雅，西路火爆"。清末民初，南路派因其比较典雅文静而渐遭冷落，西路派则以火爆刚烈而备受宠爱，而后两派又逐渐合二为一。乐队构成也有两个重大变化，早期的主奏乐器二股弦被胡胡所取代，三股弦也让位于活泼脆亮的笛子。

抗日战争时期，艺人们行艺艰难，"一批去西安，一批上北山，走不动的就地演"（民谚）。杨登云、孙广盛、阎逢春、筱月来、筱兰香等，在西安国民党统治区组织了唐风社、虞风社、晋风社，进入剧场演出；张金榜、宋友梅、曹福海、张庆奎、牛俊杰、郭德有等在吕梁山国民党统治区，组成第二战区司令长官部文化宣传第一，第二，第五队，纳入阎锡山军政组织活动；一些艺人则在沦陷区挣扎糊口。此外，在太岳抗日根据地，有解放剧社和太中蒲剧团；在革命圣地延安，则有南区合作社蒲剧团。所有这些表演团体，除主要演出传统戏外，大都兼演一些新编历史剧和配合时事的现代戏。例如，革命根据地的蒲剧团排演过墨遗萍在延安创作的《正气图》《胜败图》及马健翎编剧的《血泪仇》。

2. 名角辈出，新秀不断

中华人民共和国成立以后，蒲州梆子重振雄风，晋南各县建立了30多个专业剧团。20世纪50年代初，太原市成立蒲剧学社，并从西安接回王秀兰等一批艺人，组成大众蒲剧团，后移归晋南地区改建为晋南蒲剧院。河南省灵宝、卢氏、陕县，陕西省延安、子丹、安塞，甘肃省定西地区等也都有专业剧团。省内外剧团总数达40多个，从业人员3000多名。

1950年以后，西安的名老艺人相继返回晋南，成为蒲州梆子的代表人物，特别是晋南蒲剧院涌现了阎逢春、张庆奎、王秀兰、杨虎山、筱月来五大名演员。而且在艺术方面有了超越前人的发展：阎逢春的《跑城》《杀驿》，杨虎山的《吃草》，张庆奎的《观阵》，筱月来的《白龙关》，王秀兰的《烤火》《杀狗》《表花》，田郁文的《杀狗》《送女》等，都有人所不及的绝活儿，常使省内外观众叹为观止。唱腔则由于不少名家长期与西安乱弹接触甚至兼演，使蒲剧唱腔有了一些秦腔韵味。伴随五大名演员成长的是长期与他们合作、为他们服务的一批编、导、音、美创作人员，对蒲剧艺术的发展做出重大贡献。几位艺术资料的建设者对蒲剧各种资料的积累与整理，筚路蓝缕，功不可没。创作人员通力合作，先后整理改编《薛刚反唐》《意中缘》《燕燕》《窦娥冤》(已摄成影片)、《三家店》《麟骨床》《赵氏孤儿》等传统剧目，创作了《白沟河》《港口驿》等新编古代戏和《结亲记》《蛟河浪》《向阳坡》等现代戏，在省内外产生了较大影响。

之后，一批蒲剧新秀涌现出来，任跟心、郭泽民、武俊英、王艺华、景雪变、崔彩彩、吉有芳等著名演员先后获得全国戏剧"梅花奖"，其中任跟心两次获此殊荣，是全国少有的"梅开二度"者。

3. 特技绝活广为流传

蒲州梆子的表演艺术有着悠久的历史和深厚的传统。基础雄厚，程式丰富。风格上生、净宽大有力，粗犷豪放；旦行明快利落，朴实大方。其特点之一是各种行当都善用特技，火爆奔放，宽大有力，舒展明快，含蓄细腻。

蒲剧表演艺术中的
特技

蒲州梆子的特技是本剧种特有且难度较高、观赏性极强的特殊表演技巧。就蒲州梆子的特技种类来说，有翅子、翎子、梢子、胡子、帽子、椅子、扇子、手帕、水袖、吃草、扭腰、火彩、血彩、耍蛤蟆、耍獠牙、担子、火流星、甩纸幡、摆耳坠以及顶灯和跷功等。特技在具体运用上大都属于"单独性"表演，即表达角色本身处于特定环境中的具体情感和人物神态，或欢乐、振奋；或悲痛、气愤；或思考、判断；或惊恐、寒战；或英武、俊俏；或忧愁、思念；或悠闲、傲慢；或焦急不安。它可以说是角色个人情绪和性格的集中流露与表现。

如蒲州梆子《表花》对扇子的应用别出心裁。表演者将小小的折扇在手中时而旋转，时而翻弹，时而抛撒，以撒、合、弹、扇、抖、颤、轮、翻、抄、回、飞、转、铺、映、收、颠等表演技巧，配合各种造型舞姿身段，让丫鬟梅英活泼善良、聪明伶俐、爱憎分明的鲜明性格表现得淋漓尽致。

蒲州梆子《徐策跑城》中表演者创造性地运用髯口功、鞭子功、翅子功，按照蒲州梆子音乐唱腔的旋律节奏，载歌载舞，把一个忠心报国的年迈老臣心底压抑了13年的愤懑、惆怅、希望、高兴等各种复杂感情表现得淋漓尽致。

蒲州梆子的《观阵》是一出功架戏。该剧剧情是说杨林设计，将秦琼押解登州，以诳瓦岗寨英雄下山比武，一举歼之。表弟王周陪侍秦琼观阵，叙说杨林设计布阵、暗设机关的阴谋。故事情节非常简单，但是在戏中，蒲州梆子著名演员张庆奎运用马鞭、髯口、靴子、板带，设计出的表演身段造型达70余种，其中的"金鸡独立""探海""回头望月""大鹏展翅"等身段，优美凝练，形同雕塑。通过造型身段的表演，既显示出演员的功夫，又把人物在观阵过程中的忧虑、焦急、怨愤、兴奋的感情表现得恰如其分。

近代以来，以特技绝活名世者不胜枚举。例如，王女子、舒明贵的翎子功，王占奎的梢子功，筱兰香的担子功，杨李敬的耍蛤蟆功，杨虎山的吃草功，王占奎、袁效瑜的纸幡功，贾悦发的踢鞋变脸功、耍帽功，张庆奎的"撒手锏"等。其中，王存才的跷功名盛一时，以至于"宁看存才《挂画》，不坐民国天下"的一连串民谣流传至今。阎逢春《出棠邑》中的弹剑、推盔、上马"三绝"，以及他所创造的帽翅功以及继承发展的髯口功等，享誉全国，被许多剧种学习使用。姚恩普、李明月、梁惠芳又将王存才《挂画》在条凳上的表演改用到圈椅扶手上进行，后经宋念萱、刘顺才等加工，使这一特技表演又达到新的传神境地。

蒲州梆子的表演随着时代的前进不断发展。20 世纪 80 年代以来的蒲坛演员,继承和发展了蒲州梆子的传统,任跟心的水袖功、椅子功,郭泽民的帽翅功,王艺华的翎子功,景雪变的担子功,吉有芳的手帕功、扇子功等,都曾享誉北京。郭泽民的帽翅功在阎逢春的基础上创造出难度更大的"异向旋转"。吉有芳于 1992 年第一个将王存才《挂画》的跷功由板凳上发展到圈椅扶手上,引起轰动。

特技绝活在蒲州梆子表演艺术中占有重要地位,有许多演员因特技而成名,也有许多剧目因特技而流传。

★ 清新婉约话晋剧

晋剧是山西省地方戏曲剧种之一。它兴起于晋中汾阳、孝义、祁县、太谷及太原一带,所以习惯称之为"中路梆子"或"中路戏"。它与蒲州梆子、北路梆子和上党梆子合称为"山西四大梆子"。晋剧流传至外地后,一度还被称为"山西梆子"。中华人民共和国成立后,曾被定名为"晋剧中路梆子",现在普遍称之为"晋剧"。

晋剧唱腔板式丰富、行当齐全,唱、念、做、打都具有独特风格,特别是唱腔、道白具有浓厚的地域特色。晋剧的特点是旋律婉转、流畅,曲调优美、圆润、亲切,道白清晰,具有晋中地区浓郁的乡土气息和自己的独特风格。既保留蒲州梆子慷慨激昂的艺术特色,又形成婉转细腻的抒情风格。它适合表现雄壮磅礴的场面,也适合演出风趣活泼的情节。晋剧演出剧目众多、覆盖面广阔、有着深厚的群众基础。

1. 中路梆子独树一帜

晋剧的形成是以晋中一带的秧歌为主,在蒲州梆子(即蒲剧)的直接影响下,吸取蒲剧音乐的某些特点,逐渐演变而成。清代中晚期,蒲剧北上过程中,流经晋中地区时,当地民间艺人引进了蒲剧的剧目、音乐唱腔和表演,并与当地的秧歌、土戏、民歌相结合,逐步形成中路梆子的雏形,相继出现自己的戏曲班社。

清朝嘉庆之前,山西境内流传的梆子戏没有派别之分。嘉庆年间,晋北出现本地班社,因为受语言和当地民间艺术的影响,开始有南北路之分。清朝道光年间,在晋中出现本地人组建的戏班,如临县的"德胜班"、灵石苏溪的"双庆班"、介休的"竹风园"和榆次的"四喜班"等。

同治年间,晋中票号兴旺,商业发达,这为中路梆子的发展提供了雄厚的经济基础。祁县"上聚梨园"和"下聚梨园"两个戏班集结重资邀集当时的南北名伶,开始以"字号班"名义在祁县及周围各县行艺,同时这些艺人进行了一些重大的艺术改革。为克服老梆子腔演唱时声嘶力竭的弊端,演员们不仅降低了调门演唱,还将小壳子高音板胡改为大壳子中音板胡,将倒把滑奏改为定把位演奏,并将手提马锣改为祁太秧歌用的大吊锣。改革后的新腔委婉柔和,受到各界观众的喜爱,很快便风靡晋中,并随着晋中商人传到张家口、包头等地。人们为区分老调与新调,将改革前的梆子腔称为"上路调",将改革后的梆子腔称为"下路调"。

光绪元年前后,创办于榆次流村的"保和班",是中路籍演员占多数的第一个科班。此后,"小梨园""太平班""喜胜班""禄梨园""小祝丰园"等娃娃班也相继开班,招买本地幼童学戏,培养了一批本地艺人。他们之中,有后来成名的"三儿生"孟珍卿、"天贵旦"王春元、"说书红"高文翰、"狮子黑"乔国瑞等。这批早期的中路籍演员,在艺术实践中大胆吸收晋中民间艺术,显示出中路地方特色,有力地促进了中路梆子的发展。同时也结束了蒲籍艺人雄踞中路剧坛的局面,促使中路梆子走向成熟。

民国初年,中路梆子的票社活动纷纷兴起。影响较大的票社当数太谷县的"三多堂"自乐班、太原县(今晋源镇)的"聚文会"、太原市城内的"济生馆"、祁县的"戏曲研究社"等。

20世纪二三十年代,以大女子、二女子、大牛牛、二牛牛、丁果仙、丁巧云等为代表的第一代女伶相继登上舞台,其俏丽的扮相、柔美的嗓音和细腻的表演,为丰富和提高中路梆子的唱腔和表演做出了杰出贡献。紧随其后,又出现筱桂桃、筱金梅、筱金枝、冀兰香、张美琴、周喻生(孙娥)、刘少贞、牛桂英、郭凤英、冀美莲、夜明珠(王艳凤)、任玉珍、程玉英、花艳君等大批坤伶,为慷慨激越、满宫满调的中路梆子唱腔揉进了委婉缠绵、优美甜润,并使中路梆子的表演逐渐趋向柔美、细腻、多彩多姿。应该说,这是一次意义深远的艺术变革。

这一时期也是中路梆子发展的鼎盛时期。男伶女伶相辅相成,多种艺术流派独树一帜,相互交流,大大推进了艺术的发展。毛毛旦、丁果仙、筱吉仙(张宝魁)、夺庆(李子健)、说书红、盖天红(王步云)、筱桂桃等名宿多次率领班社，组成强大阵营，远征张家口、呼和浩特、包头，并联袂进京演出，远涉上海，使中路梆子艺术得到不断丰富、完善，其影响和活动范围逐步超过山西的其他几路梆子戏，成为山西省势力最大的剧种。

1937年抗日战争爆发后，日本侵略军侵占太原及晋中各县，中路梆子受到严重摧残，班社纷纷解散，艺人四处逃亡。中国共产党领导下的晋绥边区的七月剧社、人民剧社、吕梁剧社，是当时在全国有影响力的革命文艺团体，此团体培训人才，编演新戏。他们除移植上演《逼上梁山》《三打祝家庄》外，还编演以岳飞被害为题材的古装戏《千古恨》和表现边区劳模事迹的现代戏《新屯堡》等，极大地鼓舞了抗日军民的抗战热情。

中华人民共和国成立后，晋剧迎来又一个辉煌的时期。通过改人、改戏、改制，晋剧重新焕发艺术青春，晋剧艺人对一些老剧目进行改编，并创作大量的新剧目。经过整理加工的《打金枝》《蝴蝶杯》《双罗衫》等100多个传统戏恢复上演，并推出《白毛女》《鱼腹山》《猎虎记》《白蛇传》等大批深受观众喜爱的新剧目。尤其值得关注的是，1952年，在全国第一届戏曲观摩演出大会上，经过加工整理的《打金枝》《蝴蝶杯》《赠剑》《明公断》等剧目，获得一致好评。表演艺术家丁果仙、牛桂英、郭凤英、张美琴、冀美莲、王银柱、梁小云、刘仙玲等分别获得一、二、三等奖，老艺人乔国瑞获荣誉奖。1955年，《打金枝》又被长春电影制片厂搬上银幕。这是晋剧历史上第一部戏曲艺术片，获得全国专家、观众的青睐和赞赏，晋剧艺术迎来繁荣昌盛的新时代。

20世纪五六十年代，山西省先后成立省、市戏曲学校和训练班，晋剧艺术人才辈出，相继培养出中华人民共和国第一，第二代晋剧艺术佼佼者，如太原的王爱爱、田桂兰、冀萍、马玉楼、武忠、郭彩萍、高翠英、阎慧贞、李月仙、白桂英、刘汉银、肖桂叶、张友莲、姬荣生；晋中地区的程玲仙、张鸣琴、侯玉兰、王万梅、贾炳正；大同的李树琴、杜玉梅、李爱梅等。

进入20世纪80年代，晋剧艺坛新秀崛起，晋剧艺术呈现出生机勃勃的可喜势头。不仅对传统戏进行整理，添置行头，创编一批新戏，出现《卧虎令》《下河东》等新剧目，而且培养出不少年轻演员，涌现了一批晋剧新人。田桂兰、高翠英、郭彩萍、王万梅、栗桂莲、宋转转、杜玉梅、史佳花、崔建华、谢涛、武凌云、杨红丽、胡嫦娥、王珍如、苗洁、梁桂星等相继摘取中国戏曲"梅花奖"，在全国剧种中占领一席之地。1989年始，由山西省文化厅和山西省戏曲协会主办的"杏花奖"连续举办，这是山西省委和山西省政府批准设立的山西省舞台艺术政府最高奖。通过调演及评奖，推出一大批优秀演员和深受观众喜欢的优秀剧目。"梅花奖""杏花奖"演员，已成为晋剧的领军人物和中坚力量。

2. "三大门"与"三小门"

晋剧的角色行当主要有"三大门"与"三小门"之分。"三大门"是须生、正旦、大花脸，"三小门"是小生、小旦、小花脸。各门角色都有专工戏。

从剧目的题材和内容看，宣扬爱国主义、揭示忠奸斗争、反映清官断案的戏占很大比重，其中"杨家戏"包含从杨衮起，经杨继业、杨六郎、杨宗保、杨文广共六世人。以杨家三辈招亲故事为题材的剧目有《七星庙》《傅杨记》《穆柯寨》；反映杨家三代的戏有《两狼山》《金沙滩》《杨门女将》等。许多剧目表现了杨家女英雄，如佘太君、杨七娘、穆桂英、杨金花，以至烧火丫头杨排风等。

旧时中路梆子班社多数以《打金枝》《回荆州》《忠报国》三本为"门面戏"。这三本戏行当较全，既能显示班社的演员阵容，又能体现剧种的地方特色。晋剧还有许多本戏中的精彩段落，作为折子戏经常上演。《打金枝》中的《闹宫》，塑造出一个娇生惯养、任性使气的金枝女艺术形象。《劝宫》因富有民间生活气息，深受广大观众喜爱。《蝴蝶杯》也是中路梆子大小剧团常演的剧目，其中《藏舟》一折，表现昏夜间男女同宿一舟，欲言又止，既止又言的情景，十分深刻细腻。《洞房》一折男女双方既是亲人，又是仇人，悲喜交织，生动曲折。此外，《投县》《打子》也都可单折演出。

3. 流派唱腔不断传承与创新

在多年的艺术实践中，经历代艺人的精心创造，晋剧演员凡在群众中有较大影响的，都以独到的创造精神展示了自己的艺术个性和特色，形成许多特色鲜明、脍炙人口的流派唱腔。如须生中有丁果仙派、张美琴派，青衣中有牛桂英派、程玉英派、花艳君派；小生行中的郭凤英派、郭彩萍派，小旦行中的冀美莲、刘仙玲、田桂兰等也都形成自己独特的演唱风格。

王爱爱的"爱爱腔"与张鸣琴、宋转转等的唱腔，更在继承传统的基础上，大胆发展创新，另辟蹊径。如牛桂英、程玉英和王爱爱同为青衣，牛桂英的唱腔婉转缠绵、吐字清晰、三回六转、含蓄优雅，润腔特点是颤音和滑音广为运用；程玉英的唱腔则酣畅激越、韵味醇美，常以"咳咳咳"甩腔，"咳咳腔"因此而得名；王爱爱在兼收并蓄牛桂英、程玉英唱腔特点的基础上，另辟蹊径，使青衣唱腔得到很大发展。王爱爱音色甜美、韵味纯正，刚柔相济，柔中有刚。行腔多以上方纯四度或纯五度音程的装饰音润腔，既俏丽华彩，又具有力度弹性，形成颇为流行的"爱爱腔"。在青衣行当中，花艳君与梁小云的唱腔也产生了较大影响。花艳君的唱腔喷口有力、棱角分明，善演悲剧和苦戏；梁小云的唱腔跌宕起伏、慷慨激昂、富于变化，以急促演唱（俗称"紧乱弹"）后的音程大跳（俗称"拔嗓子"）为特征。

须生中尤以丁果仙的唱腔影响最大，常为后人所效法。丁果仙的唱腔韵味醇和、酣畅淋漓，群众誉为"果子红"。其唱腔兼收"盖天红""说书红"之长处，并蓄姊妹艺术之养分，独树一帜，善于以情设腔，不断创新，兼用颤音、滑音、倚音等多种手法润腔。演唱时善于使用音区的变化来表现感情，行腔则铿锵有力、吐字真切、梆板工稳、刚劲浑厚，曾有"一句定太平"之誉。

山西梆子须生大王——丁果仙

在其他行当中，小旦冀美莲的唱腔灵巧婉转、行腔华丽，以多变的花腔见长；刘仙玲的唱腔清脆明亮、富有光泽，行腔圆润、顿挫有致，高音不尖、低音不浊；程玲仙的唱腔则灵活多变、甜润醇美，尤以托腔的委婉细腻而闻名；小生中"三儿生""秋富生"的唱腔风靡一时。20世纪40年代以来，郭凤英以其宽厚洪亮、挺拔刚健、洒脱飘逸、庄重大方，既有阳刚之气，又饱含感情色彩的唱腔为观众所喜爱。

晋剧的表演文武兼工，唱作俱佳。除重唱功外，在身段、台步、眼神、手势等方面形成细腻传神的表演程式，还善于用"特技"和"绝活"表达人物的内心活动，如翎子功、帽翅功、梢子功、椅子功、水袖功、髯口功，以及喷火、耍牙、转茶盅等都很有特色。丁果仙在《双罗衫》中的转茶盅，郭凤英、郭彩萍在《小宴》中的耍翎子，冀萍在《杀宫》中的站椅子，武忠在《徐策跑城》中的耍帽翅，田桂兰在《打神告庙》中的舞水袖，李月仙在《杀驿》中的弹髯口，程玲仙在《游西湖》中的喷火，高翠英在《凤台关》中的靠旗出手等，都显示了晋剧艺术的丰富表现手段和精湛技艺，长期以来为人们津津乐道。

★ 争奇斗艳　上党梆子

上党梆子是山西省四大梆子之一，流行于山西东南部，因其产生和主要流布于秦汉时期的上党郡而得名。当地人称"大戏"，晋南人称"东府戏"，河北邯郸一带称"西府调""泽州调"，道光年间称为"本地土戏"，1934年赴省城太原演出时称作"上党宫调"，1954年定名为"上党梆子"。上党梆子以演唱梆子腔为主，兼唱昆曲、皮黄、罗罗腔、卷戏，俗称"昆梆罗卷黄"。

1. 历史悠久的多声腔剧种

关于上党梆子的起源，有多种说法，一般认为它形成于泽州（今山西晋城）。虽名梆子，实为昆（昆曲）、梆（梆子）、罗（罗罗腔）、卷（卷戏）、簧（皮簧）五种声腔同台演出的剧种。在其形成过程中曾受到蒲剧的影响，但与省内其他三大梆子（蒲州梆子、中路梆子、北路梆子）迥然不同。上党梆子是一个古老的剧种。有人说在明末已有班社出现，但尚未发现史实根据。最早见于记载的是昆曲：阳城县上伏村大王庙戏台，有清顺治十五年（1658年）九月十六日百顺班演出题壁，所唱《春灯谜》《双包计》，均系昆曲或弋腔剧目。据在此后写下的40余条康、乾间的舞台题壁来看，至迟在18世纪中叶，上党梆子已经是一个拥有5种音腔的成熟剧种。

清乾隆三十五年（1770年）修撰成书的《潞安府志》卷八记有长子县知县王巨源曾禁"丧葬演戏"一事，称"富室旧用梨园送殡，今奉严禁，用者渐少"。这说明18世纪上党地区的戏剧演出活动已相当频繁。另外，乾隆年间已有山西泽州罗戏和黄河以北卷戏的戏班，以及由梆、罗、卷戏组成的三合班在开封城内活动的记载（见清李绿园《歧路灯》）。这种"三合班"逐渐演变为多种声腔的剧种。

上党梆子在其发展过程中，形成了"州底"和"潞府"两大流派。"州底"派又别称为"下路"，流行于原泽州府管辖的晋城、高平、阳城、陵川、沁水5县。"鸣凤班"及后来的高平"三乐意"（俗称东宅戏）、"万亿班"都属此派，晋城的"鸣凤班"稳居魁首（成立于乾隆后期，到1946年，曾稳定连续地活动了160年），后来高平的"三乐意""万亿班"都曾称雄一时。它的特点是比较稳重委婉，抒情性强。"潞府"派又别称为"上路""府八派"，流行于隶属潞安府的长治、长子、襄垣、屯留、黎城、潞城、壶关、平顺8县和原沁州管辖的沁县、武乡、沁源3县，特点是更显豪放。"十万班"是代表班社。"十万班"下过河南、山东，传说还进过北京。后来形成乐意班、三义班争雄的局面。三义班比较灵活，唱岳家将戏多；乐意班格律比较严谨，唱杨家将戏多。

清咸丰年间至抗日战争以前（1851—1937年），是上党梆子的鼎盛时期。晚清时，壶关的"十万班"曾到北京和鲁西南演出。这一时期，这个剧种的职业班社达200多个，有剧目千个，并造就了号称"一代戏王"的赵清海以及郎不香、温喜云、徐执中等名演员。后由于军阀混战，民不聊生，演戏日少，上党梆子日趋衰落。"七七事变"后，职业班社基本上停止活动。

抗日战争初期，中国共产党领导的八路军和山西新军挺进晋东南，创建太行、太岳根据地，给上党梆子带来新的生机。活动在太行山区的著名作家赵树理十分喜爱、重视上党戏曲艺术，他创作现代戏《万象楼》，创作和改编古装戏《邺宫图》《韩玉娘》等，这些剧作弘扬民族气节，揭露奸伪丑态，激励反抗精神，由武乡县光明剧团、襄垣县农村剧团演出，很受观众欢迎。接着，《小二黑结婚》《王贵与李香香》《三打祝家庄》《白毛女》《血泪仇》等剧也先后由上党梆子剧团演出。抗日战争后期到解放战争时期，晋东南各县纷纷成立上党梆子剧团，为以后的繁荣发展保留并培养一批艺术骨干。1954年，长治地区将专区胜利剧团和高平县朝阳剧团合并，组建为长治专区人民剧团第一分团，专演梆子戏。1956年，长治专区组织戏曲赴京汇报演出团，在京演出经加工整理的《三关排宴》《天波楼》《皮秀英打虎》等传统戏，受到好评，涌现出吴婉芝、郝聘之等一批杰出女演员。1959年年初，山西人民前线慰问团第三团到福建演出。这时，省内共计有上党梆子职业剧团15个，演职人员1000多人。另有省戏曲学校晋东南分校1所，为上党梆子培养后继人才。1985年，共有上党梆子剧团12个。

上党梆子在山东菏泽地区和河北永年县还有两个"嫡亲姐妹剧种"——枣梆和西调。清光绪初年，晋东南大旱，梆戏艺人结伴到菏泽一带谋生，把上党梆子戏传了过去，并在那里开科授徒。后经当地艺人改造、充实，形成了新的剧种，名为枣梆。河北邯郸地区永年县的西调（又名三搭板或泽州调），也是这样形成的。

2. 唱戏要恨戏、过瘾

上党梆子具有粗犷、健康的艺术特色，台步、身段都有淳朴古老的特点，唱腔高亢、委婉、活泼，曲牌丰富，每种唱腔有各自的乐器和上演剧目。

上党梆子素有粗犷豪迈之称，这种特点既表现在各种表演程式中，也表现在各个行当塑造人物的手法上。它和剧本、锣鼓、唱腔曲牌以及舞台美术都是协调一致的，具有独特的美学特征。

火爆炽烈是上党梆子表演艺术的主要特点。"唱戏要恨戏"是老艺人对徒弟的第一要求。"恨戏"就是要有激情。如果一个演员在场上松松垮垮，一出戏唱完，头上不冒汗，台下观众情绪不振，像"和尚帽子——平不塌"，就交代不了。因此，"恨戏"就成了上党梆子表演和塑造人物的传统。一个好演员唱到激情处，往往有"撑破台"的气势。这样的演员才算好把式，才会受到同行尊敬，观众欢迎。主角要"恨戏"，配角、龙套、上下场乐队也要"恨戏"。在要"火候"的时候，演员拿十分力气，打的、拉的以及全场上都要拿出十分力气，才能协调一致，浑然一体，观众的情绪也就激发起来。所谓"恨戏"，并不要求演员一上场就拼命，而是在戏的关键时刻必须"过火"，甩几句唱腔，或几个动作，把戏"调"起来。演员"过了火"，戏达到了高潮，观众也就"过了瘾"，满意了。

上党梆子火爆炽烈的风格首先和上党梆子的剧目有着密切的关系。杨家将、岳家军的剧目，占了上党梆子剧目相当大的比例；其次是忠奸斗争戏、侠客义士戏；即便是写儿女情长、家庭生活的戏，也带着一定的粗犷味。由于大部分剧目写民族斗争、忠奸斗争、生死搏斗、血肉较量、壮怀激烈、叱咤风云的内容，所以在表现手法上形成悲壮慷慨的特色。剧目对剧种风格的形成，起着一定的作用。同时，有自己风格的剧种，也要选择适合本剧种表演的剧目。

其次是上党地区民俗风情的反映，上党地区在战国时属赵，自古"燕赵多慷慨悲歌之士"，这里的人民敦厚而勇敢豪爽。上党地区历史上是兵家必争之地。北宋时期，朝廷对异族的侵略推行投降主义路线，助长异族统治者的侵略气焰。不义战争给人民带来了无限苦难，人民迫不得已，只有起来反抗。他们敬仰杨家将、岳家军反异族侵略、保卫人民的英雄行为，反对朝廷的投降路线，对卖国奸臣深恶痛绝，所以就自编、移植表现这些民族英雄和侵略者、卖国贼的斗争的剧目，用以教育广大观众、激励自己。

据统计，上党梆子的传统剧目有700多个，其中梆子戏近600个，皮黄戏90多个，昆曲10多个，罗罗腔戏和卷戏各数个，代表性剧目有《三关排宴》《天波楼》《雁门关》《闯幽州》《董家岭》《巧缘案》《夺秋魁》《甘泉宫》《东门

上党梆子
《三关排宴》

会》《徐公案》等，其中一些剧目完全为上党梆子所独有。

上党梆子的角色行当主要有生、旦、净、丑四种，亦可细分为生角（也称红生、须生）、老生、小生、正旦、老旦、小旦、大花脸、二花脸、三花脸（也叫作"丑"）九个行当。一般班社没有老生、老旦专职演员，老旦由生角兼演，重点老旦由生角反串，一般老旦由其他行当代演。20 世纪 50 年代起，才有了青衣、大净、二净之称。行当是按性别、年龄、性格的不同划分的，因而各有特征：须生要儒雅，小生要秀气、狠毒，大净要奸、耿，二净要鲁，小丑要能，正旦要端庄、娴静，小旦要娇柔、俊美。根据这些特点，各个行当又有不同要求：胡子生要有三分儒气，小生要有三分毒气，正旦要有三分文气，小旦要有三分娇气，大花脸要有三分奸气，二花脸要有三分鲁气，三花脸要有三分灵气。在外形方面要求也不同：如戴网子，三花脸离眉一指，小生离眉二指，须生离眉三指，花脸是满圆。

3. 历代名角勇攀高峰

上党梆子传统唱腔各流派最负盛名的演员，近百年来首推赵清海（1881—1939 年），乳名群孩，陵川县杨寨村人，成名于"鸣凤班"，攻须生，兼演老旦、大花脸。他做戏注重刻画人物，文武俱全，昆黄尤佳，人称"演什么像什么"，尤其是唱腔声情并茂，珠圆玉润，引人入胜。他被上党戏曲界称作"戏王""泰斗""一代巨匠"，深受观众喜爱，同行敬佩。在 20 世纪二三十年代他的艺术已臻成熟时，出现"泽州名优冠上党，梨园争学群孩腔"的局面，慕名学艺者接踵而来，后来成名的郭金顺等人都出自他的门下。

中华人民共和国成立前，州底派成名的代表演员还有"鸣凤班"的须生段生荣，小生宋苟明，旦角刘雅斗、李小保，三花脸杨三圭等；其他班社的有二花脸都岐岐、老旦郎发香、小生郎小喜、须生靳伯庐等。活跃于抗战时期到 20 世纪 60 年代的著名演员则是须生郭金顺、申银洞、曹二土、徐执忠，二花脸赵德俊（金圪塔），小旦李子清等人。

同期，潞府派成名的代表演员有"乐意班"的须生王富喜、申灰驴、平福成、郑根成、邢洞狗，旦角运转（姓不详）、赵保锁，花脸何豆孩、邢福保；"三义班"的须生段小绪、曹三狗、冯国瑞（秃嘴）、曹火柱，旦角郭群益（西火旦）等。抗战期间到 20 世纪 60 年代最著名的演员则是段二淼（艺名活罗成，须生、小生）和他的徒弟温喜云（须生、老旦）、王东则（小生）等人。

中华人民共和国成立后到20世纪70年代初，造诣最高的演员有吴婉芝（小旦、花旦、青衣）、郝聘芝（青衣、老旦）、郝同生（小生、须生）等。吴婉芝、郝聘芝等第一代女演员登上舞台之后，结束了上党梆子"乾旦"的历史和剧目以"生"为主的局面。吴婉芝工青衣、花旦，唱腔圆润委婉，表演逼真，以《三关排宴》《皮秀英打虎》《秦香莲》等赢得群众喜爱。郝聘芝梆子、落子兼演，青衣、花旦、老旦三门抱，所演《雁门关》《武大妈》《灵堂记》等备受观众青睐。1962年，由起树理执笔，吴婉芝、郝聘芝、郭金顺合演的《三关排宴》，由长春电影制片厂拍摄成电影，在全国产生较大影响。1982年全省优秀中青年演员评比演出中，郝聘芝、郝同生、马正瑞、高玉林获一级优秀演员奖；吴国华获最佳青年演员奖；袁金叶、张爱珍、郭孝明、刘晋苗获一级青年演员奖。之后，在全省振兴青年团调演和全省振兴上党梆子调演中，上党梆子异军突起，相继推出《杀妻》《收书》《还印》《借粮》《酒楼洞房》《两地家书》《活寡》《西施》等大批新剧目，并在音乐、表演、导演、舞美等方面进行了大胆尝试，使剧种面貌大变，以清新脱俗、雅俗共赏的风格赢得了观众特别是青年观众的喜爱。尤其是张爱珍、吴国华、张保平等甜美酣畅、声情并茂的演唱和深刻细腻的人物刻画，得到了专家、观众的一致赞赏，并先后荣获中国戏剧"梅花奖"。

　　近年来，上党梆子涌现出一批年轻演员，如陈素琴、高玉林、崔嫦娟、成静云、杜建萍等，她们在舞台上塑造了一个个鲜活生动的艺术形象，成为上党梆子新一代的领军人物。希望她们继续在坚守传统的基础上，创造更多的艺术作品，期待上党梆子能在新一代演员中大放光彩。

陆　说唱叙事传精神

　　行走在一城一地，于方言之中寻找一种来自生活的享受，南有弹词、评话、清音、南音、渔鼓等，北有评书、相声、大鼓、单弦、时调、二人转、快板等，还有少数民族的乌力格尔、伊玛堪、大本曲等。这些古老的说唱艺术，就是曲艺，是把一代代人们生活里和心里的故事讲唱流传至今的民间艺术。时至今日，南腔北调的曲艺仍然以说唱叙事的方式讲生活、讲故事、塑人物，传承文化精神。

01 舌尖上的说唱艺术　曲艺

　　曲艺是中华民族各种"说唱艺术"的统称，它是由民间口头叙事文学和歌唱叙事艺术经过长期发展演变形成的一种独特的艺术形式。

　　曲艺发展的历史源远流长。早在春秋战国年间，就有中国民间说故事、讲笑话和宫廷中弹唱歌舞、滑稽表演的记载。其实这就是曲艺的源头，也就难怪史称"滑稽之雄"的汉代文学家东方朔因其滑稽多智，常在汉武帝面前开玩笑，被汉武帝视为搞笑艺人，后世尊为相声业的祖师爷。一如唐玄宗被尊为梨园祖师爷。到了唐代，说话伎艺、歌唱伎艺、讲唱市人小说和佛教故事，已渐有曲艺的独立艺术雏形。故后世曲艺多可称作"说书"。曲艺，在戏曲未形成之前，特别在宋、金时代，是官方与民间的主要艺术形式之一。在戏曲形成之后的将近 800 年间，听书看戏仍然是人们休闲生活的主流。到了宋代，随着坊市制度发展，以经济为主的城市渐次形成，新兴的市民阶层精神需求进一步上升，习惯于到勾栏瓦舍听说看戏（类似于在家上网看电影或到网吧、电影院消费），说唱表演开始有了专门的场所，也有了职业艺人，多种形式百花齐放，流布甚广。明清两代至民国初年，伴随资本主义经济萌芽，城市数量猛增，大多在地摊、茶馆等民间娱乐场地进行表演的"什样杂耍"等曲艺形式，成为人们精神生活休闲娱乐的一时之选。很多历史故事、乡野小段经过说唱艺人的整理加工，成为民间最有生命力的艺术形式，魅力横生，流传甚广。其讲唱话本经整理慢慢成为小说的雏形，影响力暴增，此为后话。这一时期灵活便捷、有趣生动的新曲艺品种、新曲目不断涌现，不少曲种已是名家辈出、流派纷呈。我们如今所见到的曲艺品种，大多为清代至民国初曲种的流传。

曲艺作为一门表演艺术，是用"口语说唱"来叙述故事、塑造人物、表达思想感情并反映社会生活的，本质特征是"以口头语言进行说唱叙述表演"。表演者以第三人称口吻进行说唱式叙述，或以第一人称进行模拟代言。除叙事外，也会说理、抒情、塑人、描景、状物、议论、逗趣等。因此，曲艺除说唱特点外，还讲究演、评、噱、学。说，要明白生动，引人入胜，在说唱艺术中是最重要的艺术手段，故有"说为君，唱为臣""七分话白三分唱"等说法。唱，要优美动听，感染观众。走到哪儿，说唱到哪儿，与听众的交流，比戏剧等其他艺术形式更为直接。演，注重神情表现，靠声调、语气和面部表情的变化来表达思想感情，讲究神似，故不似戏剧等艺术形式，模仿动作不宜过多。评，要观点鲜明。凡对书里的事物进行评论介绍，主要对正面人物着重赞扬，反面人物批判贬抑，真正做到讲唱故事、教化人心、传承精神——堪担起曲艺艺术教育的功能。噱，即"噱头""包袱儿""段子""哏"（后谬用为"梗"），要趣味隽永，意在增加说唱的趣味性、娱乐性。学，要绘声绘形，仿学方言、叫卖声、戏曲唱腔，或以口技模拟世间百态声音，使听众从声音形象上产生真实感。

曲艺多为一人或几人说唱，辅以小型乐队（往往是三五件乐器）伴奏。一把琴、一副板、一面鼓、一张嘴，无须布景，无须道具，板式丰富、旋律动听、韵味独特、精彩纷呈的表演，深受群众喜爱。舞台表演上呈现"一人多角""跳入跳出""一人一台大戏"的特点。

据调查统计，中国仍活跃在民间的曲艺品种有 400 个左右，流布于中国大江南北。众多的曲种虽然各自有各自的发展历程，但它们都具有鲜明的民间性、群众性。按表现方式分，曲艺有"说""唱""似说似唱""连说带唱""又说又唱又舞"五种类型。"说"的如相声、北京评书、杭州评话、苏州评话等。"唱"的如京韵大鼓、单弦牌子曲、扬州清曲、东北大鼓、温州大鼓、胶东大鼓、湖北大鼓等。"似说似唱"，亦称韵诵体，包括念诵类（语言性强、音乐性弱）、吟诵类（语言和音乐性都强）曲艺，如山东快书、快板书、锣鼓书、萍乡春锣、四川金钱板、太原莲花落等。"连说带唱"的（既有无伴奏地说，又有音乐伴奏地唱）如山东琴书、徐州琴书、恩施扬琴、武乡琴书、安徽琴书、贵州琴书、云南扬琴等。"又说又唱又舞"的走唱如东北二人转、宁波走书、凤阳花鼓等。

曲艺作为中国最具民族民间色彩的表演艺术，在史书记载之外很好地传承了民族历史和民族文学，特别是从市井百姓的角度呈现了与史志文献略有不同而在精神内核上相吻合的叙事线索。大名鼎鼎的藏族史诗《格萨尔王传》借曲艺艺术的"说唱"得以传播、弘扬和保存。曲艺还滋养了中国古典文学和戏曲。古典长篇章回体小说《三国演义》《水浒传》等，客观上主要是依靠民族民间的"说唱"艺人搜集汇总、整理加工并"说唱"表演而得以传承的。中国南北方的地方戏曲，也都源自当地曲艺曲种。所以，曲艺既称得上中国的"母亲艺术"，也是另一种活在老百姓生活和心里的历史。由此而知，曲艺深刻影响并培育了中国人的艺术审美情趣及精神气质。

曲艺是中华优秀传统文化的重要组成部分，是中国特色社会主义文艺的重要组成部分。

02 乡音乡情话生活　山西曲艺

山西自古是中华文明的发源地和中国重大历史进程的见证者，承载着历史记忆和民族精神的曲艺，在山西蓬勃而生。山西曲艺有鼓书、琴书、评书、评说等多种形式，与各地无异，一般称曲艺为"说书"，称说书艺人为"先生"。

说唱艺术生于民间、长于民间。在民间，种种如祭祀祷告、祈福还愿、婚丧嫁娶、生日祝寿、节日庆典以及各种喜庆活动都要有一定的仪式，人们喜欢请"先生"说唱助兴，既是习俗的仪式手段也是一种寄托。所寄托和表现的，已经不是简单的娱乐消遣与审美需求，更是一种崇尚神圣的社会理想和生命意识的特殊表达。千百年来，说书艺人用群众熟悉的地方语言、地方音调，以口口相传的形式说唱着当地人们喜闻乐见的故事，表达人们的美好祝愿、心灵寄托和精神诉求，逐渐把一个区域社会的特点和市井百姓的精神内核以曲艺的形式保存下来。所以，到了山西长治不听潞安大鼓，到了太原不听莲花落，到了孝义不听碗碗腔，到了平遥古城不听"盲人说书"，恐怕是不能真正理解当地人的区域性格和民族品格的。

截至 2023 年 7 月，山西省拥有曲艺类国家级非物质文化遗产代表性项目 11 项，国家级代表性传承人 6 名。

截至 2023 年 7 月，山西省公布的六批省级非物质文化遗产代表性项目名单中，曲艺类省级非物质文化遗产新增及扩展项目共 34 项。

★ 真说真唱　潞安大鼓

潞安大鼓是北方富有鲜明地域特色的传统鼓书暨鼓曲形式，又称"潞安老调"，因流行于古潞安府（今山西长治）一带而得名，另外还有"干板腔"和"潞安鼓书"等别称。潞安大鼓是我国北方鼓书艺术中历史比较悠久的一种，是上党各种鼓书中最著名的曲种，也是最受上党地区老百姓欢迎的一种民间艺术。其声情并茂、乡音浓醇、节奏清脆、风趣幽默，已成为上党百姓寻常生活中不可或缺的休闲内容。在全国曲艺界，其与京韵大鼓、梅花大鼓、苏州评弹、四川清音等享有同等声誉。潞安大鼓板式丰富、旋律优美动听、韵味独特，传统书目积累数量较多，有着雄厚的群众基础和十分深广的艺术影响力。

2006 年，潞安大鼓入选第一批国家级非物质文化遗产代表性项目保护名录。

1. 源远流长，生长于民间的真正老百姓的艺术

"潞安大鼓"的起源地长治，素有"曲艺之乡"之称，群众喜爱听书品曲有着悠久的历史，早在宋代以前，说唱艺人就已经在长治地区活跃起来，至宋代，县城境内就有说唱艺人在勾栏瓦舍演出，他们的说唱形式多样，曲调风格各具特色。其为潞安大鼓的产生奠定了基础。宋代以后，进入重农抑商且小农经济发达的全盛期，说唱艺人被政府视为不务农业正业人员，被迫离开勾栏瓦舍，重新流浪于市井，归入下九流社会底层。

清乾隆年间，居住在长治西街的民间艺人高来柱以当地戏曲、民间小调为基础，逐渐加工成一种似唱似说的上下句干板腔。它用钢板和平鼓击拍，形成节奏紧凑、说唱刚劲、表演稳健的曲艺特色。主要书目多为历史讲唱小说，有《秦琼夜打登州府》《罗成破孟州》《燕王扫北）《大八义》《小八义》等。高来柱晚年收盲人魏银顿为其第一代传人，当时的鼓书加上了三弦伴奏，钢板改用拷板，创造了起板和简单的间奏，曲目增加了《薛仁贵征东》

等四部长篇书目。

聚班为社，结伙发展。清乾隆年间，驰名于上党一带的鼓书艺人路占元、董祥五等，为避免遭恶势力欺侮，联络潞安府八县的百余名艺人，成立了较为严密的行会组织"盲子队"，即鼓书艺人的演出活动班社，走街串巷，四海为家，靠说"愿书""神会"兼以卜卦算命糊口。按师承体系和地域分布成立七个分会，分别由较有威望的老艺人任掌教，并制定相关行规以规范本行业艺人的言行，后易名"三皇会"，指的是天皇、地皇、人皇，有敬天地与人之意。既有按师徒体系或地域分布成立的分会，又有联合起来成立的总会。艺人结社后，一般在农忙时候开始"做会"，因为农闲时就要走村串乡说书谋生去了。"做会"是由区域内技艺精湛、德高望重的老者或者有一定召集能力的人轮流主持，负责食宿安排，先请神祭祀，然后众人一起说书，即兴编词，研讨说书，同时进行测卦技艺交流，顺道解决存在的问题，互相问候，联络感情等。这在一定程度上对说唱技艺的提高起到关键作用，同时该组织对盲艺人的生存权利起到保护作用，绝对可以说是曲艺行会的鼻祖。据此，一般认为至迟在清代中叶潞安大鼓就已经形成。

1930年前后，高福树开始在长治一带以一手击鼓、一手拍板，拍演唱，其徒弟以老胡胡伴奏。而同期的张银娥、李鼠孩等却是自弹三弦，由他人击鼓板和老胡胡伴奏演唱，这两种演唱方式各具特色，同时赢得了听众的喜爱，随即风靡上党。其间，张银娥在"三皇会"的帮助下，创造出花板、悲板等板式，形成板腔体结构曲种，又新增书目《呼延庆打擂》《巧连珠》《巧奇缘》《三开关》《耳环记》《金镯玉环记》《洗衣记》《回龙传》《青龙传》等。

清末民初以来，特别是抗日战争时期，走出初创期的潞安大鼓艺人，在面对国家战乱、民族危难的时候所表现出来的爱国情怀，为潞安大鼓添上了更为浓重深刻的民族内涵。潞安大鼓艺人身残志坚，自觉宣传抗日思想，表现了自身艺术的独特价值和民间艺人的爱国情怀。

1937年八路军东渡黄河，创建太行太岳革命根据地，也开创了上党说唱艺术史上的新纪元。在良好的革命氛围下，盲艺人解散"三皇会"，纷纷成立抗日宣传队，为适应新形势的需要，主动根据上级指示，积极进行地方曲艺改革，在各个历史时期做出了重大贡献。

20世纪40年代，太行山文教处成立"五县曲艺联合会"，人们积极演唱抗日新书目，成为抗日宣传主力军。当时，编新唱新蔚然成风，较有影响的新书目不下 1000 篇。部队、地方文工团、机关、学校的曲艺演唱也十分活跃。不少剧团开戏前，总要将当时的任务、方针编成鼓书演唱。中华人民共和国成立后，长治、武乡、襄垣、沁县四县在武乡成立了"盲人爱国联合委员会"。

1946 年会址由襄垣迁往长治。长治县县长侯国英宣布成立"长治县盲人鼓词宣传队"。同年，张银娥和于书田等 7 人加入曲艺宣传队即潞安大鼓第一个专业演出团体。于书田在原潞安鼓书的基础上，吸收上党戏曲音乐精华，丰富花板、悲板，创造散板和起、承、转、合及裁、溜、过、送等衔接板式（亦叫过渡板式），伴奏增加二胡、板胡、低胡等弦乐，并配入打击乐器，演唱形式由单人改为单人独唱和多人齐唱相结合。同时，加入动作表演，喜、怒、哀、乐形象逼真，深受群众喜爱。于书田等人还自编许多新书目，如抗日战争时期的《地主与长工》《张凤兰劝夫参军》《百名英雄》《红军长征》《土地法大纲》《一张十地证》等。中华人民共和国成立以后有《互助合作》《潘玉林互助组》《一颗糖衣炮弹》《时刻提高警惕》《小俩口谈应征》等深具时代特色的书目。

中华人民共和国成立后，潞安大鼓曲艺人中开始出现女艺人，她们对潞安大鼓的发展也做了突出贡献。其中代表人物有张银娥、师爱玉。1959 年，曲艺队吸收的女艺人师爱玉在于书田对潞安大鼓改革的基础上，大胆对"流水"等板式进行改革，创造出适合女演员演唱并融有各种行当的优美唱腔，而且还在文武场乐器方面做了精心设计和调整，乐器增加唢呐、笙等，打击乐器中去掉书鼓改用堂鼓，使人耳目一新。

2. 高峰与低谷，民间曲艺的生死一线

20 世纪 60 年代以后，潞安大鼓的发展进入繁荣期。不仅潞安大鼓艺人成为时代宠儿，社会地位随之提高，而且潞安大鼓唱腔上也发生了变革。1960 年，于书田出席"全国盲聋哑人代表会议"，受到周恩来总理的亲切接见。1964 年，《人民日报》专题介绍潞安大鼓，并刊登于书田的照片。1965 年后，曲艺队吸收不少明目人，从根本上改变了曲艺队伍，促进说唱艺术的蓬勃发展。20 世纪 70 年代，潞安大鼓曲艺日趋繁荣，于书田、师爱玉、焦天保、杜玉山、李长生、李二狗等民间艺术家备受群众欢迎。

20 世纪 80 年代，新文艺工作者在继承老艺人多年工作结晶的基础上，对潞安大鼓的传统唱腔再次进行改革：即大鼓由演员自打划归乐队，吸收秧歌、上党梆子等戏剧唱腔，并借助电子琴等现代乐器来烘托气氛。

1986 年，长治县曲艺作者傅怀珠与王怀德（省曲协）、王仲祥（武乡县）合作，创作了一部反映农村平民百姓爱情生活的曲艺作品。参加了在曲艺之乡天津举办的"全国曲艺回顾展"，结果一炮走红，名震津门，又应邀在人民大会堂做展示演出，潞安大鼓一时名满天下。随后，"文革"后首次全国曲艺（鼓曲、唱曲部分）大奖赛决赛，安排在长治市举行。这次大赛，全国曲艺界名家魏喜奎、刘兰芳、李金斗、高元钧等汇聚上党，盛况空前。决赛中，崔嫦娟的潞安大鼓作品一举夺魁，其他鼓书作品还各获一等奖和三等奖，一时之间潞安大鼓成为曲艺界瞩目之焦点。上党曲艺迎来辉煌的巅峰。

以傅怀珠等为首的曲艺作家，创作出不少名段，如《醋为媒》《九月九》《拙老婆造反》等，这些名段又连获全国大奖。与此同时，一批曲艺表演名家崭露头角，如崔嫦娟被誉为北方曲艺表演"四朵新花"之一。20 世纪 90 年代初，潞安大鼓跻身于全国优秀曲种行列。

世纪之交以来，新型文化的不断冲击，国民欣赏观念的日益西化，一批技艺高超的曲艺艺人退出舞台，加之传统曲艺多传承少创新，慢慢跟不上时代步伐，传统曲艺逐渐衰微，人才渐次凋零，包括潞安大鼓在内的诸多如相声、评书、评弹、琴书等地方代表性曲艺的展示平台日益减少。传统曲艺传承发展遇到空前的困难，特别是受方言影响较大的潞安大鼓等地方性曲艺，没有了传人，曲种就无法得到留存，逐渐走向消亡局面，亟须大力抢救保护。

与相声一样，潞安大鼓也曾走到衰亡的生死一线。万幸在一批杰出艺人的共同努力下，潞安大鼓得到振兴。

3. 曲调丰富，富有浓郁乡土气息的民间艺术

潞安大鼓演唱初期以缸片、瓦片或钢板击节，无弦乐器伴奏，形成似说似唱的干板腔和过门短等特点。演出形式早期多为一人或两人，一人演出时，演唱者一手自击书鼓，另一手操另一件击节乐器。两人演出时，一人击鼓说唱，另一人击节。演唱时，鼓多用在前奏或间奏处花打，当时均无丝弦乐器伴奏。演出时站唱、坐唱均有，也有站坐相间的形式。

后来，潞安大鼓慢慢发展成说唱以叙事为主，代言为辅，一人多角；部分以代言为主，叙事为辅，分角色拆唱。说唱语言与各地方言关系密切，其

音乐为我国民族音乐的重要组成部分，演出时演员人数较少，通常两三人，使用简单道具，表演形式有坐唱、站唱、走唱、拆唱、彩唱等。音乐体式有唱曲牌的"联曲体"、唱七字句或十字句的"主曲体"，或综合使用两者。曲本体裁有兼用散文和韵文、全部散文和全部韵文有三种。这些曲种，除了文场乐器大有区别，在打击乐器上也不尽相同。例如，有的是书鼓、堂鼓、老鼓、渔鼓、扇鼓、八角鼓等，有的是挎板（亦名乍板或拍板）、简板、书板、鸳鸯板、拨吊板、节子等。

潞安大鼓唱腔优美、土色土香、韵味独特，最大的特点是间奏短，宜于叙事，说唱性强，伴奏与唱腔的配合，有着"唱时不奏，奏时不唱"的特点。每句唱腔之后，常接一个短过门，伸缩性强，节奏明快，气氛热烈。既适合小范围内的街头饭场、室内堂会演唱，也适合在大舞台上表演。

潞安大鼓的各类节目，承载了当地人的生活理想、认识愿望和情感趣味，是当地民众精神风貌与心理特征的审美映射，其中也包含着大量的社会伦理与生活知识。潞安大鼓不仅是娱乐和消遣的手段，同时具有教化和认识的功能。传统节目有《打登州》《破孟州》《燕王扫北》《巧连珠》《巧奇缘》《拙老婆》等。节目中蕴含的思想内容和主题表达，是文化研究不可或缺的鲜活材料，集中折射着当地人非常鲜明的文化心理。《叠金钱》《王大娘摘棉花》《王三孩打虎》《打尿床》等，通过当地百姓喜闻乐见的娱乐和审美方式，成为当地人明辨是非、增长知识和通理教化的重要精神滋养。千百年来，它一直承担着丰富当地人精神生活的重要使命，是当地百姓心灵生活的重要依托。

由于专制社会以农业为主导的经济政策，早期的潞安大鼓表演者主要是不从事农业生产的盲艺人，游走四方，说唱乞食，糊口谋生。旧时，因病致盲的孩子较多。为谋求生存，父母在他们刚刚懂事的时候，就送他们拜师学书演唱。学成后走村串乡地说唱，以此谋生。最初，说书仅仅是盲人行乞养家糊口的一种手段，且多为单独活动，经常受到欺凌，社会地位十分低下。盲艺人的生存状况反映出潞安大鼓最初的社会地位与发展情况：分散、小规模、不稳定。其演唱的曲目没有文字曲本，多是口口相传，故也称为"盲人说书"。在长期的实践中，盲艺人逐渐把当地流传的趣闻、故事、笑话编成小书段，用人们熟悉的小曲小调，配有简单的乐器（三弦和腿板）加上地方口语化的诉说进行说唱，人称"瞎子说书"或"说书的""盲艺人"。随着社会的发展进步，说书逐渐登入大雅之堂，成为人民大众喜爱的一种民间艺术。

潞安大鼓综合了戏曲演唱和击板说书两种形式的优点，是以各种民间乐器演奏为烘托，来表达人物丰富思想内容和大型史实情节的独特艺术形式，它的丰富内容和基本特征及其传承经历，在其他民间文化中比较罕见。潞安大鼓演出不受场地和道具的限制，易编易排，对宣传党的方针、政策和引导群众具有较强的实用价值。

4. 代代相传，守正创新的傅怀珠和王海燕

中华文化的源远流长、博大精深，同时也表现在潞安大鼓的发展历史中。作为民间曲艺，潞安大鼓曲艺技艺的发展离不开民间艺人的代代相传。从清乾隆年间开始，历经新旧时代的更迭，克服传承中的艰难与挫败，破旧立新，直到今天，潞安大鼓仍活跃在上党地区，依旧是普通百姓最喜闻乐见的曲艺说唱形式之一。潞安大鼓在不同的时期出现了一代又一代深受广大人民喜爱的艺人。其中最为著名的有 20 世纪初的第一代传人魏银顿、赵文旺，20 世纪 20~30 年代人称"铁嘴"的高福树和人称"琉璃嘴"的张银娥，20 世纪 50~80 年代人称"钢口"的于书田。1960 年前后，又涌现出焦天保、王长胜、师爱玉（女）、崔嫦娟（女）等一批新的受群众喜爱的艺人。

20 世纪 80 年代后期，潞安大鼓进入繁荣发展期与一位农民业余曲艺家傅怀珠有关。不仅是他创作的《拙老婆》《九月九》等作品接连获得全国曲艺大奖，而且他创作的潞安大鼓，唱出了山西人的根，融进了山西人的魂，"山西人，爱吃醋，家家有个醋葫芦，葫芦有情传佳话，唱一段潞安大鼓书。"扎根乡土的生活化语言，唱起来虽然是方言，但是打动的是每一个热爱生活的人，"上学去，赤足过河手牵手；回家来，石板上写字头碰头。"用简练的语言形象地勾画出两个农村青年男女少时的情趣，"夜绒绒，风幽幽，人间有情风也柔，月牙儿含笑下山去，唯闻小河汨汨流。"以无情逝去的小河，反衬多情的风月。

傅怀珠是农民的儿子，地道的农民曲艺家，生长于乡土，扎根于乡土，写的唱的都是乡土生活。他的作品中渗透着农民的理想、情感、趣味，同时又兼具特色，明朗、隽永、风趣、幽默，像身边的农民老伯伯，像关注我们成长的父亲。

传统曲艺的人才传承一直是关乎生死的问题。除了传统老艺人和中生代

的艺人傅怀珠之外，在国家非遗政策的支持下，潞安大鼓也终于迎来了一批新的传承艺人。王海燕就是其中的佼佼者。

王海燕，女，1976年出生，长治本地人，乡土情怀比较浓。她从小喜爱地方曲艺潞安大鼓，把传承潞安大鼓作为自己毕生的追求，15岁拜民间艺人王葵花为师随团学唱，18岁出师开始组团上台演出。2008年被山西省评为国家级非物质文化遗产潞安大鼓的传承人。2010年10月，在第六届中国曲艺牡丹奖大赛上，她凭借潞安大鼓传统曲目《割肉还娘》，荣膺中国曲艺最高奖项——牡丹奖。2013年，她还把原汁原味的中国北方传统曲艺带到了浪漫之都巴黎。她绘声绘色表演的《割肉还娘》，以嬉笑怒骂的方式表现了中国传统孝悌之义，感动了现场每位观众。

潞安大鼓新传人
王海燕

5. 扩大影响，最好的保护就是生活化

历史无数次证明，优秀传统文化的发扬光大绝不能只靠一个、几个曲艺明星，必须依靠庞大的活跃在民间的曲艺艺人以及全社会的广泛关注。山西大学文学院院长郑伟教授认为，只有激活并让非物质文化遗产融入现代生活，实现与现代生活的无缝衔接，才是对其最好的抢救和保护。各级政府投入了较大的人力、物力、财力，并通过建立保护机制、成立专门的组织机构、大力开展各类文化活动等多种形式进行有效保护。设立潞安大鼓的重要艺术发展项目，并投入专项资金，扶持以专业演出团体和民间曲艺人才为主体的梯队化队伍建设，加大奖励创作优秀作品力度。以一年一度的元宵节文化活动为主线，以各种节日活动、纪念日为契机，牵头开展潞安大鼓演出活动，并积极筹办民间艺术节。

而今长治县有10余个业余曲艺演唱队经常奔波在晋东南各县区，形成了空前的群众性文娱活动，培养出了数十个主唱演员，如今长治各县区不少村镇，每逢庙会或庆典节日，不是唱戏，便是说书，有的村除唱戏外还要邀一班或几班曲艺队演唱，有的村平时有过满月、祝寿等个人活动，也要请曲艺队助兴，一唱便是三四天，甚至更多。潞安鼓书成为当地人民群众日常生活中不可缺少的一种娱乐形式。

潞安大鼓的发展前景取决于民间曲艺人的传承发展与其自身的时代适应性，更取决于我们每个普通百姓对它的保护与弘扬。作为一种源远流长、文化意蕴丰富的宝贵传统文化，潞安大鼓的发展需要我们这一代人的继承和弘扬。认识它，了解它，如果可能的话，去欣赏它甚至身体力行地把它传承下去就是对这种非物质文化遗产最好的保护。

★ 演绎生活　太原莲花落

"谁作揖来谁唱诺，谁打竹板谁敲钵，谁歌一曲莲花落，乡音乡情与谁说"。一位演员，以一套竹板的伴奏、一种方言的说唱，表演一曲莲花落，既是本地人生活的演绎表现，也是一份乡情的传承。

莲花落是一个拥有上千年历史的古老艺术品种，是一种说唱兼有的曲艺，流行于北京、天津、河北、山西等地。莲花落也作莲花乐，源自唐、五代时期的"散花乐"等佛事活动。佛事活动的重要形式之一就是吟诵经文。因佛祖的塑像坐在莲花宝座上，又僧众唱诵佛歌时有"一朵两朵莲花落"和"莲花开时众生乐"之说，故此吟诵经文的艺术表现形式就是莲花落的雏形。后来佛教僧人劝善和募化时唱的宣传佛教教义的警世歌，也被称作莲花落或落子。

南宋僧人释普济在《五灯会元》中说："莲花落为丐者所唱曲目，由来已久。"可见，莲花落在宋朝之前就已经形成了。宋朝始流行于民间，内容主要为劝世小段、扬善惩恶、因果报应、拜求施舍、吉祥口彩。后世书中多有记载这一场景"一日，闻丐者唱莲花乐"，或如大才子唐伯虎被骂"如乞儿唱莲花落"。"莲花落"从清末开始广为流传，出现了专门从事唱戏文的叙事性"莲花落"的职业艺人，演唱民间故事。同时满族八旗子弟中也有不少爱好者，遂与民间流行的另一艺术形式"十不闲"合流，成为民间花会形式之一"天平会"，曲种名为"十不闲莲花落"，又称"十不闲"或"莲花落"。光是打七块竹板演唱叫作"莲花落"，不打竹板演唱叫"十不闲"。

演出形式有单曲、彩唱两种。单曲只由一人演唱故事，唱词采用叙述体；彩唱是由歌者二三人，分饰为旦、丑两种角色，分包赶角，略如戏曲，重插科打诨，以资笑乐。

内容多为写景抒情和演述民间故事的俗曲。演出时，先由全体人员敲击十不闲的打击乐器，做舞蹈动作，唱"四喜""八掌""架子曲"等曲调，作为序曲，然后演唱莲花落节目。之后慢慢演变成民间盲人乞丐等行讨而唱的戏文，故"莲花落"又称"盲人戏"。在京城地区演唱莲花落的老前辈有抓髻赵、奎星垣等，后者曾进皇宫给慈禧表演过。

莲花落是我国古老的艺术品种，从盛唐到晚清1000多年间，莲花落经过不断发展演变，逐渐孕育出了单弦、评剧、东北二人台等其他曲艺形式，并且流布全国不同区域，形成以地名或区域名来命名的太原莲花落、绍兴莲花落、山东莲花落、陕北莲花落等不同的曲种。

1.古老新生，并州宝地开出曲艺新花

清道光年间，莲花落最早由河南传入山西。那时，河南闹水灾，许多难民逃到山西文水、交城和平遥等当时全国最富庶的地区，也即闻名遐迩的晋商聚集地。莲花落也随之被带入山西。晋商集聚的晋中一带就有了唱莲花落的流浪艺人，慢慢当地人用晋中方言来唱莲花落，被称为"晋中莲花落"或"晋中落子"。各地老艺人都是用当地方言表演，因此曲种韵味杂乱，难以普及和流传，多局限于一地。

莲花落

中华人民共和国成立以后，在党"百花齐放，推陈出新"的文艺方针指导下，省城文艺界开始挖掘传统文化。太原莲花落在晋中莲花落的基础上发展而来。1962年，太原曲艺联合会的相声演员曹强，根据自己的兴趣爱好，开始主动接触莲花落老艺人，拜师李连根学艺，虚心请教莲花落。在掌握晋中莲花落的基础上，曹强潜心研究，以太原方言为基础，结合普通话发音，从语言、唱腔、表演、节奏等方面对莲花落进行重大创新和改革。尤其是语言上，从原来的晋中方言改为太原方言，并结合普通话语音和搜集提炼而来的民间词汇，使其语言更加性格化、形象化、生活化，据此定名为"太原莲花落"。1963年，曹强首次在晋祠庙会上为太原观众表演他的处女作《三进太原》，全新的莲花落大获成功，从此太原莲花落作为一个全新的曲种诞生了，又因融合大量山西地方传统文化和太原区域民俗等，逐渐成为一种独具地方特色的三晋民间艺术瑰宝。

2.竹板伴奏，使用太原方言合辙押韵

太原莲花落表演者，常为一人，自说自唱，自打"七件子"伴奏。"七件子"是分执于两手的竹板，右手执两片大竹板，左手执五片小竹板。大竹板打板，小竹板打眼，相互配合有板有眼，说唱之词则随着板眼节奏进行表演。表演时，先扣大竹板，间配小竹板，打板三巡之后，开始说唱。

太原莲花落最大的艺术特色是说唱结合，以说为主，以唱为辅。说就是用太原方言表达内容，合辙入韵。太原方言音调婉转，跌宕起伏，古老而具

音律感；善用叠字和语气助词，极富韵味，配合大小竹板有很强的节奏性；采用方言使太原莲花落地域特色醇厚，观众备感亲切。唱就是用太原地方小调和民间唱腔来演唱，唱腔的运用是否得当，直接影响着唱的艺术效果。一般来讲，整篇开头或每段落开头四句、段落的结尾多见于唱。说唱之余间以夹白，每一段的句尾加入尾音稍长的"甩腔"，颇合山西人说话上挑的味儿。太原莲花落说唱词为自由句式，段落长短依叙事内容而定。

3. 讽刺审丑，再现现实社会时代特色

太原莲花落曲目创作内容以现实生活题材为主，既可以反映时代特色，又可以反映平民生活；既可以讴歌好人好事先进人物，又可以鞭挞陈规陋习，讽刺时弊。如《三进太原》以农民李老汉三进太原城的经历，反映新旧社会变化、省城发展建设的迅速；《烈火真金》歌颂 32111 钻井队血战火海保护高压气井的事迹；《请相信》《战斗员》《防疫》等宣传抗疫；《儿子迷》讽刺重男轻女思想；《家有小霸王》批判家长溺爱孩子；《请吃饭》揭露干部群体里的腐败分子，靠走关系步步高升；《臭嘴相亲》反映人们言语粗俗，提醒人们讲文明；《上帝请客》批判当时社会中一切"向钱看"的不良风气；《机不可失》通过模仿小青年在丢失手机以后魂不守舍的滑稽状态，讽刺手机依赖症；《儿子的烦恼》反映保健品坑害老年人的问题。

4. 兴亡系于人才，太原曲艺的辉煌与衰落

太原莲花落的繁荣时期与我国改革开放时期几乎同步。经过多年积累，太原莲花落日臻成熟。20 世纪八九十年代，太原莲花落迎来了兴盛期。彼时，太原莲花落进剧场、下农村，场场爆满。大街小巷随处都可以听到录音机、电台中播放的太原莲花落唱段，市场上莲花落磁带热销，就连家具公司的广告也唱莲花落："迎泽大街办了个家具城，里面的家具是爱煞人……"

20 世纪 90 年代末期，太原莲花落的发展开始减缓，并且逐渐由盛到衰：演出场次急剧减少、受众人群逐渐缩小、作品数量也逐年减少。红极一时的太原莲花落逐渐淡出人们的视线。衰落的原因一方面是观众群的流失。越来越多的人习惯于说普通话，不再使用方言，缺少语言基础，使太原莲花落的观众基础越来越薄弱。同时，年轻人作为娱乐消费主体，可选择的娱乐方式越来越多，上网、旅游、唱歌、打球、看电影……一些中老年人也被这些新方式吸引。曲艺渐渐消失在人民群众的娱乐生活中。另一方面，传承出现断

层。进入 21 世纪，原有的老艺人年事已高，中青年表演人才少之又少，技艺无法传承，面临生存危机，急需予以保护。

5. 让这朵"莲花"开得更艳：曹强和他的徒弟们

太原莲花落离不开的代表性人物就是艺人曹强。曹强，山西平遥人，为太原莲花落创始人。曹强 13 岁起登台表演相声，20 世纪 60 年代初开始挖掘整理濒临消亡的莲花落段子，俊这一民间说唱艺术重新登上文艺舞台。当时已无人再专职演唱晋中落子，仅有一位老艺人叫李连根，但其已年近古稀，并弃艺务农了。曹强多方打探，找到李连根，拜师学艺。每次到老师家，曹强都要带上笨重的录像机，把老师唱的每一句都录下，带回家反复听、学唱。后来，在掌握了晋中莲花落的表演基础上，对这一曲种从内容到形式进行全方位地改革，他扬弃弦索乐队，形成用一副竹板击节、太原方言说唱、一人表演的演出模式，这就是今天的太原莲花落。30 多年来在反复实践中，将唱腔、语言、句式、板式等进行不断的改革，太原莲花落成为韵诵与徒歌相交融、方言与普通话相结合、句式和节奏多变的地方曲艺形式。其创作并表演曲目 100 余个，主要作品有《儿子迷》《起名字》《万水千山总是情》《雷雨之后》《歪批曲艺》《弄巧成拙》《立竿见影》《珠联璧合》等。2010 年，"太原莲花落"入选第三批国家级非物质文化遗产代表性项目名录，曹强作为太原莲花落的唯一传承人，政府投资 15 万元人民币，为他设立工作室。

2013 年，曹强老先生开师门收徒 9 人。其中，年纪最小的王名乐，成为唯一专职从事太原莲花落的传承人。

王名乐从小喜爱莲花落，很早就追随曹强老师学习，但一直将此作为爱好，没有想从事这行，大学毕业后一度办起婚庆公司。后来王名乐关闭生意兴隆的婚庆公司，心无旁骛地开始投入太原莲花落的推广、传承，王名乐从生活中挖掘题材，创作出《机不可失》《儿子的烦恼》等优秀作品。2012 年王名乐在山西省实验小学正式成立"太原莲花落培训基地"。2017 年王名乐被推选为国家级非遗项目太原莲花落省级代表性传承人。2018 年太原市歌舞杂技团将王名乐特招入团，并成立太原莲花落传习基地，面向社会免费开放。2021 年，王名乐主创编剧的首部太原莲花落轻喜剧《合浪浪许家》在太原市青年宫上演，引起轰动。近年来，每晚 7 点王名乐都会在太原市食品街"懿曲社"表演。王名乐与同行们一起，积极探索形式创新，在晚会表演时给莲花落增加大屏幕的画面设计，用上配乐，把舞台撑满，让节目更好看。积极推动莲花落"上云"，利用直播、短视频等新媒介，让更多的人领略"莲花"的芬芳和乐感……

★ 土腔土调　襄垣鼓书

襄垣鼓书简称"鼓书"，俗称"说书""脚蹬梆"，是一种以襄垣地区的方音语汇进行说唱表演的民间鼓书，是北方鼓书类曲艺中具有悠久历史的曲种之一。长期以来，凡节日娱乐、婚丧嫁娶、祈福禳灾、兴建迁徙等生活礼仪和民俗活动，襄垣鼓书都被请来助兴或充作仪式。襄垣鼓书在长治市襄垣县及其周边县区，晋城、阳泉等地广泛流行，已经成为人民文化生活中不可缺少的一种文娱形式。

襄垣鼓书不仅承载着当地人民对于人生百态、生活苦楚的认识和感悟，而且蕴含着当地人的生活、生产常识，社会伦理，人生价值观。因此，襄垣鼓书的表演不仅是单纯的娱乐活动，也兼具道德感化、民俗传播、乡土教育等多重功能。

2008年，襄垣鼓书被列入第二批国家级非物质文化遗产代表性项目名录。

1."鼓儿词"和"柳调"完美结合

襄垣鼓书成型于明末清初，清代中叶发展成熟，至今已有300多年的历史。

明末清初，襄垣一带的盲人走乡串户以"卜卦"为生，他们为了招揽生意，常把卦辞编成合辙押韵、好听易懂的小段，继而再用宋元时期流传下来的曲子配唱。清乾隆年间，盲艺人又开始以小平鼓伴奏说唱，逐步形成固定板式，称为"鼓儿词"，不但算卦人愿意听，也吸引其他人围听。后来，盲艺人干脆把民间故事和神话传说等也编排成唱词，用"鼓儿词"进行说唱。这种小调就是襄垣鼓书的雏形，也是当时盲艺人赖以生存的重要方式。

与此同时，襄垣县善福村明眼艺人田维，在"鼓儿词"的基础上，糅合烟花柳巷中歌妓的歌调、当地民间小调《莺歌柳》，形成一种固定的唱腔，称为"柳调"，上下句反复说唱，开始只持八角鼓伴奏，后加上胡乎。民国初年，"柳调"的伴奏乐器改胡乎为月琴，唱腔上出现了哭板、抢板、紧板。

盲艺人的"鼓儿词"与明眼艺人的"柳调"融合，逐步形成今天的襄垣鼓书。清乾隆年间，专以说唱襄垣鼓书为生的上党地区盲艺人发起组织了"三皇会"，建立襄垣鼓书最早的民间社团组织，有了拜师学艺的行规，推动了襄垣鼓书的发展。道光年间，盲艺人史金星（三皇东会艺人），在说唱表演中吸收当地的地方小调、道士的"化缘调"以及民间叫卖调，使鼓儿词的唱腔更趋丰富；咸丰初年，史金星的徒弟路永泉在说唱民间故事和神话题材节目的基础上，移植和自编一些中篇和长篇的连本书，并吸收融汇当地的一些地方戏和落子、秧歌的唱腔，如上党梆子、上党落子、秧歌等，使唱腔音乐更加丰富优美。之后，盲艺人苗喜来在原唱腔唱法的基础上，又创造出"悲板"和"抢板"等功能性唱腔。

民国初期，第五代传人段明和在说唱"鼓儿词"上狠下功夫，进一步丰富"鼓儿词"的唱腔音乐，创造出起板、二性、垛板、截板，还将抢板细分为慢抢、紧抢两种，使唱腔的板式更加稳固定型。同时，董才元开创一人操作全套打击乐的先例。

抗日战争时期是襄垣鼓书繁荣发展的时期。这个时期的作品产量大，艺人队伍扩大。1938 年 1 月，襄垣县抗日爱国盲人宣传队成立，宣传队伍由原来的 5 人发展到 75 人，三皇会解体。宣传队分成 10 个小组，深入前线以说新书进行抗日宣传，所说的新书除部分来源于移植专业团体和专业曲艺工作者的作品外，主要靠自编自演。因作品通俗易懂、说词上口、战斗性强、乡土气息浓，深受群众喜爱。这样的演出，在提升军人战斗力的同时，也提高了群众的革命热情。

中华人民共和国成立之后，盲人宣传队积极配合政府中心工作，思想上发生转变，书目变为全新的内容，得到县委和政府的高度重视。许多作品凸显时代特色，如《斗地主》《土地法大纲》《一个志愿军的未婚妻》《农业合作化》等。

2. 演出形式朴实简单

襄垣鼓书的演出形式简单、朴实。对场地要求低，不需要华丽的舞台和俊俏的装扮。正中一张方桌、周边几个小凳围圈，拼凑起来就是一个舞台。桌上的架子上挂着锣、鼓、镲等打击乐器，桌腿上挂着手板、钵盂、书股、小梆等。坐在正中的艺人既要说唱，又要掌鼓板，手脚并用操作鼓、锣、镲、手板、小梆等九种乐器，围坐在周边的几位艺人将京胡、二胡、月琴等乐器连拉带唱一齐上阵，整个场面热闹非凡。

襄垣鼓书的舞台动作方式通常以坐唱为主，也有站唱和走唱的形式。和其他同类鼓书相比，其演唱方式更为丰富，几乎囊括了声乐体系中的各种唱法，不仅有独唱、对唱和轮唱，还有领唱、伴唱、齐唱以及抢唱和帮腔等。

3. 曲调内容兼容并蓄

在长期的发展流变中，襄垣鼓书吸收了许多宋元"鼓儿词"的艺术基因，明清以来诸多当地的地方小调、道士化缘调、民间叫卖调及梆子、落子、秧歌等的元素，融会贯通，唱腔曲调丰富，说唱方式独特，传统曲目众多。

传统曲目有《五女兴唐传》《金鞭记》《杨七郎打擂》《高文举宿花亭》《水浒传》《三国》《包公》《奇巧断》《借亲记》《小二姐做梦》《小两口争灯》《穷汉过年》《皇历迷》等百余种，可分为历史、公案、侠义等几大类，内容极其丰富，具有一定的历史、文化、艺术和学术价值。

4. 保护传承不遗余力

襄垣鼓书以师徒间口传心授为主，留下来的文字资料极少，许多传统书目随着一代代艺人的陨落而永远失传。

（1）国家级代表性传承人王俊川。

王俊川，男，1938 年生人，襄垣县古韩镇人，山西省曲艺家协会会员。他 6 岁因病失明，13 岁参加襄垣县曲艺队拜河南人崔进学为师，学唱河南坠子，后拜董才元为师学说襄垣鼓书，17 岁出师，领班表演。王俊川掌握了全套的演奏技术，精通二簧、二把、月琴、三弦等乐器演奏，后来又学会吹唢呐。他嗓子好，声音洪亮，字正腔圆，既能说书又能唱戏，是襄垣鼓书的全把式，很受群众欢迎，一直担任组长、队委等领导职务。他还能自编节目，改革唱腔，设计音乐，代表书目是《徐公案》《青烈传》《五女兴唐传》。2009 年 6 月，王俊川入选为第三批国家级非物质文化遗产项目代表性传承人。

（2）采集、编录、培训、宣传齐发力。

政府牵头采取录音、录像的抢救性保护措施，对非遗传承人的口述史进行整理，编撰《歌者向天——襄垣鼓书瞽师们的口述》，建立非遗项目名录保护体系。

运用现代信息技术手段，建设非物质文化遗产数字化管理平台，通过采集、编录、存储实现非遗资料数字化管理。对濒危的"非遗"项目及年老体弱的传承人进行全面的拍摄、记录，并及时形成档案、建立数据库。

襄垣县在成立非遗中心的基础上，对乡村两级文化管理员进行非遗知识、非遗法律法规培训。组织开展非遗进校园、进社区、进农村、进广场活动，扩大非遗保护相关法律法规的社会影响力。

积极组织参加国内各级各类重大活动，展现襄垣鼓书魅力，促进文化交流。如 2018 年 6 月襄垣鼓书《反莱园》赴天津参加全国非遗曲艺周展演；2020 年 11 月襄垣鼓书扶贫主题作品《光蛋孩与张爱爱》赴北京参加新时代曲艺星火扶贫工程成果巡礼展演；2022 年 7 月襄垣鼓书《猛虎学艺》参加由襄垣县残疾人联合会、襄垣县文化和旅游局主办，襄垣县文化馆协办的"奋进新征程　喜迎二十大"说唱艺术展演。

说唱团常年走乡串村下乡演出，参加各地曲艺大赛，在发展中传承创新。张俊华艺术说唱馆是一个集吹、拉、弹、唱为一体的演出团队，现有演职人员 20 余人，成立以来创编演出很多精彩的好剧目，有襄垣鼓书《仙堂山法显故里》《说说十九大》《反莱园》《包公案》《刘公案》《劝人段》等。

柒　笔墨丹青绘形神

　　装点千家万户的年画、异彩纷呈的剪纸、形式多样的刺绣、活灵活现的泥塑、精致细腻的木雕、千姿百态的竹编、绚烂的建筑彩绘……中国劳动人民发挥丰富的想象力、创造力，借助一定的艺术表现手法，造就了多姿多彩的民间美术作品，在满足当代人各种生活生产需求的同时，表达着各自的审美追求和独特意愿。

01 美在民间　中国传统美术

　　传统美术是艺术之源，是由劳动人民创造，源于生活又作用于生活的一种造型艺术，与民间习俗、民俗信仰相互依存，融汇各地各族人民的审美意识、民族智慧、民间创造思想，具有浓郁的地域特色和淳厚的艺术内涵，承载着厚重的历史和人文风情，反映了中国传统的哲学思想和造型观念，凝聚着劳动人民对生活的热爱，对幸福的追求。传统美术兼具族群性、观赏性、功能性、历史性、艺术性、叙事性、自娱性，有生命繁衍、驱邪避灾、吉祥祝福等多种呈现主题，体现了人们对大自然的崇敬、对神明的敬畏、对生命的礼赞、对祖先的怀念等。传统美术元素渗透在人们的生活、生产、庆典等活动中，彰显出真诚、自由、个性之美。

　　传统美术类非物质文化遗产包括剪纸、木版年画、唐卡、刺绣、挑花、玉雕、石雕、砖雕、木雕、核雕、锡雕、竹刻、竹编、草编、柳编、藤编、灯彩、彩扎、泥塑、糖塑、面人、面花、盆景技艺、建筑彩绘等多项内容。传统美术品类丰富，材质多样，创作方式、生产技艺千变万化。

02 三晋造型艺术　山西传统美术

　　"五千年文明看山西"，源远流长、灿烂辉煌的三晋文化催生出绚丽多彩、富有浓郁地方特色的传统美术资源。如质朴的年节习俗使山西省的年画、剪纸、花馍、服饰、刺绣等民间美术得到丰富与发展；山西省地方戏曲艺术历史悠久、种类繁多，戏曲人物、故事等元素被大量应用到建筑彩绘、木版年画、剪纸、刺绣、砖雕、石雕、炕围画中；晋商文化的崛起和发展让山西民居砖雕、木雕、石雕大放光彩。

山西传统美术内容广泛，内涵博大精深，具有鲜明的地方特色。精美灵巧的山西传统美术作品体现着三晋大地人民的心灵手巧，展现了数千年中这方土地的人们所形成的审美情趣，也为山西民族精神的弘扬提供依托和平台。

截至 2023 年 7 月，山西省拥有传统美术类国家级非物质文化遗产代表性项目 19 项，国家级代表性传承人 9 名。

截至 2023 年 7 月，山西省公布的六批省级非物质文化遗产代表性项目名单中，传统美术类省级非物质文化遗产新增及扩展项目共 127 项。

★ 刻印年节　平阳木版年画

年画是中国独有的艺术样式。主要用于年节装饰，含有祈福、迎祥、喜庆之意，故名年画。殷商时代，巫文化的盛行诞生了年画的前身桃符；隋唐时繁荣的经济和开放的思想，使年画题材扩展到世俗和佛教；宋朝，传统绘画和雕版印刷术日渐成熟并交融发展，再加之民间庆贺新年的活动日益增多，木版年画得以普及盛行，当时被称为"纸画"；明代时叫作"画帖"；清朝康乾盛世的到来，使年画进入鼎盛时期；清道光年间，始有"年画"之称，通俗小说成为其丰富的创作素材，焕发出年画新的魅力。

木版年画是将绘图作画和雕版印刷相结合，用木版雕刻印刷出来的画。民间木版年画产地众多，风格迥异。"版画之头，平阳启之"，流传于山西省临汾市一带的平阳木版年画是我国木版年画的始祖。平阳木版年画以深远丰富的表现内容、奇思妙构的表达技巧、独树一帜的色彩艺术及源远流长的文化底蕴，在传统美术中留下浓墨重彩的一笔。

平阳木版年画生于民间，是中国古代劳动人民的智慧结晶，是中国的文化瑰宝。经过千百年来的发展，平阳木版年画除欢度年节装饰使用外，也是传播民俗、弘扬道德、馈赠亲朋的佳品。

1. 绘画与雕版印刷的交融发展

平阳地区处于晋南盆地中心，踞黄河流域，土地肥沃，物产丰富，是盛产棉、麻、竹、枣木、梨木、核桃木等造纸、雕版的最佳原材料，优质麻纸、竹纸、枣树板材是古平阳印刷业兴起的基本成因。早自隋唐时，历代官府皆在平阳设置出版机构，私人开设书坊亦成风气。

平阳木版年画始于宋金，盛于元代，至明清进入黄金发展时期。宋代时年画作为独立的画种通过木版印刷广泛传播。宫廷画师和民间画师相互影响，不拘题材，自由创作。宋代在平阳地区设置官冶机构十二冶之一，铸钱资助关中军费，使这里成为北宋重要的商业贸易城市，由此带动了当地铸造、雕刻业的发展。金灭宋后，将汴梁众多的画匠、刻书艺人悉数北掳，行至平阳落脚，与平阳的麻纸、雕版技艺邂逅，雕版印刷业逐渐繁荣。官府在这里设置经籍所，用于管理印刷经卷书籍和钞法。平阳成为金代雕版印刷及经史书籍发行中心，并向四方扩展。同时，民间雕印作坊大量涌现。迄今发现最早的木版年画《隋朝窈窕呈倾国之芳蓉图》《义勇武安王位》，显示出宋代平阳民间木版年画高超的绘画技艺和独具魅力的风格特色，被誉为"世界版画精髓"。

元代高度繁荣的戏曲文化再度为平阳木版年画注入新的题材。到了明代洪武年间，平阳府洪洞县发生的移民搬迁也是年画传播的一条重要途径。在年画普查中发现，国内一些年画产地早期的年画艺人大多是明清移民时期从洪洞、襄汾等地迁过去的。所以说，全国各地的木版年画同根同源，而平阳木版年画则是全国各地年画的老祖先。

清朝道光、咸丰年间至 20 世纪初，平阳木版年画的制作和销售遍及城乡，作坊和画铺随处可见。

平阳木版年画因为战乱、市场缩小等，在发展历史上也几近失传。近代在民间艺人的奔走抢救之下，越来越多的古代雕版在民间被发现并得以保存。这些雕版刷上墨之后依旧可以印制年画，人物造型栩栩如生，仿佛穿越时空回到百年之前，可谓活着的艺术。随着抢救工程的逐步实施，平阳木版年画的保护与发展已经得到了丰硕的成果，并且入选第二批国家级非物质文化遗产代表性项目名录。

2. 出自民间的绘刻经典

平阳因其地理位置造就了唐尧遗风与农耕文化、黄土高原窑洞文化、平原特色四合院文化及胡汉民族的相互交融，产生多种民俗习惯的生存方式。平阳木版年画以雄浑、浓烈、畅快、简洁的表现手法，形成具有晋南地区独特审美心理的木版年画艺术。由于不同的建筑装饰及各种生活习惯需求，民间木版年画生发出门画、中堂画、拂尘纸画、屏条、神祇画、灯画、窗画等多种多样的艺术生态形式。门画，分为武门神和文门神。武门神主要是秦琼和尉迟恭，一般被贴在院落大门上，用以镇宅护院；文门神多是福禄寿喜诸神，同时身边多有拿着吉祥物的童子，象征着人们希望多子多福。中堂画，挂在客厅，如福禄寿三星年画。拂尘纸画是覆盖在炕柜、桌边、碗柜等的年画，用于装饰及阻挡尘土。拂尘纸画，一般四幅一套，呈横长条状，内容大多是人们熟悉的戏曲故事，也有象征瑞祥吉利的花鸟鱼虫。屏条画有四条屏、六条屏之分，如四美图、渔樵耕读图等。院子里挂土地神年画、灶台旁贴灶神画，这都属于神祇画。

平阳民间木版年画题材丰富、艺术性强，注重观赏性、实用性、功能性。有戏曲故事类、民俗吉祥类、宗教神话类、自然景象类等。其中戏曲故事在平阳木版年画中占有较大成分，这和晋南地区元杂剧及蒲剧的产生发展相关，如《打金枝》《杨家将》《牛郎织女》《西厢记》《四郎探母》《白蛇传》等剧目内容年画，除起到装饰美化作用外，还可以用于教化宣传。民俗吉祥类年画，如"年年有余""五谷丰登""麒麟送子""早生贵子""五福捧寿""吉庆有余"等，是劳动人民追求美好生活的表达。宗教神话类以驱邪镇宅为主要功能。自然景象类以山河、花卉、飞鸟走兽等自然生活景象为主，通过对景色的勾绘，给人带来赏心悦目的感受，同时图案色彩艳丽，象征寓意明显，隐含着祈福和祝愿。与其他地方所不同的是平阳地区人类文明起源较早，民间历来重视读书，所以在年画中融入古诗词的意境。至明清，随着文人雅士的参与，就更加强化了民间木版年画的专业性和文化韵味。如今平阳木版年画非遗传承人，从祖辈流传的画卷及收集整理的年画作品中积极汲取美好寓意及优良表现形式，融入现代木版年画创作中，让年画经典元素所表达的文化信息保留下来。

平阳木版年画构图大方、故事生动、画面完整、造型夸张、人物突出、色彩鲜明、装饰性强。平阳木版年画注重母系文化的精神传承，其承载的内容及寓意，大部分表达的是多子多福的祈盼及对幸福美满生活的向往。平阳木版年画线条粗犷，敦实感强，色彩多运用大红、大绿、大紫，是黄河文化

平阳木版年画——
承载劳动人民祈盼
的艺术之花

的一种传承。

3.穿越时空的匠心雕琢

平阳木版年画制作从选木到成品呈现，工序讲究，过程复杂，大致有以下6个步骤。

（1）制版。选取木质细密有韧性的上等梨木或枣木，整合成版。经过3—5年的浸泡、阴干，随着岁月的沉淀，使其褪去木性。

（2）起线稿。起稿前，木版年画艺人要根据群众的审美情趣，对表现的主题进行反复构思与创作。待主题确定之后，先要在宣纸上画一个墨线正稿，也叫作"画样"，成为蓝本。再用毛边纸，认真描出一个线稿样，作为画版的"底样"。也有一步到位，直接起线稿，完成底样的。

（3）贴版。将宣纸的线稿反贴于木板上，轻拍画稿、印线于稿。

（4）刻版。刻版的主要工具有：刻刀、立刀、挖刀、打刀、圆刀，还有锯、铲、刨、刷子等。刻版一般是从下往上刻，刻到中间部分，再颠倒过来继续从下往上刻。基本方法是顺纹刻、顺刀刻。顺纹刻是顺着木板的纹理去刻版，顺刀刻是在刻完主线之后，次要部分可以用任意刀法刻版。老匠人采用"开芯法"，由版芯开始，向外雕刻。平阳木版年画多以阳刻为主，局部阴刻。

（5）提刷运版。趟版印刷，一气呵成。

（6）手工绘色。待印出线稿后，就可以使用古法颜料（从矿物、植物中提取，配以一定比例的胶和矾）进行人工绘色了。使用的工具有毛笔、案子、颜色盘。手工填色绘制出的年画细腻，观赏性强。平阳木版年画在用色上注重情感的表达，以固有色进行色调搭配，根据画面的需求，或浓重，或淡雅，色调单纯对比，在墨线的基础上，强调和谐统一。尤其在妇女儿童的用色上，以中间色为主，色调柔和纯净，如"渔妇图""麒麟送子"等。也有些简笔画采用大面积的平铺，色彩鲜艳、对比度强，主要考虑整体效果。

4.薪火相传的新生力量

赵国琦，山西临汾人，汉族，自幼就跟随爷爷赵大勇在木版年画作坊里，耳濡目染，从小便对木版年画产生浓厚的兴趣。长大后，他进入高等艺术院校工艺美术专业学习深造。1997年在临汾工艺美术厂担任美术设计，2000年在平阳年画博物馆工作。现为国家级非物质文化遗产项目负责人、平阳木版年画第七代传承人、中国民间文艺家协会会员、中国传统年画专委会会员、山西省三晋英才、工艺美术师、临汾市高层人才、平阳木版年画博物馆馆长。

赵国琦在年画创新中，善于结合现在的生活，把古老年画元素与当前大众文化审美和文化需求相结合。在创新年画中他敢于先行，创作出《新版武门神》《新版文门神》《春节财神》等系列平阳木版年画，还和上海工艺职业学院联合创作"玉琥耳套、眼罩"生活系列、"灶福杯"生活用器皿系列。他充分地将现代潮流元素融入传统年画中，创造出属于当下的文化符号。

如今，他将年画印制工作系统化、产业化，与市场紧密结合。雇请多名专业技师进行年画的艺术创作和印制，并以合作社的形式在农村开设培训班，将印制的流程教授给当地村民。在赵国琦的努力下，平阳木版年画逐渐得到更多人的认可，并作为民间工艺品在百花齐放的文化市场上占领一席之地。在赵国琦一班人的努力下，平阳木版年画也漂洋过海，远销欧美和东南亚等国家和地区，成功打入国际市场。

赵国琦在临汾市部分中小学开班授课，让非遗走进校园。与多所学校合作开设"大师工作室"，开展校外课堂、社会实践、研学旅行等多种活动，让学生们走进博物馆参观、制作、体验。薪火相传的新生力量逐渐壮大发展。

★ 纸上镂空　太原剪纸

剪纸，又叫刻纸、窗花或剪画。剪纸是一种镂空艺术，在视觉上给人以透空的感觉和艺术享受。载体可以是纸张、金银箔、树皮、树叶、布、皮、革等片状材料。民间剪纸往往通过谐音、象征、寓意等手法提炼、概括自然形态，构成美丽的图案。剪纸艺术因工具材料简单、技法易掌握，深受老百姓喜爱。

真正意义上的剪纸，应该从纸的出现开始。汉代纸的发明推动了剪纸的出现、发展与普及。据考证，唐代剪纸已处于大发展时期，杜甫诗中有"暖水濯我足，剪纸招我魂"的句子，可见以剪纸招魂的风俗当时就已流传民间。从现藏于大英博物馆的唐代剪纸可以看出，其画面构图完整，说明当时剪纸手工艺术水平高超，表达了一种天上人间的理想境界。宋代造纸业成熟，纸品名目繁多，为剪纸的普及提供了条件。如成为民间礼品的"礼花"，贴于窗上的"窗花"，或用于灯彩、茶盏的装饰。明清时期剪纸手工艺术走向成熟，并达到鼎盛时期。民间剪纸手工艺术的运用范围更为广泛，民间灯彩上的花饰、扇面上的纹饰，以及刺绣的花样等，经常选择剪纸作品、图案或纹样作为装饰。而更多的是我国民间常常将剪纸作为装饰家居的饰物，美化居家环境，如门笺、窗花、柜花、喜花、棚顶花等都是用来装饰门窗、房间的剪纸。

南宋时期我国已出现专业民间剪纸艺人。除南宋以后出现的纸扎花样工匠外，中国民间剪纸手工艺最基本的队伍，是农村妇女。剪纸是女孩子从小就要学习的手工艺，是女红必修技能。她们从前辈或姐妹那里要来学习剪纸的花样，通过临剪、重剪、画剪，描绘自己熟悉而热爱的自然景物、鱼虫鸟兽、花草树木、亭桥风景，以致最后达到随心所欲的境界，剪出新的花样来。

剪纸，使人心灵手巧。作为我国民间的一种艺术形式，它不仅是我国传统文化的象征，也是中华民族的文化瑰宝和人类非物质文化遗产。它朴实生动，取材广泛，表现夸张，以独特的装饰性、趣味性显示出顽强的生命力，装点着劳动人民的生活、抒发着劳动人民的真实情怀。

太原剪纸艺术淳朴厚重、巧夺天工。剪纸习俗表现着太原的乡土风俗和文化魅力，是太原地方传统文化的沉淀，也是当地人们审美理想的一种折射和反映。它以其丰富的内容、多姿的形式、灵活的表现方法、经济方便的操作，得到大众的广泛喜爱，已深深根植于这一方土地、一方人情的生活生产之中。

1. 从"剪桐封弟"中探起源

太原民间传统剪纸历史悠久、源远流长，据考证可追溯到西周时期。《史记·晋世家》中的"剪桐封弟"记述了西周初期周成王用梧桐叶剪成"圭"赐其弟，封叔虞到古唐国为侯的事件。太原剪纸距今已有2000多年的历史。"剪彩为人起晋风""巧剪桐叶照窗纱"等唐代诗句赞美了当时的太原剪纸。太原剪纸继承秦汉时期的艺术古风，体现了黄河中上游地区的传统文化和古老的民间风俗，大气雄浑、饱满圆润、遒劲酣畅、审美独特、样式多变、地域风格突出，具有很高的艺术研究价值和欣赏收藏价值，是研究太原历史文化极具参考价值的一种传统文化艺术。

中华人民共和国成立以后，党和政府非常重视剪纸艺术文化的拯救和传承。对太原剪纸文化采取了很多保护措施。剪纸艺术家们在继承和发扬古老剪纸艺术的同时，依旧不断地努力，拓宽了剪纸创作的天地。在党的十一届三中全会后，剪纸文化又焕发了无比的活力和青春。先后涌现出了郭树林、王银凤等优秀的剪纸艺术大师，并取得辉煌的成就，为剪纸文化艺术的传承做出很大的贡献。

2021 年，太原剪纸入选第五批国家级非物质文化遗产代表性项目名录。

2. 兼具南北之长的剪纸艺术

太原剪纸既有北方剪纸的粗犷，也有南方剪纸的纤秀，将二者巧妙融合，人物写实而不拘泥、夸张而不变形，给人以含蓄而自然之美。题材内容有谐音寓意、生活劳动场景、戏曲故事、传说故事、现代时事等千余种图案及场面。

按照功用来说，有春节时的门笺、窗花、墙花，有正月十五的灯笼花，有新屋里的顶棚花，还有送礼用的礼花、喜花等。一剪一刀，方寸之间，情意满满，是中国老百姓的生活情感、情怀的一种表达方式和归宿之处。

大门的门楣上贴大幅单块纸剪成的横联剪纸，名曰"花纸"。所谓花纸，是以白色麻纸为料，一张一幅，先剪成古代牙旗的形式，然后以红、黄、粉、蓝、紫、青六色，染成一圈套一圈的彩虹式图案，之后再剪出流苏和飘带。这种花纸，七彩艳丽，古朴淳厚，剪刀线条粗犷洗练，及至年终（除夕）深夜交鼓前夕，在空白的七色圈中写上吉庆有余的"年词"，一般为四个字，以五幅为一副，中间空出一张，贴于门楣，年节喜庆之风，颇为浓烈。

家门上贴自剪的守家狮子。这种狮子多为大红色，亦有瓦蓝色的，由四块分剪拼贴而成。第一块剪狮子头，第二块剪狮子尾，第三块剪前两肢，第四块剪狮后肢。所剪狮子造型，眉弯眼翘，大耳茸茸，硕尾高挑，四肢弯粗，栩栩如生，憨态可掬。整个剪工以细腻称著，以狗牙花图案构成，间套剪子园棱图。

在窗子上贴的窗花，有字套四季花剪纸，四幅为一副，内容多为"金玉满堂""五世共昌""四季平安""荣华富贵"等。这种字套剪纸，其外框多为方形、圆形、六角形、八角形框，四周剪以春兰草、夏牡丹、秋菊花、冬腊梅等花卉图案，环绕于中间的四字之间。还有成套剪纸的老鼠娶亲，骑马戴冠、披红挂彩的鼠新郎，安坐轿中、披头插簪的鼠新

剪纸迎春节、浓浓中国味

娘，敲锣打鼓、举旗吹号的鼠迎亲队伍，抬箱举喜、气喘吁吁的送亲队和鼠轿夫。这些纸剪的鼠类，似人间的娶亲模式，前呼后拥不下十余，按次序贴于窗眼之间，白窗纸，红窗花，浓郁张扬的欢喜气氛洋溢在整个房间。贴于窗前的剪纸内容是颇为丰富的，诸如花瓶和鹌鹑图案寓意平平安安的剪纸；以胖娃骑鲤鱼图案，象征年年有余的剪纸；还有喜鹊登梅、小放牛等。

在娶亲嫁女的大喜日子里，全是一色红剪纸，剪的内容离不开双喜字。有剪成桃心头的，有剪成花框的，有剪成莲花盘绕的，也有剪成传统的万字花环绕的……这些剪纸，有的贴于窗户，有的贴于门首，有的贴于拜天地的中堂，也有的贴在各种器皿和用具上。举手抬脚，皆见喜，喜事成双。

给孩子过满月，剪九只石榴为环，中间一个胖娃娃形象，胖娃娃下部是一只佛手。名曰："九石榴一佛手，守着她妈永不走。"

给老人们祝寿时，也离不开剪纸。室内中堂，即正对门处，要贴"五福献寿"剪纸。这个图案以五只蝙蝠盘绕于边，中间一个大桃子，五只蝙蝠寓意"五福"，那只大桃子寓意"大寿"。

办丧事时，用白纸剪"单边穗"，胡扎在一条柳枝上叫作"雪柳"。张贴在大门首的"告丧"也是用白纸剪成。而在死者入棺时还有纸剪的"头顶衫"和"脚踩裤"，发丧时的纸幡等。这些风俗中的剪纸和剪纸中的风俗，代代传承，形成了太原剪纸的习俗。

3. 剪纸技艺匠心独具

单色剪纸作品制作时，首先确定剪纸主题、内容、图样，有描画和随手剪纸两种方式。描画是用单线条在纸上描出图样，按照线条、图样完成剪刻。随手剪也叫脱稿剪，或称"冒剪"，不描不画，直接动手开剪。剪法有直剪法、折剪法、掏剪法等。直剪法是用剪刀尖从纸的边缘进入，主要使用剪刀根部，开合剪刀，旋转纸张，按照规划好的线条直接作用于纸的剪法；折剪法，顾名思义就是将纸张进行折叠，完成剪纸作品；掏剪法是用剪刀尖斜插进纸张，一边摇一边搓，搓通后开合剪刀，旋转纸张，用剪刀尖掏转。一份剪纸作品根据图案内容，会选择多种剪纸方法进行创作。

套色、染色剪纸作品制作时，包括画稿、剪刻纸、染色、装裱。用单线条在宣纸上白描出图样，再勾成双线条的剪纸图，然后分层染色、剪出图案、层层拓裱。太原剪纸技法，在继承传统的基础上不断创新，逐步形成自己的风格。

4. 传承中的"守"与"变"

太原剪纸的传承人群体目前主要是第五代传承人郭树林、王银凤和他们的女儿、徒弟及学生。郭树林，1966 年出生于山西省文水县，山西上林苑剪纸行创始人，总设计师，山西省十大剪纸艺术家，中国民间文艺家协会会员，山西省民间文艺家协会会员，太原市民间工艺美术大师，山西省工艺美术协会会员，山西省旅游工艺品协会会员，太原市工艺美术协会会员。郭树林自幼受爷爷奶奶的熏陶，就喜爱剪纸，并在他们的指导下，练就了扎实的基本功。他看见有趣的图案就把它们画下来，一点一点剪出来，时间久了，他便开始自己创作、自己设计，山水风景、花鸟鱼虫、连环故事等，构思精巧，气韵生动。有的小巧玲珑，挥剪而就；有的巨制鸿篇，精雕细琢。花鸟虫鱼、民俗文化、人物故事、戏曲脸谱皆在他的手中有了肌理、温度与生气。

经过几十年的磨练，郭树林的剪纸采用传统剪刻相结合的方法，作品设计注重装饰性、时效性、民俗性。他成立了"山西上林苑传统剪纸艺术研究所"，并在其努力下，一批珍贵的即将消失的艺术珍品以剪纸的形式生动地再现于世，如国宝级的晋祠唐碑《贞观宝翰》、美国大都会博物馆收藏品《傅山十二条屏》《清明上河图》《兰亭序》等作品震撼了中外剪纸艺术节。郭树林的妻子王银凤也是太原剪纸传承人，二人同时被太原市政府命名为"太原市民间工艺美术大师"。他们的剪纸作品，秉持并发扬太原剪纸结构严谨、古朴浑厚、乡土气韵浓厚等特点，虚实相生，变形适度，刀法苍秀，题材丰富，融古于今，贴近生活，勇于创新，气韵生动，享誉中外。他们的作品题材广泛，内容丰富。他们的剪纸作品不仅表现了群众喜闻乐见的事物，也反映了人们对美好生活的向往。近几年郭树林尝试把剪纸和书法、绘画等艺术进行"嫁接"，"剪"出众多中国名字画。

近年来，郭树林、王银凤一直致力于教学工作，走进学校、社区、博物馆等做各种现场剪纸教学，让更多的人了解剪纸、喜欢剪纸，培养出一批批剪纸艺人。艺术不仅要创新，也要融会贯通，只有在继承传统的基础上进行创新，走向市场，剪纸这样的民间艺术才会更有生命力，才不至于消失在历史风尘之中。

在挖掘、保护、继承太原剪纸技艺的同时，太原剪纸非遗传承人在剪纸的题材、技艺、表现形式等方面大胆创新，将多层套色点染等多种技法融合，丰富了太原剪纸内容。他们创作仿古民画剪纸，将多种技艺融合在一起，并开发剪纸文创作品，如剪纸书签、扇子、服饰等。结合当前时代背景，他们也创作了一些反映当代精神面貌的具有时代性的作品。

如今，太原剪纸的内容和形式在继承传统精华的基础上有了新的发展和创新。人们不仅用它装点门窗、美化环境、渲染气氛，表达他们对美好生活的热爱和向往，还把它搬上了高级酒楼饭庄和星级宾馆，作为一种装饰艺术，和现代人的生活相得益彰，融为一体。在今天看来，与现代人较快的生活节奏相比，显得比较闲适舒缓的剪纸活动，已不像过去那样具有广泛的群众性，剪纸技艺只被少数人掌握，但它仍具有很好的群众基础。剪纸艺人根据现代人的生活需求，推陈出新，去粗取精，创作出许多好的作品，有些被编辑成画册出版发行，甚至漂洋过海，得到外国人的喜爱和赞赏。剪纸已经作为一门艺术登上了高雅的艺术殿堂，我们有理由相信，随着人们生活水平的不断提高，有着浓郁地方风情的太原剪纸，一定会开出更美更灿烂的花朵。

★ 蒸制幸福　闻喜花馍

"馍"俗称"馒头"，是北方地区餐桌上不可或缺的主食之一。食用馒头制作花式繁多，因此被称为"花馍"，也叫"面花""糕花""面塑"等，广泛流行于山西、山东、河南、陕西、甘肃等省份。"人生十件事，花馍总相伴"。每逢传统佳节、上梁乔迁、祭天地拜祖先、婚生寿丧、人生礼俗等节点，家家户户都会依照当地的习俗和惯例亲自动手或请人制作花馍，因此花馍制作具有深厚的群众基础。面花塑作承载着大众的审美情趣和民俗文化，不同的风土人情和礼俗讲究造就出面花艺术丰富的表现形态和鲜明的地域特色。

闻喜花馍是山西省闻喜县的汉族传统名点。以自然材料、纯手工工艺、质朴心境制作的花馍，形体饱满、色彩明艳、构思巧妙、精美逼真，兼具食用、观赏和礼仪等多种功能，深受大众的喜爱。山西省闻喜县素有"花馍之乡"的美称，全县几乎每个村都有制作花馍的巧匠。因花馍制作者多为女性，传承方式为口传心授，故闻喜花馍被称为"母亲的艺术"。

1. 穿越千年不凋谢

闻喜花馍源于唐宋、盛于明清，距今已有1000多年的历史。20世纪80年代，改革开放的大潮推动社会经济的发展。随着市场经济体制的逐步建立，众多农民涌进城市打工经商，第二、第三产业出现空前发展的局面，这给闻喜花馍提供了良好的发展机遇和空间。闻喜花馍随之从邻里之间自愿帮忙制作进入商品大市场，登上商品经济的大雅之堂，声誉与日俱增，成为一方名优特产。发展到今天，闻喜花馍逐渐形成独特的艺术风格和完整的创作体系，具有丰富的文化品位和浓郁的地方特色。为弘扬花馍这一传统艺术，近年来，闻喜县每年都要举办花馍文化节。

2008 年，闻喜花馍被列入国家级非物质文化遗产代表性项目名录。

2. 表情达意寄祝愿

"有馍就有事，有事就有馍"，千姿百态的闻喜花馍贯穿于百姓的民俗活动中，承载着人们的情感、希望、对吉祥幸福生活的执着追求和对未来美好的祝愿，寄托着大家对土地的敬畏、对生活的热爱。闻喜人将面团做成老百姓喜闻乐见的各种禽兽、花鸟、草虫、瓜果和人物等，融入神话故事、戏曲等元素，用于节日、婚嫁、寿诞、丧葬、上梁、乔迁等活动，并逐渐形成节日类、婚嫁类、寿诞类、丧葬类、上梁类、祭祀类等功能花馍。按造型可分为"花糕""花馍""吉祥物""盘顶"四大类 200 多个品种。

闻喜花馍——指尖上的艺术

花糕主要用于喜事，用在婚事中为上头糕，题材有龙凤、鱼跃龙门、箫笛引凤、西厢记、天仙配等，以表男女双方恩爱、喜庆之意；用在建房立柱上梁时为上梁糕，有九狮（世）同菊（居）糕、招财进宝糕等；用于祝寿为寿糕，有五蝠（福）捧寿、五女拜寿、八仙庆寿、九仙捧莲、鹤寿延年等，表达安康如意、福乐绵绵、益寿延年等含义。

花馍在喜丧节典、日常交往馈赠中都可用，是面塑系列中的主体。不同类型的花馍有着不同的含义。春节期间吃枣花馍、元宝馍等，希望全家平安健康、财源广进；清明节时制作桃花馍，有去除冬天寒气、迎接初春暖意的寓意；端午节时制作虎头花馍，有辟邪驱瘟、消灾免祸的寓意；六月制作莲花馍，寓意人的品性如莲花一样清高圣洁。孩子满月时，准备虎馍，寓意王者护佑，岁岁平安，寄托着家人对孩子的美好祝福。幼儿一周岁，摆"鱼馍"，期望幼儿岁岁有余。

吉祥物花馍有龙、凤、老虎、狮子、遮风火蝎、谷积、书包、砚台及各种禽畜、家用物什等。如过年时给老人蒸寿桃、给家里主要劳动力蒸卷包、给母亲蒸针线筐、给孩子蒸书包砚台、蒸猪头和羊头祭奠祖先、蒸鱼寓意年年有余、蒸小狗看门护院等。吉祥物花馍主要寄托人们祈福辟邪的美好愿望，形态千变万化，整体可食用。

盘顶，是丧葬祭祀活动中的专用品，摆在食箩顶节，借物寄托人们对逝去亲人的思念，只供欣赏，不可食用。盘顶有人物、动物等形象。人物盘顶，一般以民间传说和戏剧人物为内容；动物盘顶，最常见的是一对绿狮子和一对金色老虎，威猛的化身用于看门守灵。

3. 面好水好工具巧

闻喜花馍之所以好吃，是因为面好、水好。尤以北垣为代表，这里小麦和水的品质尤为上乘。北垣气候温和、阳光充足、温差较大，小麦生长期长，与其他地方的麦子相比，要多长数十天。独特的地理位置，为种植小麦提供了优越的自然条件。面粉柔软而有韧劲，蛋白质含量高。北垣地势较高、水位深、水质甘洌清甜。用这样的面粉和水制作出的闻喜花馍，吃起来酥软香甜，让人回味无穷。

任何工艺的制作都离不开工具，花馍的制作工具大多来源于生活中的物品，主要有菜刀、剪刀、镊子、梳子、筷子、竹签等。不同的工具用途不同。菜刀用来切割面团。剪刀用来修剪边角、裁剪细节。镊子用来堆砌和组合一些小物件或者小面团。梳子用来在面团上压制纹样。筷子用来夹卷面团，制作花样。竹签用来穿制小孔，连接面塑花不同部位等。除此之外还会有一些装饰物品，如红枣、黑豆、杏仁、花椒籽等一些小物件，这些可以在制作人物或者动物时作为他们的五官，或者用于一些特殊造型的点缀，让花馍更加生动，有灵性。

4. 揉捏蒸制手工造

闻喜花馍制作工艺讲究。一个花馍需要九大工序上百道小工序，全靠手工完成。从面粉和水的选取到面粉加工，从制酵、醒面到捏形、蒸制，以及成形和着色等，无不精益求精。

（1）凝水。用筛子、簸箕筛小麦，簸净杂物，再用水淘洗，而后装进竹篮或布袋放在阴凉处凝水，存放一日，便于麦粒皮与麦粒分离。

（2）箩面。选取精粉，再用最细的丝制面箩过一遍，去掉其中的粗粉粒和碎麦皮。

（3）制酵。选取少量特制酵母掺进一定量的面粉，用水搅和后放在温度适宜的地方进行初期发酵。

（4）揉面。酵面发好后，按蒸馍量的多少，掺进等量面粉，用温水和匀后，进行揉制，至少要反复揉八遍，以面团光滑有弹性、软硬适度为标准。

（5）捏形。通常由大家公认的能婆婆、巧媳妇担当，她们凭自己高超娴熟的捏塑技术，依据提前商定好的花馍品种，主体配件分开捏制或一体捏制。综合应用搓、团、捻、擀、剪、切、扎、按、捏、卷等多种手法，使用工具包括擀杖、剪刀、菜刀、筷子、梳子、竹签等，大大小小的面团在"巧儿"的手里变成各式各样造型逼真、栩栩如生的艺术品。

（6）醒馍。把捏好的花馍雏形用棉被盖严，保持适当的温度和湿度，让其适度发虚，且不干裂、湿润光滑。

（7）蒸制。开水上笼，急火上气，笼圈封严，大小分蒸，按时放气，落气出笼。

（8）上色。花馍出笼后，趁热用食品色点染、描绘，这样可使花馍色泽艳丽且不易脱色。

（9）插面花。待花馍晾妥后，根据形状总体的需要，用竹签插上陪衬的面花，组合成一个完整的面塑艺术品。

5. 色彩应用适场合

中华儿女给色彩赋予了浓烈而又独特的民族情感和传统吉祥的象征意味。在面塑创作中，色彩不仅是单纯的颜色，还是一种深刻的寓意和情感表达。闻喜花馍色彩以红色、黄色、绿色为基本对比色，喜用大红、粉红、藤黄、嫩绿等色彩，以紫色、粉色、蓝色为补色，再以黑色和白色为协调。色彩明度高，对比强烈，给人以热烈明快之感，喜庆气氛浓郁。

闻喜花馍色彩基调主要由所用的场合环境来决定，不一样的环境影响决定色彩象征性的变化。如婚庆、丧葬场所的花馍主体颜色截然不同。婚庆花馍颜色明艳，以红色为主，表示喜庆、美好、吉祥和幸福；丧祭花馍颜色素淡，以面色白色为主，气氛悲凉。

6. 保护传承展魅力

（1）代表性传承人。

董巧兰，闻喜县阳隅乡回坑村人，闻喜花馍的国家级传承人。自幼跟随祖母、母亲学习花馍学制技艺，从和面、捏花到组合每一道工序都细心学习，在长辈手把手的教授下比较熟练完整地掌握了闻喜花馍的关键工艺技术和操作技巧，其技艺精湛高超。每逢村里婚丧嫁娶、乔迁、上梁等祭祀活动，董巧兰便为乡亲制作花馍，作品根据现实活物或设计图样，发挥自己想象，利用传统技艺，能捏制花草、动物、人物等各种花馍作品，构思巧妙，造型优美，栩栩如生，能满足当地民俗的各种祭祀活动的需求。多年来她致力于闻喜花馍的制作和传承，经常开设公益课堂，耐心讲授，手把手教大家捏花馍，让更多的人了解花馍、爱上花馍，为闻喜花馍的传承和发展做出重要贡献。

为了满足群众的多样需求，董巧兰和年轻一代的闻喜人正在探索花馍产业的新方向。她们的作品不仅有传统的花馍制作，还针对现代消费需求，推出了手捧花、盆栽、字画等各种新颖的花馍样式。在传统花馍的基础上，制作出了很多新的造型，逐渐从食品、民间民俗用品，发展为充满浓郁地方特色的文化礼品。并在推进非遗传承、助力脱贫攻坚、助力村民就业创业中，不断赋予闻喜花馍新的寓意创意，赋予它时代的色彩。

（2）多样传承方式。

①通过媒体宣传提升知名度。

通过中央电视台进行新闻专题报道，非遗传承人带着花馍作品参加综艺栏目如中央七台的《时尚大转盘》，并在各种文旅大会、博览会上展风采、树形象、促宣传。

②定期举办培训班培育新生力量。

每年招收年轻人及花馍爱好者，包括村里的妇女、全国各地慕名学习者，成立培训班，在花馍加工厂或花馍馆学习花馍制作方法。

③陈列展品让非遗随处可及。

在闻喜大酒店、东镇镇上镇村打造花馍展厅，在花馍艺术节、中国农民丰收节、山西省旅发大会、深圳文博会等重大节庆和会展活动上推介亮相，让非遗处处可及，让市民和游客近距离感受传统文化的魅力。

④出版《闻喜花馍》书籍。

将闻喜花馍的发展渊源、功用、意义、制作方法等进行详细阐述，为学习了解闻喜花馍的人们提供第一手资料。

⑤创新技术、产业化发展。

聘请专家、与高等院校合作，共同投资并成功研发馒头保鲜技术，使馒头保质期延长至15天乃至更长时间；与学院合作，设计花馍新造型；在专家的指导下，解决花馍长途运输储存难题，将冷链运输中的花馍存储期提升至30天以上……新技术、新工艺的应用，有利于激发闻喜花馍产业的潜力和活力。

成立花馍合作社，在太原、北京等地建立销售网络，打通市场销售渠道。闻喜花馍在卫嫂馍业等一批龙头企业的带动下，成为受人们喜爱的一种馈赠佳品，并远销港、澳、台甚至走出国门，成为一项富民产业。

捌　民众语辞塑文化

奇思妙想、演绎美好的神话，言简意赅、通俗易懂的谚语，趣味横生、斗智炫巧的谜语，朗朗上口、耳熟能详的童谣，惩恶扬善、扶危济困的济公传说，音韵和谐、意境清新的湘西土家族哭嫁歌，包罗万象、韵律悠扬的苗族古歌……这些由民众在生产生活中创造、传播、共享的口头语辞，统属于民间文学。每个人都有创造文学、享受文学的权利。民间文学寄托着民众对真善美的向往。

01 口头传承的语辞艺术　民间文学

民间文学是各个民众群体在生活语境里集体创作、在漫长岁月里集体流传发展的口头文学。民间文学汇聚着各个历史阶段民众的思想认识、道德观念、生活态度、审美情趣、意志信念以及理想愿望，是民众各种知识的总结，是他们传承民族文化、铸造民族精神、教育子孙后代的重要载体。

我国丰富多彩的自然人文环境、生活形态孕育出千姿百态的民间文学。民间文学类非物质文化遗产包括神话（如盘古神话、西王母神话）、民间传说（如孟姜女传说、曹雪芹传说）、民间故事（如海洋动物故事、锡伯族民间故事）、民间长诗（如阿诗玛、拉仁布与吉门索）、民间歌谣（如刘三姐歌谣、酉阳古歌）、笑话（如恰克恰克、万荣笑话）、谚语（如陕北民谚、沪谚）、谜语（如青林寺谜语、澄海灯谜）等多种形式。

神话是关于神或者半人半神的英雄的故事。马克思指出："任何神话都是用想象和借助想象来征服自然力，支配自然力，把自然力加以形象化。"神话用于解释自然现象，表现人们征服自然、不断斗争，反映社会生活等。神话按内容划分为宇宙起源神话、人类起源神话、族群起源神话、文化发明神话、洪水再生及其他灾难神话、战争神话等。民间传说是民众口传的特定人物、特定事件、地方风俗的散文叙事作品，以历史真实性为背景，进行自由叙述，但随着时间的推移，虚构性内容逐渐增多。民间故事就是劳动人民创作、口头传承的虚构散文叙事，不具有历史真实性，只为世俗娱乐。民间长诗是篇幅较长的歌体故事，按照表现手法分为叙事长诗、抒情长诗、戏剧体长诗三类。民间歌谣是民众口头创作流传的短篇韵文作品，包括劳动歌谣、生活歌谣、爱情歌谣、历史传说歌谣等。笑话是引人发笑的故事，包括嘲笑讽刺别人、自嘲或逗乐的讽刺、幽默。谚语是人们口头讲述的具有哲理性的定型化语句，语言简练、表达巧妙、地方性特色突出，包括讲述大自然知识、生产经验、人生经验、道德原则等类型。谜语是让人猜测所描述物体、事情、汉字等的语句，由谜面和谜底两部分组成，谜面隐晦地描述事物，谜底是答案。谜语属于智力游戏。

区别于作家文学，民间文学具有口头性、传统性、变异性、集体性的特征。口头性是指民间文学用口头语言完成创作和传承，因此众多民间文学作品使用方言进行口叙、表演。传统性是指民间文学的结构、手法、内容等，往往能够延续数百年乃至数千年。如民间故事程式化结构"三叠式"，在一个故事里，同样的场面出现三次，或类似的情节出现三个，用以表述完整的故事，塑造个性鲜明的人物形象。这种结构在编讲实践中传承下来。变异性是指民间文学作品在传播过程中，常会根据时代、地域、民族的不同，以及讲述者的艺术表现力、主观思想感情和听众的情绪变化等因素而有所变化。尤其是在社会发生大变动时，人民群众在传唱的过程中，会根据个人情感变化增加新的内容，来满足自己的情感宣泄。集体性是指民间文学的创作、传播是集体力量的智慧和结晶，其归属于一定地域、一定民族的大众，不能随意据为己有的。

民间文学的产生与初民的生活紧密相连，具有很强的实用价值，如上梁歌、农谚、劳动号子等，既是对劳动技能的归纳整理，也有助于劳动的顺利开展。民间文学是民众表达思想、叙述情感、消解忧愁的重要媒介，为美术、戏曲、影视等艺术创作提供素材，成为其激发灵感的源泉，具有艺术价值。比如《白蛇传》中的"断桥相会""水漫金山""游湖借伞"等情节经常作为木雕、泥塑、剪纸、刺绣、年画等的题材内容，同时在昆曲、京剧、木偶戏、皮影戏等中也是传统剧目。民间文学具有科学价值，了解民间文学，有助于我们解读历史、认识社会发展、理解民众心声。

02 日常言语间的消遣艺术　山西民间文学

山西省是华夏文明的重要发祥地之一，历史文化厚重，蕴藏着众多民间文学艺术宝藏。山西省是中国古代神话的博物馆。女娲抟土造人、女娲补天、精卫填海、后羿射日、神农尝百草、仓颉造字、大禹治水等神话均生发于山西境内。山西民间传说及故事脍炙人口、地域特色突出，狄仁杰的传说、尧的传说、苏三传奇故事等不胜枚举。山西被誉为"民歌的海洋"。山西民间歌谣数量繁多、种类丰富、风格独特、曲调优美，有劳动民歌如临县民歌《绣荷包》、五台《打酸枣》等，社会生活民歌如河曲《走西口》，节令民歌如《七月七》《求晴词》等。襄汾"七十二呆"系列笑话、万荣笑话等让人忍俊不禁，表达了劳动人民的智慧。

截至 2023 年 7 月，山西省拥有民间文学类国家级非物质文化遗产代表性项目 10 项，国家级代表性传承人 1 名。

截至 2023 年 7 月，山西省公布的六批省级非物质文化遗产代表性项目名单中，民间文学类省级非物质文化遗产新增及扩展项目共 76 项。

★ 英雄家族精忠报国　杨家将传说（杨家将说唱）

杨家将说唱是流传在山西省广灵县东部与河北省蔚县邻接地区的汉族民间说唱。它以宏大的篇幅、起伏跌宕的格调、生动传神的表演，讲述了北宋抗辽名将杨继业一家忠君报国、除恶安民的英雄业绩和民族气节。

2008 年，杨家将说唱被列入国家级非物质文化遗产代表性项目名录。

1. 历代演绎流传广

杨家将传说以中国宋朝为历史背景，以北宋杨继业一家三代戍守北疆抗辽、抗西夏的人物事迹为原型蓝本，并经过漫长的发展，历众人改编杜撰，虚构人物及情节演绎而成。

杨家将传说最早见于明代熊大木所著《南北宋志传》，该著作以《宋史》为主要资料，参考《燕山老隐语录》《燕山外史》等民间文献，对北宋抗辽名将杨继业、杨延昭、杨文广父子三代的事迹进行虚实结合的创作。该著作除记述杨家三代的战功外，还增加了许多虚构的情节和人物，如杨宗保与穆桂英的爱情故事、穆桂英大破天门阵、十二寡妇征西等。该著作对后来的戏曲和评书创作有很大影响。

　　明代后期，出现了《杨家府世代忠勇通俗演义》一书，该著作以《南北宋志传》为基础，进一步扩充了故事内容和人物形象，增加了呼延赞、呼延灼等呼家将的故事，并对朝廷内部斗争进行更多的描写。该著作也是京剧《杨门女将》等剧目的重要来源。

　　清代以后，杨家将传说在民间广为流传，并衍生出各种不同版本和流派。

2. 规模宏大内容丰

　　杨家将说唱的主要内容可分为上、中、下三部分，唱词（诗句）约 30 万行，大约可演唱 600 小时。上篇主要说唱杨继业、佘赛花二人的故事，兼及杨家儿郎抗击契丹的内容，包括金沙滩血战、穆桂英现身战场；中篇以杨六郎、杨宗保父子与穆桂英的故事为主；下篇以杨文广联合呼家将征西、征南故事为主干，以杨家女性为陪衬，涉及杨家将第六代至第九代的内容，最后以佘老太君遵旨率全族西迁至西宁结束。

　　杨家将说唱叙事内容基本包含了千余年来戏曲、话本、小说、演义、评书等有关杨家将的大体故事及人物，同时还极为罕见地唱出第六代至第九代杨家传人的故事线索。作品基本摆脱了中原汉文化对契丹、西夏等少数民族政权及人物丑化、诋毁的套路与桎梏，较为客观地唱出交战双方各自的理由与原因，在互有胜败的战场上或在和平的日常生活中，塑造了交战双方不同人物的个性特点。其宏大的规模，完整、系统的故事内容，明晰的杨家谱系，与一般戏曲故事、演义传奇多有不同，充分显示了"诗史这一特殊艺术形式兼容并蓄、包罗万象又形象鲜明、故事委婉曲折的特殊的艺术功能"。从某种意义上讲，被收集整理的"杨家将"说唱，堪称千古的史诗与"绝唱"。

　　杨家将说唱通过对忠勇善战、智勇双全的杨家将，以及佘老太君、穆桂英等杨门女将的形象塑造，表达出对正义力量的敬仰和赞美，揭示朝廷的忠奸斗争，揭露潘仁美、王钦若等奸臣的丑恶行径。

3. 民间说唱价值高

　　（1）填补汉族民间史诗空白。

　　《杨家将传说（说唱）》最大的价值在于唱词（诗句）文本。世界上几大文明古国均有史诗传世，中国各少数民族如藏族、蒙古族、柯尔克孜族、彝族、羌族等也有史诗传世，唯独拥有五千年文明历史的中原汉族没有民间史诗（或长篇叙事诗）出现，《杨家将传说（说唱）》的发现与发掘整理、研究刊布，填补了这一空白。

（2）保留地方表演形式原真。

《杨家将传说（说唱）》故事完整、情节生动，其原真性、唯一性、整体性得到较为系统的记录保存。杨家将传说（说唱）是一种以民间说唱方式表达的文学，具有浓厚的口语特性和地方色彩。杨家将说唱语言为广灵、蔚县一带的方言、俚语，并融入晋北一带的民歌、戏曲演唱曲调、形体动作，表演中保留古代说唱艺术口头讲述与韵文演唱相融的特点，声情并茂，幽默风趣，寓教于乐，具有很强的艺术感染力。曲调有十几种，并与民歌和地方戏曲联系紧密，边唱边说边表演，富有韵律和节奏感。其所用器具及演唱技巧独树一帜。艺人们使用的主要器具分为飞、洪、箭、台、弦，即犁片、书鼓、鼓槌、桌、大三弦，另有扇子等物品。演唱唱词与道白以地方方言音韵为准，一部长篇一韵到底，分为大音词、小音词。演唱板式、曲调有"扬腔""头性"等十余种，但常用的不过三五种。

（3）丰富其他学科的研究范畴。

杨家将传说是一种反映民间创造和民间变革的文学，它不拘泥于历史事实，而是根据民间想象和创造，对杨家将的故事进行夸张、美化、虚构和拟人化的处理，形成一种英雄主义的叙事风格。它吸收和融合了各种文学形式和流派，如说唱、小说、戏曲等，形成一种多样化和综合化的表现手法。它是一部不断发展和变化的活生生的文学。

杨家将说唱为研究历史、文化、文学曲艺等提供了大量原生态材料。杨家将传说中的许多英雄人物和感人故事，都被改编成各种各样的戏曲作品，并在舞台上演绎出无数精彩绝伦的戏剧场景。例如，杨家将中的一个故事被改编成一出晋剧名剧《杨六郎》，并在山西广为流传。这出晋剧采用山西方言、山西民间音乐、山西民间舞蹈、山西民间服饰、山西民间道具，展现了山西地区的文化风貌和艺术特色。这出晋剧不仅表达了山西人民对杨家将传说的喜爱和传承，也展示了山西人民的文化创造和艺术表达。

（4）承载当代爱国主义教育。

杨家将传说中的英雄人物，无论男女老少，都以忠于国家、保卫国土为己任，面对强敌挺身而出、浴血奋战，其不惧牺牲、不畏强暴的英雄气概彰显着忠勇爱国、不屈不挠的民族精神。杨家将传说是中华民族爱国主义教育的重要资源，可以激发当代人们对国家和民族的忠诚和热爱。

杨家将传说展现的是英雄家族的群体形象。无论武才还是文才，都有超凡的智慧和勇气，不畏艰难险阻，不惧强敌压力，在战场上展现出无与伦比的英雄气概。他们用自己的智慧和勇气，谱写了一件件惊天动地的英雄事迹，如杨继业用计夺取辽国皇帝耶律洪基的玉玺；杨延昭用计诱使西夏王子李元昊投降；杨令公用计使辽国皇帝耶律洪基退兵；穆桂英用计使辽国名将萧太后中毒；佘赛花用计使辽国名将萧挞凛自杀等。这些故事的传承都表达出人们对英雄和英雄主义的无限崇敬和追求，也激发了后人对自己民族的自豪感。

杨家将以兄弟情深、夫妻恩重为美德，不离不弃，不负不忘，展现节义精神；杨家将以尽职尽责、恪守本分为原则，不怕困难，不图享乐，展现敬业精神；杨家将以正直清廉、秉公执法为准则，不屈不媚，不贪不占，展现刚正精神；杨家将以勤劳节约、艰苦奋斗为习惯，不懈怠，不奢侈，展现勤俭精神；杨家将以包容开放、兼收并蓄为态度，不排斥，不偏见，展现包容精神。

杨家将传说中的英雄人物和感人故事，反映了爱国主义、英雄主义、节义刚正、勤俭包容等精神，杨家将传说是民族精神的重要载体和传播者，它激励着当代人民在历史上和现实中坚持自己的民族信仰和民族尊严，不放弃自己的民族文化和民族特色，不断为实现民族复兴和民族团结而奋斗，对今天进行爱国主义教育和丰富人民群众的文化生活、构建和谐社会都有重要意义。

4. 传承创新展魅力

在时代浪潮中，杨家将传说也不断进行新的演绎和创新，以适应时代的变化和人们的需求。这些现代传承演绎创新，在保持杨家将传说原有精神内核和文化特色的基础上，增加了艺术魅力和时代感，拓展了文化影响和社会价值。

在人才培养方面，相关地区注重对杨家将传说的传承人员和后继人员的培养和激励，如设立杨家将传承人名录、开展杨家将传承人培训班、设立杨家将文化奖学金等，为杨家将传说的保持和创新提供人才和动力。

在教育方面，杨家将传说被纳入中小学语文教材和课外阅读书目，如《杨家将》《穆桂英挂帅》《四郎探母》等篇章，为学生提供了优秀的文学作品和历史素材，注重培养学生的阅读兴趣和爱国情怀。此外，一些高校也开设关于杨家将传说的专题讲座或课程，如山西大学非物质文化遗产研究中心的《杨家将说唱》课程，为学生提供深入研究和鉴赏杨家将传说的机会。

在文旅应用方面，部分地区建设了一批与杨家将传说相关的文化旅游景点和设施，如杨业故里、杨家城遗址、杨家将博物馆、杨家将文化公园、杨家将文化广场等，为杨家将传说的展示和传播提供了平台和载体。相关地区定期举办一系列与杨家将传说相关的文化活动和节庆活动，如杨继业忠烈祭典、杨家将文化节、杨家将戏曲展演、杨家将民俗展示等，为杨家将传说的弘扬和交流提供了机会和场所。

在推广方面，杨家将传说被改编成各种形式的文化产品和艺术作品，如电影、电视剧、漫画、戏曲等，为观众提供多样化的观赏选择和审美体验。例如，《忠烈杨家将》《穆桂英挂帅》等影视剧，在国内外都获得较高的收视率和良好口碑。《杨门女将之军令如山》《穆桂英之刺马》等网络剧，以现代化的风格和技术，展示了杨家将传说中的英雄气概和人物风采。

此外，一些地方还举办了关于杨家将传说的展览、论坛、演出等活动，如北京市房山区的《穆桂英传说展览》，为公众提供了了解和参与杨家将传说的平台与载体。除传统的年画、版画等形式外，还出现了动漫、漫画等新颖的表现手法，如《杨门女将》《穆桂英挂帅》等动漫作品，以及《杨家将》《穆桂英》等漫画作品。这些作品以生动活泼的画风和幽默诙谐的语言，受到广大青少年的喜爱和关注。除传统的杨家将雕塑群等形式外，还出现了一些新颖创意和设计，如《杨家将之魂》《穆桂英铜像》等作品。这些作品以新颖的视角和创意，展示了杨家将传说中的故事情节和人物性格。

★ 崇忠善义流传千年　赵氏孤儿传说

"街谈巷议讲列国，妇孺皆能说赵孤。"赵氏孤儿传说在民间已流传了2600年，主要流传于山西省阳泉市盂县各村、阳泉市郊区、平定县、太原市阳曲县、清徐县、忻州市五台县、定襄县、晋中市寿阳县、临汾市襄汾县、运城市新绛县，河北省平山县、邯郸市，浙江省杭州市等地。

赵氏孤儿传说的核心内容是春秋时期晋国国君晋景公听信奸臣屠岸贾的谗言，杀害赵氏一族三百余口。义士程婴和公孙杵臼将赵盾之孙赵武救出，携孤逃入盂县藏山，藏匿15年。程婴带着赵氏孤儿习文练武，将其抚养成英俊少年，直至赵家冤屈得以昭雪。

赵氏孤儿传说不仅是一部反映春秋时期晋国历史事件的史实传说，也是一部展现民族忠义道德和正义理想的史诗，更是一部富有神话色彩和民族特色的神话。它对塑造民族理念、民族性格、民族伦理等都具有不可忽视的影响，也为后世的文学创作、文化交流和融合提供了源泉和动力。

2011年，山西省盂县申报的赵氏孤儿传说被列入国家级非物质文化遗产代表性项目名录。

1. 有史可查的传说源流

赵氏孤儿传说的故事原型是春秋时期晋国的历史事件，具有一定的史实依据。在不同的文献中，对赵氏孤儿的传说有着不同的记载。

（1）先秦文献是赵氏孤儿传说的最早来源，最具权威性。

根据《左传·宣公二年》记载，公元前607年9月，晋灵公听信奸臣屠岸贾、魏舒等人的谗言，想要杀害赵盾。但是赵盾得到了忠臣韩厥的通报，于是率领赵氏族人和部下兵士，攻入灵公的宫殿，杀死灵公和魏舒等人。赵盾随后立灵公的叔父成公为新君，并担任中军佐辅佐成公。成公死后，赵盾又辅佐其子景公，直到自己去世。赵盾死后，他的儿子赵朔继承他的职务和封地，成为晋国的下军佐。赵朔是一位英勇善战的将领，曾经在邲之战中与楚庄王对峙，并娶了晋成公的姐姐庄姬为妻。但是赵朔却没有享受到太平的日子，因为屠岸贾等人一直想要清算赵氏家族，为晋灵公报仇。

根据《史记·赵世家》记载，晋景公三年（公元前597年），屠岸贾趁晋景公生病之机，借由灵公遇刺事件，不经国君同意，擅自率领将士们在下宫围攻赵氏，杀死赵朔、赵同、赵括、赵婴齐，并屠灭满门。赵朔的妻子庄姬，是晋成公的姐姐，怀着遗腹子逃到景公的宫中幸免于难。庄姬后来生下了一个男婴，就是"赵氏孤儿"赵武。幸得程婴和公孙杵臼两位义士相助，用别家的婴儿假冒赵氏孤儿，让屠岸贾上当，并将真正的赵氏孤儿藏匿在山中抚养长大。15年后，韩厥向晋景公揭露了屠岸贾的罪行，并请求恢复赵氏孤儿的身份和封地。晋景公同意了韩厥的请求，并召回赵氏孤儿赵武。程婴、赵武随后率领将士攻杀屠岸贾一族，为赵氏家族报了大仇。程婴在完成救孤育孤的任务后自刎，以向赵氏和公孙杵臼交代。

（2）史志《大元大一统志》《大明一统志》《东周列国志》等对赵氏孤儿传说进一步描写和演变。

《大元大一统志》记载："藏山庙，在（州）东北五十里。旧经云：公孙杵臼、程婴谋藏孤儿于此山一十五年，故山因名。"

《大明一统志》记载："藏山，在盂县北五十里，相传程婴、公孙杵臼藏赵孤之处，山有庙，祀婴及杵臼。"该地现存最早的碑刻为金大定十二年智楫撰《神泉里藏山神庙记》，碑刻云"藏山之迹，乃赵朔友人程公藏遗孤之处也"。可见在金以前最晚至宋时，赵氏孤儿传说就已流传至盂县一带，藏山成为程婴藏匿赵孤之地。

《东周列国志》第五十七回、第五十九回对赵氏孤儿传说进行了详细的描述，记载完整生动，对程婴和公孙杵臼的义举进行赞美和感慨，体现出作者的忠义情怀。

2. 不同时代的改编变体

赵氏孤儿传说的重要历史价值和文化价值，在于塑造了轻生死、重然诺的道德观，形成忠义文化的精神实质，成为中外历代作家创作的素材，广为传播。不同地区和时代有不同的变体和版本。

《赵氏孤儿》传说
的演变

（1）国内创作。

元代纪君祥创作的杂剧《赵氏孤儿大报仇》是赵氏孤儿传说被搬上舞台且影响较大的作品，结构为五折一楔子，大体上是根据《左传》《国语》《史记》《新序》《说苑》等对相关事件的记载，编缀增饰而成。该剧对人物形象、情节安排、语言风格等进行了大量的修改，使之更加符合戏剧规律和观众审美，是对赵氏孤儿传说进行艺术化和戏剧化处理的作品。《赵氏孤儿大报仇》基于"忠""奸"激烈尖锐的对立、波澜跌宕的冲突，通过塑造屠岸贾极端邪恶的反派，程婴和公孙杵臼忠义无双的英雄等性格鲜明的人物形象，集中体现"忠孝节义"主题。

（2）国外改编。

18 世纪，欧洲掀起一股"孤儿"改编创作热潮。元代纪君祥的《赵氏孤儿》是现知第一个被译介到欧洲的中国戏曲作品。

第一位翻译《赵氏孤儿》的是法国汉学家、天主教耶稣会神父马若瑟（1666—1736）。他翻译的法文版《赵氏孤儿》被纳入《中华帝国全志》，于1735 年在巴黎问世。后来《中华帝国全志》被译成英文、德文、俄文、意大利文等。

1748 年，意大利歌剧作家彼得罗·梅塔斯塔齐奥受命奥地利皇后懿旨改编完成歌剧《中国英雄》，演员角色有朗格、席文诺、李辛佳、乌拉尼娅和明特奥五位人物，故事情节没有照搬赵氏孤儿大报仇，而变成一个大团圆结局的宫廷娱乐喜剧。我们仅能从中寻到《赵氏孤儿》的影子，如席文诺是遗孤，朗格为保护遗孤而牺牲自己的孩子。虽然该剧在舞台布置上尽量使用中国元素，如绘画、瓷器、宝塔等，不过更多体现的还是欧洲情趣。

1755 年 8 月，法国作家伏尔泰制作的话剧《中国孤儿》在巴黎公演，全剧共五幕。伏尔泰按照自己民族的文化模式和思想范式，对《赵氏孤儿大报仇》进行了人物重塑和情节改编。将春秋时期的故事改为发生在元朝初年，剧情改为：成吉思汗率兵攻入燕京诛戮皇帝及诸王子，发现遗孤失踪，遂派兵追杀，以求斩草除根。中国遗臣臧惕把遗孤藏至皇陵后，献出自己的儿子，以代遗孤。其妻伊达美不忍亲子死于非命，前往拜见成吉思汗，道出真情，请恕其夫及其子，愿代幼主就戮。数年前，成吉思汗流落燕京时，曾向伊达美求婚未果，此番邂逅，旧情复燃，当即向伊达美表示，如果伊氏愿意为妻，一切均不予追究。可是，伊达美爱儿子，爱丈夫，宁死不从。这对夫妇无屈服于淫威之心，唯以忠良相勉，其品德高洁，使得崇拜蛮力的成吉思汗幡然悔悟，不独赦免三人之死，且令臧惕夫妇妥为抚养遗孤。伏尔泰的《中国孤儿》不仅在法国广泛上演，而且还多次到瑞典、波兰、俄国等国上演，使中国古典戏剧在欧洲广为传播。

1759 年，英国人墨菲完成其剧作《中国孤儿》，墨菲借用伏尔泰剧作的主要人物对《赵氏孤儿》进行重新改编，巧妙避开伏尔泰作品中成吉思汗与伊达美的爱情线，"孤儿"也出现在舞台之上且最终手刃仇人。墨菲的剧作基本保留了《赵氏孤儿》的侠义和大报仇的精神内核，同时也对当时的英国现实有一定影射，且符合民众的心理需求，因此很受观众欢迎，他被冠以"爱国主义大师"称号。

1774 年，弗里德里希斯完成其剧作《中国人或公正的命运》，其主要人物是韩同、坎布尔、莉莉发、兰福、苏伦、皇帝等，韩同与兰福的关系如同屠岸贾与赵盾的关系，但"孤儿"坎布尔一出场就已是成年人，且增加韩同的女儿莉莉发，就是为了使剧作增加莉莉发与坎布尔的爱情故事，以及通过皇帝颁旨兰福与莉莉发结婚推动故事发展，显然与《赵氏孤儿》的单线条故事结构不同。

1783 年，德国著名文学家歌德出版其仅完成两幕的剧作《厄尔珀诺》，波兰的福尔泰勒也曾改编过《赵氏孤儿》的剧作。

3. 典型代表的流布区域

山西盂县及周边地区是赵氏孤儿传说的发源地和主要流传地。这里有许多与赵氏孤儿传说相关的自然景观和人文遗迹，如藏山景区的藏孤洞、报恩殿、育孤园等。藏孤洞是程婴和公孙杵臼藏匿赵武的地方，洞前立有多处石碑，记载和颂扬藏孤之事。报恩殿又名双烈祠，是为纪念程婴和公孙杵臼的忠义而建，祠内有他们的塑像和碑文。保孤祠用于供奉程婴之子。程婴舍子换取赵氏一脉，救下了晋国同庚婴儿，义存千秋。自古以来，为小孩建专庙，也仅藏山这一处。育孤园是为展示赵氏孤儿传说的故事而建，园内有各种雕塑和场景。此外，还有很多村名、地名与赵氏孤儿传说有关，如藏山村、大围村、慌鞍岭、宝剑沟、落箭山等。

山西盂县及周边地区的赵氏孤儿传说主要以口头文学的形式流传民间，其传承方式为非文本，依靠口耳相传、集体传承。这些口头文学包括神话、传说、故事、歌谣等，它们既基于历史事件，又富有幻想色彩，反映出当地百姓对赵氏家族和程婴公孙杵臼的敬仰和缅怀，也体现了他们对忠义道德和正义理想的坚守和追求。有些传说甚至还在代代相传中被赋予神奇色彩，逐渐演变为神话，赵武甚至被老百姓祀奉为"藏山大王"。

4. 虚实融合的风格特征

赵氏孤儿传说是基于历史事件又经过多人多次加工演绎的虚构与真实融合的文化作品。它不仅反映了春秋时期晋国的政治斗争和社会变革，也展现了民族的忠义道德和正义理想，以及对祖先的崇拜和对家国的情感。

（1）保留历史事件。

赵氏孤儿传说在民间流传中，既保留历史事件的基本框架和人物关系，又根据不同地区和时代的语言特点、风俗习惯和社会背景进行创新，使之更加符合民间的审美和情感。赵氏孤儿传说的历史性，使其具有较高的文献价值和认同感，也为后世的文学创作提供了丰富的素材和灵感。

（2）赋予神话色彩。

赵氏孤儿传说富有神话色彩。它在民间流传过程中，融合许多神话元素和幻想想象，使之更加生动有趣。自宋代开始，官方曾多次对赵武进行加封，宋元丰四年（1081年）神宗封赵武为"河东神主"，宋绍兴十一年（1141年）高宗封其为"藏山大王"，赵武在藏山的核心地位得以稳固，成为该地民众崇信的对象。清同治八年（1869年）穆宗封其为"翊化尊神"，清光绪五年（1879年）德宗封之为"福祐翊化尊神"，赵武信仰继续在该地发展壮大。赵氏孤儿传说的神话性，使其具有较强的艺术感染力和民族特色，也为后世的文化创造提供了源泉和动力。

（3）凸显忠义道德。

赵氏孤儿传说是一部颂扬忠义道德的史诗。它通过救孤、藏孤、抚孤等情节，塑造了舍弃亲生骨肉救孤儿并忍辱负重的程婴和以自己性命为代价换取孤儿安全脱险、为正义献身的公孙杵臼等忠义英雄的形象，有力地鞭挞了奸臣屠岸贾以及昏君晋景公等角色。程婴和公孙杵臼以忠义之心和牺牲精神，保全忠良之后，并将他培养成为英雄豪杰。程婴和公孙杵臼的义举是中华民族忠义文化的典范，他们不惜牺牲自己亲生骨肉的性命，为保全赵氏家族的血脉而奋斗。他们不仅拯救了赵氏孤儿，也拯救了晋国无辜之婴。他们不仅培养了赵氏孤儿，也培养了晋国未来的名臣。他们用自己的行动诠释了什么是忠、什么是义、什么是爱、什么是勇。他们用自己的生命书写了一部感天动地、流芳百世的传奇故事。他们是中国历史上最伟大的义士之一，也是中国文学艺术中最感人的人物之一。

5. 保护传承的发展新篇

在盂县民间，有关赵氏孤儿的传说口耳相传、传承有序。盂县藏山祠108座碑均不同程度地记载有各个时期的传承范围和传承人群，他们或修庙纪念，或著书立说，或在民间游说、传播，都是对这个民间传说的血脉延续。每年农历四月十五庙会，盂县有100多座庙宇在供奉同一个神，那就是灵感大王——赵氏孤儿赵武。而且，每年庙会都要唱戏，除藏山庙会外，大部分庙会都会唱《赵氏孤儿》。

盂县建有藏山与赵氏孤儿文化研究会，负责赵氏孤儿传说的调查、整理、宣传等工作，以及对赵氏孤儿传说的相关遗址、遗物、遗风等进行保护和修复，出版关于藏山文化与赵氏孤儿的专著7部，画册、光盘等40多种。

盂县人民文化馆积极开展保护培训和传承教育，推动保护研究和文化交流。定期组织赵氏孤儿传说的传承人和爱好者进行培训和交流，增强他们的保护意识和传承技能。盂县人民文化馆主办《历史印记　忠义起源》赵氏孤儿逃躲藏匿考察记录展，共遴选图片、诗词、剪纸、书法作品200余件，通过观展的形式，让人们感悟忠义之博大精神。盂县人民文化馆与山西大学、山西师范大学等高校和研究机构建立合作关系，共同开展赵氏孤儿传说的学术研究和论文发表，探讨赵氏孤儿传说的历史渊源、文化特征、艺术价值等问题。盂县还积极参与国内外的非物质文化遗产交流活动，向世界展示赵氏孤儿传说的魅力和影响。

盂县还将赵氏孤儿传说纳入中小学的课程和教材，通过讲座、展览、演出等形式，向广大师生普及赵氏孤儿传说的历史文化内涵，增强他们的民族自豪感和文化自信。

各个领域注重对《赵氏孤儿》的创新改编和当代演绎，如话剧、电影、电视剧等，以适应不同年龄层次和不同地域。目前已有话剧《赵氏孤儿》、电影《赵氏孤儿》、民族舞剧《赵氏孤儿》、杨府城《赵氏孤儿》"下宫之难"经典连环画展、电视剧《赵氏孤儿案》等。

盂县曾举办"中国·山西藏山国际旅游忠义文化节"，邀请学术专家讲述藏山历史文化故事。同时，设立"忠义祠堂"，众多赵姓华人华侨到藏山寻根祭祖敬义士。

★ 幽默之花绚丽绽放　万荣笑话

民间文学大师钟敬文先生曾指出："笑话是和生活故事接近而篇幅特别短小的一种故事题材。它大多数取材于生活的一个片段，是口头叙事文学中专门进行讽刺和嘲笑否定性言行和现象的故事。"

万荣笑话是以万荣及河东地区人们生活中的谐趣言行为基础，形成的一种独具地域文化特色的民间语言艺术形式，是山西土生土长的文化"土特产"。万荣笑话在山西晋南地区叫作"万荣（zèng）"，"zèng"是万荣人的土话，常被写成"憎""挣""净""争"等。学者王雪樵认为，"憎"用来表现农民对地主阶级的愤恨、讽刺和控诉，是农民与地主阶级斗争的最好体现；"争"则是争辩、好讼、讲偏理，包含傻干、蛮干、认死理的味道，只可意会，不可言传，用一句话很难概括；"挣"是漂亮美好之义，笑话冠以此名，本身便具有正话反说的俏皮、幽默、诙谐之趣，犹如将花脸称作"净"，"可爱"骂作"可憎"，义皆相反而成。

万荣人以幽默、诙谐的性格演绎着对生活的理解与热爱，万荣笑话中蕴含着河东人民对真理的执着追求，对生活中新事物的不断探索。因此，人们往往在捧腹大笑后能够有所启迪。万荣县也被称为"笑话王国"。

2008 年,万荣笑话被列入第二批国家级非物质文化遗产代表性项目名录。

1. 性善、诙谐、多智的民性铺筑笑话生成语境

万荣笑话的历史渊源,可以追溯到明末清初时荣河县谢村的"72 挣故事"。当时,谢村是一个经济繁荣、文化繁荣的大村子,村内文化人多,且村民性善、幽默,滑稽多智,爱讲笑话。因笑话中反映的主人公有一股倔劲、犟劲、执拗劲,认死理,不服人,争强好胜,故当时叫"谢村挣"。这些笑话经过口头传播,不断被优化完善、加工,成为人们喜爱的"保留节目"。谢村被定位为万荣笑话的发源地。

2. 自由创作改编的氛围凝聚群众集体智慧

万荣笑话是在长期社会生活中经过无数人加工创造,并经过无数人传播而成的。因此,万荣笑话是广大人民群众的集体智慧、集体劳动的创造,它具备广泛性和群众性的特征。无论工农商学兵,不管是干部还是普通群众,都可讲、可听、可编,只要符合万荣笑话的精要,想怎么讲就怎么讲,想怎么编怎么编,谁也不指责谁,谁也不限制谁。任何人都能为它添油加醋,只要大家认可就行。因此谁都可能是万荣笑话的作者,谁都可能是其中的主人公。

1954 年,孙斌安将万荣笑话的部分片段改编成戏曲搬上舞台。1958 年,万荣人董应楠将自己整理的几则段子发表在《太阳文艺》上,万荣笑话第一次以文字的形式出现。20 世纪 90 年代,在万荣县委、县政府"文化兴县战略决策"的指导下,开始系统开发原有的"万荣笑话"。通过全国各种报刊、电视台报道,制作专题节目、访谈节目等,加速笑话系列产品的广泛传播,使万荣笑话在全国具有一定的影响力。1993 年,《山西日报》连载 20 多篇万荣笑话。1995 年出版的《万荣县志》收录了十多则万荣笑话。 1997 年山西人民广播电台搜集、录放许多万荣笑话。1998 年,万荣人马力等编辑的《万荣 72"净"笑话》出版发行,此书收录 216 则笑话,这是首次成书出版的万荣笑话代表作。随后管喻出版《万荣新笑话》丛书,收录笑话 760 余则,后又相继出版《万荣 72 争笑话》《万荣新笑话》。万荣县的《万荣人报》陆续登载一系列万荣笑话。2014 年,精装口袋书、现代人的解压神器《万荣微笑话》出版发行,该书由王鹏举编写,收录其在腾讯微博上发表的 366 篇新万荣笑话段子,整本书以现代虚构人物老梁有思想的大活宝、怕太太的

真汉子、认死理的活泛人、算小账的糊涂虫形象为主线，选用现代事件，辅以贴切的情境、新潮的语言、清新的格调，说事讲理、开心益智。

3. 善自嘲、含哲理的语言铸就草根口头文学

（1）折射百姓生活百态。

万荣笑话的内容多是人们在生活中通过所见、所闻、所感、所思摄取艺术文化素材和言语，因此折射着生活百态。如《电扇咋不带电》的笑话讲的是，一位农村老汉买的电扇不转，找售货员退货，才发现是因为自家没电所以电扇不能使用，生气地抱怨"电扇竟然不带电"的故事，反映了当时老百姓物质生活的变化。如《裸身老板买黑泥》讲的是黄河大酒店老板屈启晓受到运城盐池黑泥养生的启发，在自家酒店开设关公乌泥洗浴保健房项目的故事，反映了新时代万荣人创新创业的现实生活。

（2）风格为自嘲、调侃、讥讽。

亮丑、揭短、诙谐、认死理、不服输、犟到底等表现手法构成万荣笑话的突出特点。万荣笑话通过有趣的调侃，一针见血地揭示出生活中存在的各种矛盾，凸显出民众的智慧和才干。万荣笑话的创作与表演消除了尊卑等级，以笑骂嘲讽的方式，使民众获得感官的愉悦，意味深长。同时万荣笑话中的"自嘲""调侃""讥讽"，表现出万荣人的乐观大度、聪明机智。如笑话《借斧》，有一个老农要劈柴，打发儿子到邻居家借斧头，邻居不借，老农生气地对儿子说："真是个小气鬼，去，到箱柜把咱家的新斧头拿来！"借以嘲讽老农爱财、吝啬。

（3）富含哲理与智慧。

万荣笑话有内涵且富有哲理，它是民众生活智慧的集中展示。万荣笑话一般来说是"正理反说"，先从反面讲述一件事情，通过讲述这件事情的做法荒唐可笑，来说明其他做法的正确。如《万荣七十二争》有这样一则笑话：孙子不听话，爷爷罚他站到太阳地底下。由于天气太热，孙子晒得满脸是汗。父亲下班回来，见此情景就动了肝火，二话不说也站到太阳下面陪晒，嘴里还不停地说道："你晒我的儿子，我就晒你的儿子。"这则笑话中，父亲的行为属实可笑，我们不仅可以看出父亲的做法不切实际，还能看出父亲对儿子的爱，父亲心疼儿子，不忍看到儿子受罚。除此之外，还有讲述愚人傻事，讽刺不学无术的故事、有表现敬业精神的故事、有揭示人性弱点、陋习的故事、有反映科学知识的故事等。

4.万荣笑话的活字典——解放

解放，男，汉族，1936 年 2 月生人，山西省万荣县后村人。万荣笑话国家级非物质文化遗产代表性项目代表性传承人。

解放从小就爱听大人讲故事，他的启蒙老师就是他的祖父。他在生活中经常主动收集万荣笑话。20 世纪 80 年代，解放任万荣县地方志编辑，他将收集整理的部分万荣笑话段子收入县志，被公认为把万荣笑话引入县志第一人。20 世纪 90 年代初，解放被聘为《万荣人报》编辑，经常在报上发表万荣笑话段子。后来他陆续在刊物上发表相关文章数篇，相继出版《万荣笑话ABCD 档案》《万荣笑话探源》《话说万荣笑话》《万荣史话》《万荣古今名人》《万荣笑话卷》等书籍，将各种题材的万荣笑话及起源、发展、来龙去脉详尽地呈现给大众。

解放多次接待新闻媒体、学术单位和万荣笑话的研究者，为他们提供大量资料。解放还应邀在太原电视台、黄河电视台、运城电视台、万荣电视台为观众讲述万荣笑话的历史和艺术魅力，为扩大万荣笑话的影响力和提高其知名度做出了重要贡献。

5.脱胎换骨、破茧成蝶的新发展

万荣笑话产业已初步形成集设计、生产、销售于一体的产业链。万荣笑话从图书资料向音像制品、实物场所等形象化、立体化和多媒体形式发展，先后制作出版万荣笑话图书、光盘、挂历、笑话扑克、笑话挂历、笑话折扇、笑话圆珠笔、笑话手帕、笑话名片、笑话苹果包装箱、漫画连环画、电视系列剧、万荣笑话剧等系列产品。

2006 年，万荣笑话被命名为运城市十大名片之一。2008 年 10 月，中国万荣笑话博览园在阎景村落成。该博览园以"中华笑城，笑满华夏"为主题，包括笑话大门、笑话喷泉、万笑墙、万笑河、笑话街、欢乐广场、笑话大舞台、笑话迷宫、笑星馆、哈哈屋、笑话茶座、幻影笑话剧场、模拟笑话图书等设施，是以笑文化为特色的文化旅游区，也是中国首家以笑为主题的游览园。

同年，以万荣笑话为主题元素的电影《吹吹打打牛三牛》在万荣开拍。2009 年 5 月，中国民间文艺家协会将万荣县命名为"中国笑话之乡"。2010 年，以万荣笑话为主题元素的 28 集电视连续剧《快乐的万家村》在山西卫视播出。2011 年 6 月，《河东文化丛书·万荣卷》之《万荣笑话揭秘》出版发行。同年 8 月，万荣笑话协会成立。2011 年 9 月，万荣笑话研究会正式成立。2023 年，万荣县委老干部局成立万荣笑话工作室，通过一周一编、一季一拍、半年一赛、一年一演的形式，延续万荣笑话的文化活力。

近年来，万荣县蒲剧团、万荣县总工会职工笑话艺术团、万荣八龙文化传媒公司演艺中心在《我听我爸话》《画像》等笑话剧的基础上，先后改编了《麦田风波》《刘老大看瓜》《闷娃村长》等 30 余个万荣笑话剧。

玖　跨越时空延生活

　　趣味横生的方言俚语，绚丽多彩的民族服饰，形形色色的岁时节日，五花八门的人生礼俗，红红火火的社火表演，庄严肃穆的祭祀礼仪，熙来攘往的庙会……这些民风民俗，充满民族的格调，历经时间的洗礼，附着历史的痕迹，夹杂着烟火气，满载记忆，代代赓续至今。

01 根植于生活的风土人情　民俗

　　民俗，即民间风俗，是人类社会普遍存在的、具有地方特色的文化现象。民俗文化源于人类社会群体生活，受到特定民族、环境、时代的影响，并且在持续演变和发展。民俗文化反映了一个民族的精神面貌、审美境界、行为习惯和自然认知，也是记录社会发展演变的载体。

　　民俗类非物质文化遗产包括物质生活民俗，如苗族服饰、惠安女服饰、稻作习俗、装泥鱼习俗、鄂温克驯鹿习俗等，社会生活民俗如端午节、彝族火把节、傣族泼水节、二十四节气、土族婚礼、撒拉族婚礼等，精神生活民俗如祭祖习俗、民间信俗、抬阁等。民俗类非遗将地域文化、民族风情与生产生活、精神信仰、审美认知相结合，在保护传统的社会认同和集体实践的同时，以地方遗产的方式产生新的文化自觉和文化自信。

　　民俗学大师钟敬文指出："民俗是人民传承文化中最贴切身心和生活的一种文化，也是人类中最具普遍性的一种文化。"中国民俗多姿多彩，体现在老百姓生活的方方面面。应理解民俗文化蕴含的人文精神、道德规范，发挥优秀民俗文化在凝聚人心、教化群众、淳化民风中的重要作用。每个地方都有属于自己的民风民俗，应以一颗包容之心去对待每一份独特。

02 厚重璀璨，民俗淳厚　山西民俗

　　山西被誉为"华夏文明的摇篮"，素有"中国古代文化博物馆""中国古代艺术博物馆""文献之邦"的美称。山西的文化根基厚重婉约，特定的自

然生态环境和历史渊源孕育出了鲜明的地域民俗。

晋北在古代属于边塞地区，是北方游牧民族和农耕文化碰撞、融合的地带，这里的民俗受两种文化及两种文化融合的影响，生发出由游牧民族摔跤习俗演化而成的忻州挠羊赛等。晋西北依托吕梁山、黄河自然生态环境，形成窑洞民居建筑风俗及九曲黄河阵等习俗。晋中以商业文化为核心，形成了丰富的商业习俗，如平遥票号、晋商镖局等，发达的商业同时带动民间戏剧、社火活动等娱乐习俗的发展。晋南、晋东南是文化始祖的事迹发生地，因此这一区域形成了古朴淳厚的史前民俗特色。如尧、舜、禹传统祭祀文化等。山西省煤炭资源丰富，晋北有拢旺火习俗、晋南有煤窑祭祀等。

截至 2023 年 7 月，山西省拥有民俗类国家级非物质文化遗产代表性项目 23 项，国家级代表性传承人 7 名。

截至 2023 年 7 月，山西省公布的六批省级非物质文化遗产代表性项目名单中，民俗类省级非物质文化遗产新增及扩展项目共 95 项。

★ 传承德孝文化　洪洞大槐树祭祖习俗

祭祖，是一种古老的祭祀活动。通过祭祖表达对先祖的敬意与怀念，是对先祖不屈不挠、勇于奋斗精神的弘扬和传承，饱含着中华民族同根同祖、和谐相融的意蕴。

"问我祖先在何处，山西洪洞大槐树。祖先故居叫什么？大槐树下老鹳窝。"山西洪洞大槐树祭祖习俗源于大槐树移民历史，依托明代移民遗址山西洪洞大槐树处（洪洞大槐树寻根祭祖园），每年清明节、中元节、寒衣节等都要进行大规模祭祖活动，线上线下同祭祖、共祈福，表达对自然和先祖的感恩之心、敬畏之意，强化海外同胞的文化认同感，促使世界华人和谐相处，共创美好未来。

2008 年，"大槐树祭祖习俗"被列入国家级非物质文化遗产代表性项目名录。

1. 源自移民，寻根问祖

山西洪洞大槐树移民活动始于宋室南迁时代，止于清代中后期，其中以明代洪武初年至永乐十五年之间的 50 余年为高潮。元末明初，中原战乱，旱涝蝗疫、满目疮痍，而晋南之地，风调雨顺，经济繁荣，人口稠密，粮棉盈仓。为了发展经济，巩固政权，明政府于洪武三年（1370 年）至永乐十五年（1417 年）间，在洪洞大槐树下设局驻员，集众大槐树下，大规模迁民 18 次，迁民遍布京、冀、鲁等 18 个省市的 600 余县，涉及 1000 余姓，人数达百万之众。这是中国历史上规模最大、历时最长、范围最广的官方移民。迁民所到之地，拓疆开土，渔猎农桑，繁衍生息，教化礼仪，重塑山河，泽沐九州。600 余年来，他们利用各种机会回到大槐树下祭祖，形成丰富的移民传说和悠久的祭祖传统，大槐树也因此成为中国人寻根问祖的象征。洪洞大槐树被看作"家""祖""根"，成为亿万洪洞后裔心目中的家乡，形成了山西洪洞县独具特色的"根祖文化"。这是一种以明初大移民为文化背景，以大槐树为图腾，基于洪洞的地方文化渊源，以移民史实和寻根问祖为主线，维系宗亲之情为精髓的文化现象。

2. 感恩先祖，共话亲情

从 1991 年开始，洪洞大槐树寻根祭祖园景区每年都会举办以清明节为主祭日的"洪洞大槐树文化节"祭祖大典，将历史悠久的大槐树祭祖习俗变成官民合祭的盛大民俗活动，众多大槐树移民后裔云集洪洞县，共话同根亲情。

2005 年 10 月，洪洞大槐树寻根祭祖园有限公司成立。2011 年 10 月 27 日成立大槐树文化研究中心，专门研究探讨移民、姓氏、谱牒、祭祀、孝德等。多年来，整理出版《洪洞大槐树志》《洪洞大槐树移民史》等多部文化书籍，开发引进"百姓家谱"等文创产品、"槐花饼"等地方特产，《大槐树移民》实景演出，每年举办诗词、摄影、楹联、中国年、孝文化节、小吃节等文化主题活动。近年来，景区开启夜游项目，有多种夜宴、夜演、夜娱等活动，促进景区提质升级，带动地方旅游经济发展。

同时，洪洞大槐树祭祖活动在抖音、快手等平台进行实时直播，在洪洞大槐树公众号设在线祭祖板块，大众可以在网上祭祖、祈福，进行云上缅怀、表达孝心。

3. 庄严肃穆的祭祖大典，根脉传承的实现载体

（1）洪洞大槐树文化节寻根祭祖大典。

洪洞大槐树文化节寻根祭祖大典是弘扬先祖精神、传承德孝文化的重要载体，每年清明节当天在洪洞大槐树寻根祭祖园景区举行。其传统议程主要包括迎请神主、敬香通神、典帛安神、敬献供品、奠酒献礼、敬致祝文、敬献乐舞、饮福受胙、鞠躬辞神等内容，具体见表 9-1。通过向先祖虔诚祈福、敬献孝心，满足移民后裔寻根祭祖的心愿。

洪洞大槐树寻根祭祖大典议程

表9-1　洪洞大槐树祭祖大典议程

序号	仪程	内容
1	迎请神主	①恭迎汾河水、舜王土（将汾河水、舜王土从献殿迎至祭祖堂前面，并分别倒入古羊鼎） ②恭请大槐树移民先祖升位（将大槐树移民先祖之神位从献殿恭请至祭祖堂前的祭坛之上） ③鸣炮启门（鸣放18声礼炮，开启祭祖堂大门，大典正式开始）
2	敬香通神	向大槐树移民先祖敬香
3	典帛安神	向大槐树移民先祖敬献丝帛
4	敬献供品	向大槐树移民先祖敬献三牲（猪、牛、羊）、五谷、看馔、鲜果
5	奠酒献礼	向大槐树移民先祖敬献三巡酒（敬天敬地敬祖先）、敬献花篮
6	敬致祝文	向大槐树移民先祖奉颂祭文、鞠躬（三鞠躬）
7	敬献乐舞	向大槐树移民先祖敬献鼓祭、歌祭、舞祭
8	饮福受胙	主祭人向陪祭人员及参与祭奠人员分配献点，赐饮福酒
9	鞠躬辞神	向大槐树移民先祖行鞠躬礼（三鞠躬）

①迎请神主。

主持人宣布恭迎汾河水、舜王土，四女五男共九名侍仪手捧装有汾河水、舜王土的瓷瓶从洪洞大槐树寻根祭祖园献殿走至祭祖堂前，分别将水和土倒入扬侯鼎；"水有源，故其流不穷；木有根，故其生不穷"。汾河水、舜王土代表古槐后裔血脉同宗。

主持人宣布恭请大槐树移民先祖晋位，四名工作人员抬着大槐树移民先祖之神位从献殿恭请至祭祖堂前的祭坛之上。随从人员举华盖、旌旗等。祖先是我们生命的根本，根深则叶茂，源远而流长。

主持人宣布鸣炮、启门。工作人员鸣响18声礼炮，开启祭祖堂大门。18声礼炮代表18次大移民的迁徙壮举，也代表槐乡儿女对大槐树移民后裔永远的牵挂。

② 敬香通神。

主持人宣布向大槐树移民先祖敬香。各企业代表净手后，走向祭祖堂前敬香祭拜。周文王生烟祭天，是后世敬香的祈愿。焚香飘起的袅袅香烟，将移民后裔的哀思和悼念告达天知。

③典帛安神。

向先祖神灵敬献丝帛，表达对先祖的真诚感恩和美好祝愿。

④敬献供品。

主持人宣布向大槐树移民先祖敬献三牲。十二名男侍夫四人一组，在鼓乐声中分别抬猪、牛、羊三牲缓缓从献殿走至祭祖堂前。紧随其后，上前祭拜的是洪洞县当地有名望的三名乡绅代表。猪牛羊是传统祭祀礼仪中最高规格的贡品，代表着祭祀人最虔诚的祭拜之心。敬献三牲祈求天下太平，六畜兴旺。

主持人宣布向大槐树移民先祖敬献五谷。五名男侍夫手捧分别装有五谷（麻、黍、稷、麦、豆）的斗，从献殿走至祭祖堂前。敬献五谷的仕、学、农、工、商五名代表，上前祭拜。五谷是中华民族传统农耕文明的主要食物，是传统祭祖习俗的必备贡品。敬献五谷祈求国泰民安，五谷丰登。

主持人宣布向大槐树移民先祖敬献肴馔。工作人员手捧分别装有大葱、豆芽、莲菜、菠菜、芝麻、面食等食盒，从献殿走至祭祖堂前，敬献肴馔的八名槐乡妇女代表紧随其后，上前祭拜。食盒是祭拜先祖的传统祭品。敬献肴馔以祈福古槐后裔聪明伶俐，槐乡儿女福寿安康。

主持人宣布向大槐树移民先祖敬献鲜果。工作人员手捧十八种来自各省的水果（如苹果、樱桃、鸭梨、石榴等），从献殿走至祭祖堂前。企业代表紧随其后，上前祭拜。十八种水果代表十八省移民后裔对移民先祖的虔诚祭奠。

主持人宣布向大槐树移民先祖敬献美酒。十六名男侍夫四人一组抬着美酒，从献殿走至祭祖堂前，企业代表紧随其后，上前祭拜。酒自五谷出，蕴含五谷之精华，是大槐树人民匠心劳作的产物，彰显槐乡人顺天应时、自强不息的美好品性。敬献美酒是为祈求国富民强。

⑤奠酒献礼。

主持人宣布向大槐树移民先祖奠酒。企业代表净手后，走向祭祖堂前敬献三巡酒。一巡敬天，祈愿四时和顺、雨润风滋；二巡敬地，祈愿神州富饶、民康物阜；三巡敬祖，祈愿国泰民安、福寿绵长。

主持人宣布向大槐树移民先祖敬献花篮。工作人员两人一组抬鲜花篮走向祭祖堂前，各企业代表紧随其后，上前祭拜。

⑥敬致祝文。

主持人宣布全体肃立，请×××同志向大槐树移民先祖恭诵祭文。敬致祝文是向先祖神灵致颂赞词，祈求先祖神灵泽被后世，福荫绵长。

⑦敬献乐舞。

主持人宣布向大槐树移民先祖敬献乐舞，随即开始各种鼓祭、乐祭、舞祭，表达对先祖的感谢，祝愿古槐后裔吉祥平安。

⑧饮福受胙。

供酒称"福酒"，肉类称"胙肉"。"回爵饮福、撤馔受胙"，主祭人向陪祭人员分配献点，赐饮福酒，代表先祖神灵护佑群生。

⑨鞠躬辞神。

主持人宣布向大槐树移民先祖行三鞠躬礼，一鞠躬、再鞠躬、三鞠躬后，请全体就座。所有人员行鞠躬礼，感谢古槐庇佑，感谢先祖功德。祭祖仪式大礼告成后，工作人员点燃礼炮或彩烟。

（2）中元节、寒衣节祭祖活动。

①中元节祭祖大典。

农历七月十五是中国传统节日中元节，是国人祭祖的重大日子。每年，都有大量来自全国各地的移民后代在山西洪洞大槐树祭祖园祭奠祖先，表达对移民先祖的怀念之情。

祭祖团先后祭拜古大槐树，天地人三皇，二三代大槐树，并向二三代大槐树系挂祈福带和祈愿锁，祈求槐荫绵延，护佑子孙，祈毕由礼仪引导至祭祀广场祭坛处，参加祭祖仪式。中元节祭祖大典祭祖仪式分为：迎请神主、敬香通神、典帛安神、敬献供品、奠酒献礼、敬致祝文、敬献乐舞、拜神祈愿、饮福受胙、鞠躬辞神。

②寒衣节祭祖大典。

农历十月初一是中国传统节日寒衣节，是国人祭祖的重大日子。寒衣节祭祖大典主祭人及主陪祭人遵循传统祭祖活动议程，前往古大槐树处祭拜古大槐树、天地人三皇。遵循国家级非物质文化遗产"大槐树祭祖习俗"，依次进行"迎请神主""敬香通神""典帛安神""敬献供品""奠酒献礼""敬致祝文""敬献乐舞""饮福受胙""鞠躬辞神"等传统议程。

（3）定制祭祖。

大槐树移民后裔单一姓氏家族或研学团队、游客团队可以定制祭祖，遵从国家级非物质文化遗产大槐树祭祖习俗议程的祭祀典仪，礼拜先祖，感受传统礼典，体验非遗文化。

定制祭祖活动一般要提前预订，预约祭祖时间，预付款项，等所有议程结束后付清全部款项。活动时长约20分钟，依照人数不同定制费用不等。具体的祭祖议程有：启坛迎神、敬香通神、典帛安神、敬献供品、奠酒献礼、敬致祝文、鞠躬辞神、饮福受胙。

★ 赛社文化活化石　长治潞城区贾村赛社

民间社火是春节期间流行于中国民间的一种民俗娱乐活动，在中国有着数千年的历史。它来源于古代中国劳动人民对土地与火的崇拜，"社"为土地之神，"火"即火神。祭祀社与火的风俗意在祈求风调雨顺，五谷丰登，国泰民安，万事如意。随着时代的发展，祭祀社火仪式融入众多娱乐元素，逐渐成为群众喜闻乐见的民间文化活动。

长治市潞城区贾村赛社，是流布于山西省长治市上党地区的民间迎神赛社活动。"赛"为酬报神明恩赐而举行的祭祀，它是古代社祭与驱傩仪式的遗存。上党地区因山川阻隔，交通闭塞，民风淳朴，成为保留传统风俗习惯和多种民间艺术较为丰富的地区。贾村民间赛社是上党地区赛社遗存的典型，是宋元以来赛社文化的缩影，被专家学者誉为"华北第一社火"，是研究中国赛社文化和乐户历史的"活化石"。"春祈风调雨顺，秋报五谷丰登"，是贾村民间赛社的精髓。

2006 年，贾村赛社被列入首批国家级非物质文化遗产代表性项目名录。

1. 源于酬神的民间祭祀活动

古代上党地区赛社风俗盛行，是沿袭商周时代社祀而来的酬神活动，俗称"赛神会"。据长治市今存唐碑言，当时"春祈"时已有"花队"进行酬神表演；宋碑记赛庙"创起舞楼"，说明当时已盛行以歌舞杂戏迎神、酬神。宋人刘克庄诗句"村深隐隐闻箫鼓，知是田家赛社还"，表明当时已有赛社之称。金代庙碑记"祭祀所赛，殆无虚日""习以为常"；元代庙碑仍有"巫觋优乐杂然而前，祷谢日丰""鄙俗相传，不以为过"。在潞城区贾村，长期流行"每年一小赛，40 年一大赛"的古规。贾村民间还保存着自明代相传的《周乐星图》（即《迎神赛社礼节传薄四十曲宫调》）手抄本。该本依照宋元旧规，按宋徽宗"大晟"礼乐规制，记录着由"四十大曲"而来的队舞队戏以及宋元杂剧院本。直至清末民国时期，贾村赛社历代相承，各届赛社均由当地"乐户"承应伎乐，演出队戏、杂剧、院本，至 1945 年举办最后一次。

2. 官方民间合力恢复保护

贾村赛社中断后，一批老艺人包括赛社主礼先生、神厨制作等相继去世。1985 年以后，山西省文化厅抢救了一些赛社剧目，也有学者在民间考察中收集到一批文字和实物资料。山西大学、长治学院等与港台学者曾对当地乐户做过较全面的考察，在此基础上，促成 1997 年在贾村举办"仿古大赛"活动。此后，贾村恢复办赛社的活动，每年举办一次，1999 年与 2004年两次的规模较大。2006 年 8 月 10—15 日，来自美国、德国、法国、俄罗斯、韩国、日本、新加坡等国和我国的共 150 名专家学者齐聚山西省长治市，参加"赛社与乐户文化国际学术研讨会"，其间展示的赛社、乐户文化的精华"乐户吹奏""傩戏表演""借盏仪式"等内容，规模空前，获得与会者的高度评价。同年 12 月，由麻国钧、刘祯主编，中国戏剧出版社出版发行的中国傩俗礼仪文化丛书《赛社与乐户论集》上、下两册，共收录中外学者论文 63 篇。其中多篇论文涉及上党赛社相关内容，从学术领域促进中外传统文化交流和非物质文化遗产的内蕴呈现。

3. 古风祭祀仪式，跨越时空展特色

（1）礼仪活动。

贾村赛社大体保存着宋元时的面貌特征。首先，映现着农耕社会"春祈秋报"的古俗古风，每至赛社必请农业始祖"神农炎帝"以及"土地""风雨雷电"诸神，活动中有"祭太阳""祭太阴""祭风"以至"祈雨接水"的古代风俗仪式，赛社中驱傩性的表演原始古朴，今已罕见。其次，保留着模仿唐宋帝王寿诞的礼仪活动，与古籍文献资料中的记载相互映照，赛社祝神祭仪还与《敦煌变文集》中佛教讲经的记载相似。最后，保存着宋元伎乐表演的特色和明代乐户制度的形态。

赛社活动包括下请、迎神、头赛、正赛、末赛、送神 6 个过程，整个赛社活动从四月初一开始需要 5~6 天的时间。每逢赛社，主神庆寿，百神共祀。贾村赛社主神为碧霞宫供奉的碧霞元君（表 9–2）。

表9–2　赛社活动流程

仪程	人员	仪式	读文
四月初一下请	社首、主礼、前行、亭子、帷子、香老等执仪人员	乐户流队戏、大殿禀状、土地庙祭门打篆香、请状	禀状文、请状、前行讲酒文
四月初二迎神	全体执役、社火队伍	大殿请驾、神场圆神、上马队戏、下马接驾、安神、领羊、下马宴三盏	祝禀文、圆神文、上马文、下马文、接驾文、安神文、领羊文、前行讲酒
四月初三头赛	全体执役	清晨伐鼓（三次）报晓、出寝、盥漱、安二仙、全体听命、跑太阳、早三盏、午前调鉴斋、午七盏、午后祭风、晚供盏、开演院本杂剧	报晓文、出寝文、盥漱文、听命文、前行讲鉴斋、前行讲古论、讲酒、祭风文

仪程	人员	仪式	读文
四月初四正赛	全体执役	清晨伐鼓、报晓、出寝、盥漱、安神、上香、迎神祝寿、八仙队戏、猿猴脱壳、放生、跑太阳、早三盏、送寿、午十二盏、午后祭风、晚杂剧院本	报晓文、出寝文、盥漱文、上香、祭太阳、祭风等；午盏前行讲戏竹、祝寿开八仙、放生、对山水、祝寿、安寿、送寿
四月初五末赛	全体执役	清晨伐鼓、报晓、出寝、盥漱、安神、上香、跑太阳、早三盏、太平鼓、中午八盏、午后祭风、晚杂剧院本	报晓文、出寝文、盥漱文、听命文、前行讲鉴斋、前行讲古论、讲酒、祭风文
四月初六送神	全体执役	清晨伐鼓、报晓、出寝、盥漱、安神、上香、跑太阳、早三盏、送神打采	祝禀文、圆神文、上马文、下马文、接驾文、安神文、领羊文、前行祝念送神

①下请。

首先要举行"下请"仪式。下请多往村内土地庙，请土地神代劳，邀请应邀赴会的村内诸神。

②迎神。

在赛社第二天或下请当天举行"迎神"，迎神又叫上香会，由赛社活动主庙的主神碧霞元君作为东道主，将村内其他庙宇内的供神迎接至神庙，接受社区民众的上香、供盏、礼乐等祭祀活动。村民抬着銮驾仪仗、神楼神马，举行各种社火表演，游街转村，迎神回庙后，举行安神升殿仪式。

③头赛、正赛、末赛。

之后三日赛社，分别称为"头赛""正赛""末赛"，又称为头场、正场、末场，最后以送神结束。在三日赛社中，每天从早到晚依次有报晓、盥漱、祭太阳、卯宴、午宴、祭风、晚宴等仪式；晚宴后乐户开始表演音乐、舞蹈、戏剧等节目。

三日赛社中主要的礼仪是"供盏"，即模仿帝王寿宴的"盏次"，每日早、午、晚三次供盏。早供"卯宴三盏"，午供七盏或十二盏（即所谓正赛），晚供八盏（或为三盏）。供盏时，大殿前有主持者唱礼，司茶酒者、端盘者、执帏伞者分东西两班依序排列，在"前行"和乐队的引导下，行香，叩拜，供盏。每次供盏，先"一茶三酒"，再接每盏两趟（先果后食），每趟都在神前敬酒。供盏完毕，最后再献一趟茶，供盏结束。供盏队伍按规定路线，登阶折旋，东上西下，依主持者唱礼的节奏和次序。在整个礼仪中，以前三盏礼规最严，强调"吹头盏，唱二盏，舞三盏"，即头盏细吹细打，二盏"靠乐歌唱"，三盏队舞或队戏。正赛日即四月初四为碧霞元君的诞辰，祭祀的礼仪最为隆重，供盏次数也最多，为十二次。

④送神。

送神，即供盏仪式后，送神打彩。各路神仙牌位向主神碧霞元君行礼，之后送还村内各寺庙。

（2）乐户文化。

当地俗谚有"办赛看三行，戏乐、厨子、鬼阴阳"之说，特指乐户表演、神厨制作供品、阴阳生主持礼仪"三行"。此三行关系着赛社的成败。

乐户，是以音乐表演为业的家庭，是中国传统音乐、戏曲、表演等艺术的重要传承群体。

赛社乐户的传承多为家传口授，至今已难以为继。微子镇的朱家清朝初期已是乐户，其二代朱扎根（1886—1951年）清末民初名噪一时，为八家"科头"（分别为微子镇朱家、翟店镇朱家、合室村朱家、西流村王家、西社村王家、杨家庄杨家、古驿村杨家与王家）之首，传承至第四代时，儿孙辈多改行他业。西流村王家传承至第五代，也面临后继无人的境地。平顺西社村王家传承至第六代，至今仍有后人传承，1985年山西省文化厅制作仿古录像时，王家献出遗存的杂剧抄本，并由第四代传人王福运口授记录了院本《土地堂》，王家对赛社文化遗存保护做出了一定贡献。

（3）乐舞艺术。

赛社的音乐以上党吹打乐为主，乐曲分为单曲和套曲，单曲有《迎仙客》《欢倾怀》《寿南山》《朝天子》《普天乐》等，套曲有《太平鼓》《寿宴鼓》《十样锦》等。乐器分粗细两类，粗乐有大锣、大鼓、大夹板、大唢呐、铙钹、手锣等，细乐有管子（筚篥）、唢呐（海笛）、笙、横笛、挎鼓、小镲等。

队舞有文舞、武舞之别。文舞即"花队"女舞，武舞多为戴面具的迓鼓队和"再撞再杀"形式的舞蹈。文舞与武舞之称，承袭于商周的礼仪乐制，历代多有改创，但文舞、武舞之制相沿不绝。贾村赛社中的文、武之舞，仍然保留着古代"六舞"的遗韵，其明显的痕迹就在于贾村赛社"队舞"中"执干""插羽""兽舞"以及"求雨""武士"等表演形式和歌功颂德的主题内容。

队戏由队舞变化而来，装扮人物并添加故事；故事或由前行执"戏竹"

者在旁讲说，或由人物简单念诵。所表演的杂剧皆为赞体，从唐宋"诗话"或"词话"借鉴演变而来，锣鼓击节，顺口诵唱，至今存有古本《大会垓》《虎牢关》等。"院本"由唐宋时流行的"弄参军"形式演化而来，皆为调笑、插科打诨式的说白，今存《闹五更》《土地堂》等口授传本以及《老王借担杖》等片段。表演队戏是整个供盏礼仪中的精彩环节。古老的历史故事、传说故事，装扮成的各种人物，乐户与武戏表演的服饰和许多道具，加上简单的念诵，锣鼓击节，顺口诵唱，大锣、大鼓、大夹板、大唢呐、铙钹、手锣等，再有唢呐、笙、横笛、挎鼓、小镲等一起上阵，上党地区最常见的大头和尚、寿星、八仙、钟馗、监斋神、猿猴等，整个祭祀队伍的道具各有其名，体现了民间传统工艺的粗犷品格与精美技艺以及民间百姓的狂欢心理。

（4）服饰道具。

赛社活动的服饰和许多道具体现了传统民间工艺的粗犷品格与精美技艺。乐户穿戴的服饰（行头）样式特殊，头戴七折八扣小帽，箍以额翼（又称花抿），上插雉尾，象征翼星崇拜；身穿前短后长的"龙褂"，从前面看似马褂，从后面看又像长袍，或穿有领无袖的"开氅"。演武戏的衣饰类似龙褂，腿前加战袍式贴片，腰系特制的"疙瘩带"。扮演"前行"者戴展角幞头，着红蟒乌靴，手执"戏竹"，仿佛宋代"参军色执竹竿拂子"。队戏舞蹈时，有仿古傩舞的面具，形态有大头和尚、寿星、八仙、钟馗、监斋神、猿猴等。整个队伍的道具各有名堂，制作精细，旗牌銮驾、大伞小伞、提炉熏炉、响杖戏竹、神盘器皿以及"禁口花"等物，多为传承久远的仿古工艺制作。

长治潞城区贾村赛社的服饰与道具

此外，神驾（主神像）、神轿、晃杠、"车故事"等器具和"花棚""炬棚""插祭"等场景，均有特殊的制作工艺。最令人叹为观止的是"插祭"，它既是赛社神场的布置设施，又是特别的祭祀用品，用面片雕镂、油炸，然后经过巧妙扎结，组成一个高宽如墙、状似层楼的面塑建筑，每层之间还插塑故事人物。这种奇异的"面祭"或"花祭"，实属罕见，精细而古朴的面塑工艺，可称为民间绝活。

4. 扬民间文化，赋时代活力

杜同海，男，1938年9月生，山西省潞城市翟店镇贾村人。自幼耳濡目染，被民间社火魅力所吸引，10多岁就开始民间社火表演，成年后热衷于民间社火的发掘、整理和研究。经过几十年的努力，杜同海形成了一整套民间社火资料，掌握了民俗文化活动表演艺术、传统知识和技能，保存了大量与之相关的工具、实物、服饰、道具、手工制品，收藏有大量民间社火资料。将《迎神赛社礼节传簿四十宫调》翻译成现代文字和简谱，并在1997年和2006年，先后两次把赛社文化完全复原。其编撰的《迎神赛社总选》也已经完稿。从1981年起，杜同海就开始了对民间赛社的系统恢复。由于贾村赛社从1944年中断，几十年来，当年参加办赛的一批老艺人相继离世，杜同海克服重重困难，和一些学术机构或研究者一起从民间搜集、收购一些文字、实物和口头资料。为了不让古俗遗失，20世纪90年代，杜同海和村中几位老人共同出资将破败的庙宇进行修缮，并于1997年组织二月二"仿古大赛"恢复活动。据不完全统计，30余年来，杜同海老人收集的赛社资料上至明万历，下至民国年间，各种图谱、曲谱、脸谱、道具、音像资料等不计其数。2008年，杜同海被评为"山西省非物质文化遗产传承人"、2009年被评为"山西省十大杰出非物质文化遗产传承人"和"国家非物质文化遗产项目代表性传承人"。2011年，75岁高龄的杜同海，著书立说，编辑出版了百余万字的《上党赛社》著作，对赛社活动中传统戏剧、曲牌等进行了整理总结。同时，贾村被评为"民间文化保护先进村"。

"礼由先秦乐沿唐宋春祈秋报乃赛社，歌于金元舞至明清民俗伎艺皆文化。"杜同海用此副对联概括了赛社的丰富文化内涵。赛社将宗教、祭礼、娱乐和民间戏曲艺术完美地融合。赛社文化还可填补历史文献的不足或空缺，史籍中"赛社""队戏""杂剧""院本""搬说词话"等的具体形态内容都可以通过民间社火得以表现。

★ 民间巡游表演　万荣抬阁

抬阁是一种民俗巡游表演形式，由单个人或一些人抬着一个用竹木或铁质材料扎制成的类似"阁"的架子进行表演。"阁"有平阁、高阁两种。平阁仅有一层架子，表演者在架子上或站或坐完成表演；高阁造型高度在3~5米，阁子3~5层不等，一般每层1人，也有的底层4人，中层5~6人，顶层1人。目前常采用真人与模型道具相结合的方式，抬阁也由人抬变为车载。

抬阁在中国有1000多年的历史。宋代《武林旧事》记载："迎引新酒，有以木床铁擎为仙佛鬼神之类，架空飞动，谓之抬阁。"抬阁最初源于民间春祈秋报的祭祀活动。古时，每逢祭神的时候，人们或扮演各种神灵，或抬着神像，在乐曲伴奏中从神庙中走出来，走街串巷。由于观众过多，你拥我挤无法近距离观看，人们就将神灵请到高台上，方便大家看清楚，高阁由此而来。随着时间的推移，抬阁中祭神的成分减少，娱乐的成分增加，抬阁由专门祭神演变为节日娱人的社火。高阁上的形象逐渐多样化，造型有戏曲故事人物、民间传说人物等，除娱乐外还起到以历史文化教化人的作用。

抬阁在山西省北部、中部、南部、东南部均有分布，或为传统抬阁，或为变异形式，如雁北挠阁、雁北高跷抬阁、忻州转蕊挠阁、襄汾县京安村抬阁、万荣抬阁、稷山抬阁、运城托阁、长治扛装、清徐背棍等。其中"背棍"不用木床亭架等托举，而是在下面的负重艺人身上绑扎托人的铁架，托住上面站立的小童演员，这种形式也被称为"挠阁"或"背阁"。有的装扮成用手托举之势，叫作"托阁"或"举阁"。清代中叶，在背棍和抬棍盛行时期派生出来的一种高空舞蹈，叫撅棍。它是利用杠杆原理创造的一种空舞艺术。其造型是用一根长棍，以布缠裹，置于棍座之上，由数人操纵棍的根端，棍梢缚一男孩坐骑，装扮仙童等，也有身穿马褂，足蹬皂靴，涂丑脸，扮作皂隶的。表演时，由操纵者按压棍根，压得低起得高，左右旋转，忽起忽落，演员在空中依照扮演角色做各种动作。后又发展为双撅棍，形成对弈场面，或三打白骨精，或真假猴王，颇见新意。晋城市泽州县鸣凤村、阳城县流行的擡，类似于撅棍。

运城市万荣抬阁是集造型艺术与杂技、民间传说等于一体的综合性民间文艺，造型优美，画面壮观，设计复杂，用材考究，制作工序繁杂，参与人员众多，具有广泛的群众性，素有"空中舞蹈""无言戏剧""空中杂技"之美誉。2008年6月，万荣抬阁被列为第二批国家级非物质文化遗产。

1. 起源于游街表演的民间艺术

万荣抬阁是一种极具地方特色的民间艺术形式，起源于山西省万荣县西村，至今已有400多年的历史。相传明朝嘉靖年间，春节皇帝游园时，四位彪形大汉抬一张方桌，桌上放莲花坐台，太子坐于其中，进行游街表演，寓意江山稳固。嘉靖皇帝看后龙颜大悦，将其作为传统节目保留下来。在京城打工的西村人，将这种宫廷表演带回村里，并发展壮大。每年春节的社火表演，都少不了抬阁表演。相传每年正月初一到十五，万荣西村周边各村的乡绅富豪都要举行祭祀活动，比试抬阁制作和表演技艺，以显示自己的财力。

他们用木头做成 1.67 米见方、1 米高的架子，周围用彩布围住，富人家的子女在架子上做出各种简单的人物造型，架子下面由 8 个人抬着，进行游街表演，这就是抬阁的雏形。

清末民初到中华人民共和国成立前，西村祭祀稷王庙，声势浩大，时称"上庙"。西村在四社上庙时，改为用肩挠，即一个人肩膀上挠着一个特制的木架子，木架子下部控制在人的腰部，上面的人在木架上表演，因此称"挠阁"。该节目将过去的八人抬改成一人肩扛，省人、省工、省料，灵活方便，新颖别致，并且在表演当中还可以垫上支撑物休息，但架子上面的人物造型比较单一。

2. 改革创新，古今结合

20 世纪 50 年代，西村和全国各地一样，成立农业合作社，生产关系发生变化，遂废除了多年实行的以"社"为单位的组织，改成生产队，又拆毁稷王庙，从此每年不再"上庙"，社火活动改到南街表演。流行多年的"挠阁"，因对体力消耗过大，并且架子太低，人物造型单一，所以改成四人抬的形式。同时，在内容方面进行革新，由一人表演改为两人或多人表演，并且在上面能做各种简单的动作，使抬阁从呆板变得灵活，并迎合时代，增添新内容，做到古今结合、动静结合。

改革开放以后，西村人民解放思想，大胆革新，学习运用先进科学技术，除将人抬变成蹦蹦车拉，木架变成铁架外，还大力推陈出新，使西村抬阁形式更加多样，内容更加充实。传统项目包含《三娘教子》《牛郎织女》《天仙配》《武松打虎》《三借芭蕉扇》等多个类目。这些节目或以立意新颖、造型惊险而取胜，或因扮相俊美、设计俏丽而感人，或以借古喻今针砭时弊而大快人心。总之，都在弘扬时代主旋律，褒扬真善美，抨击假丑恶，因而受到社会各界人士的好评。

20 世纪 90 年代以来，西村抬阁在宣传文化部门的关怀和支持下，在一些热爱乡土文化人士的积极参与下，得到了很大的发展，在河东大地大放异彩，曾多次参加市县各种庆典活动，连连夺冠，并捧回锦旗、奖杯。1992 年，他们应邀参加运城市第三届关公庙会开幕式表演，台下观众如潮，掌声雷动，台上领导离席弃座，翘首相望。海外华侨争相喝彩，频频举起手机拍照，国际友人不断为之叫好，国家和省市报刊、电视台等新闻媒体都做了报道。1995 年，西村抬阁应邀参加北京市龙潭庙会，为首都观众献上河东大地精美的文化大餐，首都观众 和外国朋友众交口称赞，并争相与抬阁队伍合影留念。这一次，他们获得文化部的金杯奖。2014 年，西村人民举办了规模空前的社火比赛活动。全村共分 16 个居民组，每组制作 3 台抬阁。各组居民不甘示弱，集思广益，竭尽全力，台台技术出众，精美绝伦。 当天，除 48 台抬阁外，还有旱船、花鼓、锣鼓、秧歌、彩车、旗队、炮队、小车队，参与人员之广，上至 73 岁老翁，下到 3 岁半稚童，其数量之多、内容之丰富可谓旷古绝伦。当日，男女老幼倾家出动，加之邻村慕名前来的观众，西村的大街小巷，人群涌动，万人空巷。铳声、鼓声震落星辰，掌声、叫好声似海浪翻滚。从清晨日出直到皓月当空，人们才尽欢而散。

20 世纪 90 年代，万荣抬阁的发展达到高峰。每年正月十五，观看抬阁表演的人蜂拥而至，万荣抬阁由此成为当地广大民众文化生活的重要内容。

3. 就地取材，寓教于乐

万荣抬阁构思新颖，内容丰富，以奇制胜，以险动人，一出折子戏、一个故事、一段影视剧、一段传说就是一架抬阁主题，以艺术形式表现出来，可达到出神入化的程度。它就地取材，贴近生活，寓教于乐，具有深远的历史和现实教育意义，促进了和谐文明社会的构建与发展。

万荣抬阁具有很强的艺术观赏性，能够增添节日喜庆气氛，给人们带来欢乐和笑声，促进和谐与健康。万荣抬阁是历史传承下来的地域文化艺术，经过几代人的传承与发展，已基本形成规模，并发展壮大，取得了明显的社会效益和初步的经济效益，对于提高万荣县知名度，发展县域经济，具有巨大的推动作用。抬阁主题多为歌颂中华民族的传统美德和道德观念，教育意义深刻，历史意义深远。万荣抬阁作为民间文艺的综合艺术，与各个历史时期的政治、经济、文化、思想等方面都有密切的内在联系，具有深厚的民族文化底蕴，堪称祖国文化艺术的瑰宝，具有极大的保护价值和研究价值。

4. 匠心汇聚，搭建抬阁

一架抬阁从主题创意、框架搭建到成品呈现，倾注着技术员、表演者的无数心血。各步骤都非常关键，集聚大众的慧心巧手。

万荣抬阁的
制作步骤

（1）篾架子。

取一根粗细合乎要求的铁棍或钢筋，用火反复锻造成所需的各种弯形。

弯度形状要精巧，最主要的是找准重心以及寻找掩饰物的支点等，抬阁的中心力要 100% 上下垂直，如有不合适，要多次调整，确保安全。

（2）固定架子。

早期使用木制车脚的轴承连接固定以使牢靠，将土袋或沙袋装入平车以平衡重心。现在大多直接在蹦蹦车或小平车上用钢筋铁丝固定，既方便又安全，这也是抬阁安全的关键环节。

（3）找演员。

万荣抬阁为减轻架上的重量，常挑选 3~12 岁的小孩饰演。他们年龄小、身量轻，扮相俊美、艺高胆大，能吃苦的村里的小孩被选中是非常荣耀的事。由于大多小孩处于学龄阶段，为避免耽误学习学业，考虑小孩的身高年龄逐年成长等，每年会更新小演员。这在一定程度上阻碍了万荣抬阁走出去展演的步伐。

（4）准备道具、模型、服装等。

每架抬阁所需的道具、模型都是由村里的能工巧匠根据要求精心制作而成。有的工匠既是设计者又是制作者，当地统称为技术员。每年不到正月初五，工匠们就开始张罗，基本材料有木料、钢筋、铁棍、铁管、轴承、铁丝等。早期服装都是被选中的小孩家自己提供，现在服装有讲究，上档次，已改由村、组统一购置。演员的脸谱由村里老艺人按节目中的人物造型精心化装。

（5）绑抬阁。

绑抬阁即将化装后的小演员安置在抬阁架子上。首先由抬阁的设计制作者将小演员抱上相应位置，也叫"上架"，然后用布条、绑带把小演员固定在架子上，用服装、道具把铁架子掩饰起来。在这个过程中，小演员和大人配合默契，各就各位，很是利落，很快一架抬阁便绑绞完毕，在锣鼓、秧歌的伴奏下走进表演场地。

5. 传承创新，让民间艺术之花盛放

万荣西村抬阁是集戏曲、舞蹈、杂技于一体的综合性民间文艺。其设计之复杂、用材之考究、参与人员之多，远远高于其他社火，因而具有广泛的群众性。抬阁艺术源于民间，众人参与，自发组织，无派无系，其传承没有严格的要求，但每一阶段都有代表人物及其作品。

1931—1975 年，传承艺人有张明甫、王祥甫、王丙西等，他们在继承

抬阁传统技法的同时，开始采用小平车作为运载工具，使抬阁高度上升，并强化了抬阁的灵动性，代表作品有《三娘教子》《牛郎织女》《雷峰塔》《武松打虎》《拾玉镯》等。1976 年之后的代表性传承人物有王殿杰、王义平、高新荣、高裕民等，他们使抬阁制作更加精美，代表作品有《高空飞车》《蹬马》《关公出征》《白蛇传》《西厢记》《招财进宝》等。

西村抬阁是西村人民的一颗璀璨明珠，为了将其世世代代传承下去，并不断发扬光大，当地政府成立了保护小组、抬阁艺术团、抬阁保护中心，将各项保护项目登记造册，建立档案、制作光盘、出版图书画册，并不定期举办培训班，使其后继有人，促使这一民族艺术之花开得更加娇艳。

拾　体能技艺自娱乐

　　名扬中外的少林功夫、激烈刺激的摔跤、热烈超燃的龙舟赛、炫酷震撼的风火流星、以假乱真的口技、益智烧脑的围棋、热火朝天的塔吉克族马球、养生健身的华佗五禽戏、远播五洲的吴桥杂技……一项项传统体育、一种种游艺、一台台杂技，像一颗颗璀璨耀眼的明珠，吸引着人们一起欢腾放达、强健体魄、娱悦身心。

01 忘忧清乐修德依仁　传统体育、游艺与杂技

　　我国幅员辽阔，丰富的自然人文资源、民族民俗风情，造就了兼具地域性、民族性、娱乐性的传统体育、游艺与杂技类非物质文化遗产。该类非遗涵盖民族形式体育（如秋千、蹴鞠、抖空竹等）、民族形式竞技（如赛龙舟、刁羊、马球等）、武术（如少林功夫、心意拳、太极拳等）、民间游艺（如围棋、象棋等）、杂技（如吴桥杂技、马戏等）以及其他项目（如沙河藤牌阵等）。

　　民族传统体育项目是各民族基于生活生产、军事实践创造发展起来的体育运动，如射箭、骑马、摔跤、赛龙舟等。民族传统体育承载着深厚的人文价值与审美内涵，折射出各民族的精神特质。民族传统体育不仅是一种运动形式，更蕴含着丰富的中华优秀传统文化，是中华体育精神的生态缩影。国务院办公厅印发的《体育强国建设纲要》强调：传承中华传统体育文化。加强优秀民族体育、民间体育、民俗体育的保护、推广和创新，推进传统体育项目文化的挖掘和整理。开展传统体育类非物质文化遗产展示展演活动。在实施"健康中国战略"的大背景下，将传统体育类非物质文化遗产与全民健身相融合，可以满足群众健身需要，丰富全民健身项目，促进群众健身开展。群众参与传统体育类活动能够强身健体、娱悦身心。

　　游艺是流传于各民族群众中的嬉戏娱乐活动，俗称"玩耍"，如风筝、

围棋、斗鸡、酒令等，千百年来，世代相袭，在传承中焕发新活力。这些游艺项目是人类追求悠然自适精神需求的外在体现，体现着古人的智慧和趣味，影响着中国人的日常生活。除具有节令性、自娱性、艺术性、对抗性外，同时兼具规则性，必须在公平的游戏规则下进行，蕴含着道德修为的核心价值。寓教于乐，熏陶性情，享受闲暇，养生益智，这也许是中国人陶醉其中接续传统的主要原因。

杂技，古称百戏，也称杂耍、变戏法、玩藏掖，是一种集音乐、舞蹈、杂耍技艺于一体的表演形式。狭义的杂技主要包括形体技巧类、力技、翻腾杂技、平衡杂技、耍弄技巧类、高空杂技等；广义的杂技包括魔术、马戏、乔装戏等。中国杂技历史悠久，具有强大的艺术生命力。最早的杂技是原始人类在狩猎过程中形成的劳动技能，以及在自卫攻防中创造的武技与超常体能，在休息和娱乐时，又再现为一种自娱游戏的杂耍表演，即杂技艺术。杂技是险中求稳、动中求静、平中求奇的艺术，融冷静、巧妙的技巧和千锤百炼的硬功于一体。表演者展示刚性与坚硬、柔韧与巧妙，用杂技所特有的肢体语言诠释杂技艺术的超常之美；以生活用具和劳动工具为道具，体现出中华民族以器载道的人文心理。杂技大量存在于老百姓的生活中，如抬阁、舞狮、踩高跷等社火都有杂技艺术的影子；踢毽子、杠术、鞭技等强身健体项目也包含着各种杂技元素。杂技由于使用人类共通的肢体语言，所以自古以来就是各国文化交流的载体。因其影响范围广，获得"艺坛楷模"的荣誉称号。

02 益智娱乐强身健体　山西传统体育、游艺与杂技

山西省的先民们凭借表里山河的地理环境和厚重独特的文化渊源，创造出融竞技性和娱乐性于一体的传统体育、游艺与杂技项目。山西省传统体育、游艺和杂技，历史悠久，种类繁多，分布广泛，与社会生活、生产劳动、军事战争等紧密相连，蕴含着强身健体、休闲娱乐、修身养性的记忆因子，创造并传袭了形形色色的表现形式。如起源于先民农事、生产、日常生活的河东风筝、长治铁礼花等；可强身健体且竞技性凸显的各类拳法、赛事，如散手迎风掌、流星锤、手搏术、挠羊赛等；还有以娱乐身心、开启民智的益智棋类、游戏类项目，如永和县打瓦游戏、乡宁县动物棋等。

截至 2023 年 7 月，山西省拥有传统体育、游艺及杂技类国家级非物质文化遗产代表性项目 6 项，国家级代表性传承人 5 名。

截至 2023 年 7 月，山西省公布的六批省级非物质文化遗产代表性项目名单中，传统体育、游艺及杂技类省级非物质文化遗产新增及扩展项目共 40 项。

★ 心之所动意之所向　戴氏心意拳

心意拳，中国传统拳术之一，自古就与太极拳和八卦拳并称为中国三大内家拳法。它是中国武文化和东方神秘文化的重要组成部分，是中华武术百花园中的一朵奇葩，常用于防身护镖和强身健体。自明末清初，逐渐形成比较明晰的、具有代表性的三大主要流派：一是以河南洛阳马学礼等为代表的河南马派心意拳；二是以四川金道人（金一旺）为鼻祖的金家功夫（心意拳）；三是以曹继武之后的戴隆邦、戴文雄、郭维汉、李洛能等为代表的戴氏心意拳。

戴氏心意拳，亦称心意拳、戴家拳，是汉族武术之中极为保守、神秘、威力强大的内家功法之一，俗语云："只见戴家拳打人，不见戴家人练拳。"戴氏心意拳将佛家、道家、儒家功法、理论熔于一炉，是一门拳理独特、实用性强的内外兼修之武术。其功法顺应大自然客观规律，以天地阴阳之平衡、金木水火土五行相生相克之理论为戴氏心意拳之精髓。

2011 年，山西省祁县申报的心意拳被列入《国家级非物质文化遗产代表性项目名录》。

1. 古拳融新创，家传到外传

古拳谱记载，心意拳为南宋名将岳飞所创，是一门实战派古拳法。后来岳飞被害，此拳随之销声匿迹。

明末清初，山西蒲州人（今山西省永济市）姬际可将此拳重现于世。他在终南山随一位隐士习武，又得赠《岳武穆拳谱》，从而让该拳法重现武林，该拳法被称为心意六合拳。另一种说法是，姬际可在少林寺习武，观两鸡之斗，并进行反复研究，运用古代五行星克之学，结合对前人"五禽戏"原理的理解，遂与少林寺的龙、虎、豹、蛇、拳相融合，创立了新的拳种，即为"心意六合拳"。姬际可将拳艺传给马学礼、姬全寿、曹继武、李政等人。

姬际可的徒弟曹继武得到真传后，将其传给祁县戴隆邦，而戴隆邦自幼习武，继承了其祖师爷戴伯苗所传的拳法后，又四处访名师、会武友，与众多武术名家高手研究、切磋，探讨心意拳之精髓，领悟心意拳之奥妙。在结合家传武艺的基础上，他苦心钻研20余年，对心意六合拳不断进行改革与完善，丰富心意拳的理论体系和技术体系，最终创立了拳风独特的戴氏心意拳。

戴隆邦老先生立下了"只传戴姓，不传外家"的家训，此拳历代在其家族中秘不外传，直至戴氏心意拳第四代门人戴奎大师因膝下无子无继承人，才破其家规把此拳传给德才兼备的外姓人。在晋商最辉煌的时期，心意拳师们以"押票号"为名享誉全国，并在各地创办镖局，镖行天下。戴家使用此拳开设过当年全国六大镖局之一的广胜镖局和山西会馆，为晋商保驾护航立下赫赫战功，名声远传武林内外。山西晋商文化的发展为心意拳的传播和发展做出了很大的贡献，心意拳的传播和推广也由原来的只传家族不传外人，到广招徒弟、广开武馆传播武艺，对心意拳的发展有重要的意义。

由家传到外传，经历了漫长的时间，习练传承者大多文化层次偏低，还有部分目不识丁，因此口口相传是练此拳的主要途径。最终导致心意拳的传播速度相当缓慢，习练者偏少。1930年，孔祥熙聘布学宽为太谷明贤学院，即现在的山西农业大学，担任专职的心意拳教师，之后的第四代弟子，在太谷中小学义务教授武术心意拳。中华人民共和国成立后，国家注重武术传承，戴氏心意拳逐渐焕发光彩，习武者数量不断增长。1997年，戴氏心意拳第六代弟子（一位外国习武者北西胜海）在山西组织成立第一家心意拳俱乐部。在太谷教育局和体育局领导及武术协会的主持下，心意拳走进当地中小学课堂，并在全国大范围推广。2011年，山西农业大学信息学院将心意拳作为全校万余名学生的必修课程。

戴氏心意拳传承古朴、道理科学、实用性强，心意拳具有广泛的群众基础，是汉族劳动人民在长期的社会实践中不断积累和丰富起来的一项宝贵的文化遗产。如今，此拳涌现出众多的名师高手，其声誉大振海内外。

2. 以意领气，以气催劲

戴氏心意拳是以意领气、以气催劲的内功拳，气通周身经络，对调节微细血管、强健内脏有着较好的作用，只要常练不懈，可以气贯周身、舒筋活络、提神壮筋。拳谱中指出"久练自成金刚体，百病皆除如童子""小周天百病俱消，大周天长命百岁"。可见气之功能不仅是戴氏心意拳的劲源，而且有气行病除的巨大疗效。同时养丹田之束展功的起落，对内脏产生按摩作用，从而增强肺活量，强化胃功能，提高肝脏排压力，促进血液循环。

3. 拳功一体，体用合一

心意拳是晋中历史上的武术前辈们在继承姬氏原创心意拳的基础上，结合保镖护商等新的武术实践，遵"天人合一"之理，循"一气、两仪、三才、四象、五行、六合、七进、八卦、九宫、十方"之规，摄自然生灵之长，合"天干地支"之数，长期实践，共同研创而成的。

姬际可在少林寺期间将自己所学的拳法、枪法与少林拳法相结合，创立了新的拳法——心意拳，以"心之发动为意，意之所向为拳"的理论为指导，以"六合"为动作技术，因此又称为"心意六合拳"，讲究动作与意念相一致。"六合"常见的说法是讲究心与意合、意与气合、气与力合、手与足合、肘与膝合、肩与胯合，前三种称为内三合，后三种称为外三合，因此便有了"心意六合拳"的得名。

4. 拳风独特，技击性强

心意拳的技击性很强，它能用头、肩、肘、手、胯、膝、足等部位击打敌方，非常实用，受到国内外武术家的重视和广大武术爱好者的喜爱。

心意拳传承的内容包括拳学理论、散手套路、器械套路和处世哲学等。其主要特点既有零招散式，又有盘练表演套路，同时兼有内功功法。心意六合拳模仿鸡、龙、虎、蛇、燕、鹞、马、熊、鹰、猴的形态，将其演变为拳法，举手投足要求意念集中、劲力裹含、蓄后而发，束身而起、长身而落，手随意发、力随声落，起势快如卷地风，发力刚、猛、狠、快，展现出似火烧身的灵劲和爆发力。发力主要有束展劲和拧裹劲。束展劲靠一曲一伸来获得爆发力。右肘部碰左膝把身子拧裹起来，然后展开的劲道就是拧裹劲，是心意系统中有效的防守身法。

山西心意拳是一套集搏击、健身、防身、养生、修心于一体的优秀拳种，是一门内外兼修、练养并蓄、阴阳互易、静动相协、师法自然的优秀内家拳。主要拳法分为以下几大类：① 劈、崩、钻、炮、横五形拳；② 龙、虎、猴、马、蛇、鸡、燕、鹞、鹰、熊十形拳；③ 乌牛摆头、狸猫上树、饿狗扑食、野马践槽、灵蛇拔草、金鱼抖鳞、鹞子穿林七小形；④ 裹、践、钻三拳；⑤ 崩、背、炮三棍；⑥ 养、坐、开、闸、砸、竖、射七步丹田功；⑦ 一至五趟螳螂闸势捶；⑧ 挑顶、云领、展截、裹胯四把；⑨ 蹲猴势桩、浑元桩、三才桩、两仪桩、童子功等功、技、法、式等。

①五行拳。

五行拳以中国传统文化中的五行学说命名，为戴氏心意拳的母拳，是立拳之本，包含劈拳、崩拳、钻拳、炮拳、横拳。其动作简单、劲节严谨、左右反复，可以单练也可以穿插练习。

五行拳

劈拳属金，似斧非斧也。出劈拳要像用斧一样，向下劈、割，向后抽、拽。练习方法有起如摘子落如坠子（就是说出手时像在摘果，回手时如同果实坠落），还有起斜落正（出手时身体倾斜，落下时摆正）、起腮落眉（从腮的位置出手，回手落到眉的位置）、起如锉落如钩（出手像钢锉，回手像钩子）。崩拳属木，似箭非箭也，有舟行浪头之势。崩拳要如同箭一样射出，走的路线是斜向上，如同船在海里航行遇到海浪水涨船高一样，随高打高，随低打低。钻拳属水，似闪非闪也，有山倒岭塌之势。钻拳也叫截拳，就像闪电，要一触即发，一碰人就倒，使对方感到山倒岭塌，无处躲藏。炮拳属火，似炮非炮也，有江水拍岸之势。炮拳要像炮一样有爆裂的发力，而且人像江涛拍岸一样，有卷劲，还要有拥劲。横拳属土，似弹非弹也，有轮行壕沟之势。横拳要如同弹丸一样射出，所行路线如同车轮行走在壕沟一样走下弧线。

习练五行拳，有助于人体肺、肝、肾、心、脾五脏的气化运行，能起到强健五脏的作用。

②十大形。

十大形是戴氏心意拳的基本拳法，取龙、虎、猴、蛇、马、鸡、鹞、燕、鹰、熊的神韵创编而成，动作简捷、古朴存真，讲究头、肩、肘、手、胯、膝、足并进。

龙形拳：龙有撬骨之法。该拳手脚齐出，钓扣对方手肘，起腿猛蹬对方胸（腹），使对方防上不能防下，固手不能固腿。虎形拳：虎有扑食之勇。该拳使用双掌扑推。低推对方中下节，拔根基，叫"抽"；你来我去平扑推叫"丢"；居高临下推对方中上节为"搂"。猴形拳：猴有纵身之法。该拳讲究手脚齐出，速度快，招数多，变化莫测，攻其不备。蛇形拳：蛇有拨草之能，将对方的手比作草，拨开或截开对方的护手，近身攻击。马形拳：马有奔蹄之功，该拳进步快，能踩住对方，不让对方跑掉。鸡形拳：鸡有敌斗之勇，该拳重创对方面部，一啄一顶一夹一击，使对方顷刻丧失战斗力。鹞形拳：鹞有束身入林之巧。在拨开对方后，将身子钻进云攻击，同时俯身护住自己。燕形拳：燕有抄水之术，像燕子抄水一样一沾就起，一沾就打，冲击对方。鹰形拳：鹰有捉拿之精。鹰形拳既有手抓又有膀击，如同"鹰抓兔""鹰跌膀""鹰击腹"，使对方顷刻倒在脚下。熊形拳：熊有出洞之威。以三角形行步行拳走势，以反向式手法排阻击敌。

十大形特点分明，象形取意，习练时精于意而肢体形于外。

5. 口传身教，拓展推广

（1）代表性传承人。

梁晓峰（1956—），男，第六代传承人，原名梁剑锋，山西榆次人，中国心意武术大师，是心意功夫国际联盟主席、中国心意武术专业委员会主席、山西省晋中心（形）意拳协会主席、山西省晋中摔跤柔道自由搏击协会主席、山西省晋中终级格斗俱乐部主席，2006年被评为山西省武术大师、山西省民间文化遗产杰出传承人，2008年被命名为国家级非物质文化遗产心意拳代表性传承人。梁晓峰先生自幼习武，数十年如一日，朝夕不辍，已传承弟子和再传弟子数十万人，其弟子们在国内外武术、散打、摔跤等重大赛事中获得冠军200余次。他著有《重新调整角度》《中国心意拳行功秘法》等著作，社会影响力大。

高锡全，山西祁县人，汉族，工程师，原山西建材厂技术科副科长，系山西祁县一级武术裁判，原祁县武协副主席，入选中国民间武术家名人录、山西非物质文化遗产心意拳代表性传承人。

高兔梅（1954—），女，出生于山西省晋中市祁县峪口乡鲁村，自幼生长在武术世家，从小受到爷爷高陞祯大师的言传身教，因是长孙女，爷爷打破传男不传女的家规，传授其心意拳。她受到五叔高锡全精心传授，且在二叔高锡善全面指导下刻苦钻研戴氏心意拳精髓。其传略被收入《高氏武术人物志》一书。

（2）传承方式。

心意拳的传承除家族、师徒相传以及在当地大中小学校园内开设体育必修课程外，社会传承也起到功不可没的作用。山西省心意拳组织与社团的发展与推广，扩大了山西心意拳在国内甚至是国际的影响力和知名度。山西省心意拳协会致力于推动心意拳发展，多次举办心意拳培训班、教练培训班以及举办各类心意拳学术交流活动，为心意拳发展提供平台，极大地促进了山西省心意拳的拓展工作，为心意拳武术事业做出了巨大贡献。心意拳武馆、心意拳武术学校的成立，以专业化训练推广与参加赛事相结合，提升社会影响力。

随着快手、抖音等新媒体的兴起，部分心意拳大师开始通过直播讲解演练戴氏心意拳，吸引了全国各地的爱好者，线上线下教学相结合，让更多的大众人群了解、认识戴氏心意拳。学员通过习练，身体得到很大改善，对颈椎病、腰椎间盘突出、腰肌劳损、高血压、静脉曲张等均有改善作用，让传承者更加有信心推广。

★ 娱乐竞技摔跤活动　挠羊赛

挠羊赛是一种流行于忻州、原平、定襄一带的汉族民间摔跤活动，是兼具体育运动魅力和地域文化特色的群众性竞技项目，是当地节、假、集最为"红火"的文体活动之一。因为传统赛事的奖品是活羊，获胜者将羊高高举起，绕场一周，向"神灵"表示敬意，向观众致以谢意，因此称之为"挠羊赛"（忻州方言"挠"即举起的意思）。

2008年，挠羊赛被列入第二批国家级非物质文化遗产代表性项目名录。2013年11月，挠羊赛被国家体育总局认定为中国体育非物质文化推广与保护遗产项目。

1. 尚武强体，酬神演戏，角抵斗胜

忻州地处边关战略要塞，是胡汉民族杂居交融区。这里的人民世世代代保留了一种尚武精神，同时受到蒙古人摔跤活动的影响，再加上忻定盆地地势平坦，地面少有石头，适宜开展摔跤活动。

据《旧五代史》记载，忻州早在唐朝就已有群众性的"角抵"活动。关于挠羊赛的说法有以下两种。

说法一：挠羊赛起源于宋元时期，距今有1300多年的历史。当时，抗金名将岳飞在军中设"角抵"训练士兵。岳飞被害后，其部下一位忻州籍老兵程效婴回到故乡，为延续岳飞抗金理念，增强乡亲们抵御外敌的能力，将军中所学跤术传给乡邻，深受乡人喜爱，故一传十，十传百，世代相延，终成习俗，在长期发展中演变成"挠羊赛"。明末清初，摔跤（跌对）在忻定盆地广泛开展，经久不衰。

说法二：据考古学家、文博研究员李有成先生考证，"挠羊赛"起源于明洪武二年（1369年），是由忻州传统的"角抵"演变而来。当时忻州的民俗风情是"安家先安神，建宅先建庙"，出现了村村有寺庙、巷巷有神堂的现象。每座寺庙都定期或不定期地举办盛大庙会，"酬神演戏，角抵斗胜，蔚然成风"。摔跤活动开始以比赛的形式出现在忻州寺庙的古庙会上，而且是庙会的"压轴戏"，形成了一道忻州独有的民间风情景观。马增祥先生的诗《倾城》中写道："自古繁华七月会，倾城倾市动天地。风情八面人看人，珠玑十万斗豪气。日逛街市暮听戏，醉卧跤场夜不归。最是一年潇洒时，曲终人散待来岁。"

清同治年间，定襄县摔跤活动已经很普及。每有跤赛，油坊即为跤场免费提供自榨的胡麻油或其他植物油，瓜农自愿担来西瓜给跤手解渴，季庄李江喜当时是享誉忻定一带的有名跤手。清光绪版《忻州直隶州志》中记载："秀荣东南双堡王增寿，号为外力，善角抵，人莫能敌。"至清末，名跤手有西营村张鹏、张燕、张振东等。

民国时期，摔跤在忻州更加普及。每有古会，必有跤赛。"立了秋，挂锄钩，吃瓜看戏摔跤放牲口。"每当麦归仓、粮入库、草上垛、挂锄钩的金秋之后，硕果在怀、辛勤劳作的忻州乡民便会在赶集看戏、挠羊摔跤的娱乐中获得精神生活的充实。

中华人民共和国成立后，摔跤运动得到国家大力扶持。除民间古会摔跤外，各级体育运动委员会都会举行大型摔跤比赛。奖品由过去的绵羊改为运动衣、毛主席纪念章、收音机、自行车、奖金等。比赛项目不仅有传统挠羊赛，且引入国际式摔跤和柔道。1960年，当时的忻县被命名为"摔跤之乡"。据《山西通志》记载，忻州、定襄、原平三市县人口总数约百万，其中爱好摔跤且积极参加摔跤活动的人约占70%。摔跤活动是当地民众必不可少的生活习俗和娱乐活动。在历届省级和全国性体育大赛中，忻州选手不仅屡建佳绩，并向山西省和国家体育运动专业队输送了一批又一批优秀运动员，为祖国摔跤及其他武术竞技事业发展做出了贡献。

在忻、定、原逐渐形成了众多的"摔跤世家"，诸如忻州有"南崔北赵"，即奇村镇南高村的崔家和义井乡北胡村的赵家（赵铁猫、赵双厚、赵双明等）；原平有太平街的晋家（晋子扬、晋世、晋海等）、下原平村的武家（武还治、武申虎）、解村的王家（王长富、王玉科、王开科等）、西镇乡前沙城村的张家（张润堂、张文锁、张宏伟等）、郑家营的刘家（刘有同、刘有亭、刘有贵）；定襄有宏道镇留念初村的朱家（朱上槐、朱富山、朱彦青等）。

2. 抱腿巧摔，规则简单，群体娱乐

（1）比赛规则。

忻州挠羊赛之所以能保留下来，并形成规模，是因为忻州挠羊赛有其特殊的规则和技巧。挠羊赛的摔跤手不分体重级别，不分年龄，不分性别，以一跤见胜负，负者淘汰，胜者继续与新手比赛。挠羊赛的跤手除脚以外，脚踝以上部位只要一沾地就算输，尤其手不能沾地，所以有些跤手开跤后试探到对手过弱，便会乘势拉住对方的手腕或胳膊猛然一扯，让对方的手沾了地，便将对手淘汰了，而如果对手过强，弱方知道不是对手，便会主动走出来，将手托在地上，以示服输。一个跤手跌倒一个对手，对方便会拉出一个破跤来，如果破跤的出来跌倒了对方，喝跤的便会喊"破了"；连续摔倒三位对手，赛后就会给予相应的奖励。连续摔倒五位对手，虽然挠不上羊，但也会给予仅次于挠羊汉的奖励。连续摔倒第六个对手，这场跤便结束了。优胜者便是"挠羊汉"。

在赛事开始前几天，主办村就将"挠羊赛"消息发布出去，然后在戏台上插两杆跤旗。所谓"打出招军旗，就有吃粮人"，跤旗插出去，自然有人来拔旗，一般来说，拔跤旗的人必须是曾经扛过羊的"挠羊汉"。如果主办村就有挠羊汉，或请了高手，张贴出来的广告上就会说明由"××村让四乡"或"××村让四路"，这是挑战，跤旗则只插一面，由应战方来拔。主办村的高手被称为"保羊者"，一般有了"保羊者"，这跤会一场跌到天亮，但羊并不一定能保住，你请了高手，须知强中更有强中手，往往会杀出一个不知名的新手来，最后连跌六人，或跌倒了主办方的保羊者，主办方再拉不出人来，这个人就会把羊扛走，成为新的挠羊汉。如果主办方预先没请到保羊者，也没人来拔跤旗，便会由好事者、热心人去戏场上找跤手，找到两个高手后，由这两个高手再约跤友，称为"朋跤"，如果两个高手恰巧一个是河（滹沱河）东，一个是河西，便河东对河西；如果高手一个在路（京原公路）东，一个在路西，便由路东对路西；如果一个原平，一个忻州，或一个忻州，一个定襄，便由原平对忻州，或忻州对定襄……有了对手阵营，还需有一个喝跤的（裁判），喝跤的一般是年老跤手且深谙跤场规则。每年的农历七月二十二，挠羊赛在原平镇举行。届时，又是忻州、定襄、原平三县的对抗摔跤比赛，这种三县跤手的角逐，比起村与村之间的对抗，水平要高得多，比赛也精彩得多。

挠羊赛一般在夜间进行，而且多在后半夜戏散之后，如果组织得好，一场跤可以跤到上午八九点钟，如果组织欠佳，则要跤第二场、第三场，跤到天亮为止。

挠羊赛跤手出场先弱后强，一个比一个水平高，最初出场的叫"打渣的"（忻州、定襄叫"打露水"的），一般都是十五六岁的小青年，好手陆续出场，随着对手逐步变强，赛事渐入佳境，你施你的特技，我用我的绝招。你以力量见长，我以技巧取胜，有时摔得干净利落，有时要大战几十个回合才能分出胜负。如果有谁已摔倒四个或五个，保羊者就该出场了，保羊者一上场，这场跤就接近尾声了。然而，这时也是跤场上最为精彩的时刻，看了半夜，疲困至极的观跤者这时候都会精神一振，场上不断传出叫好声。挠羊赛中，跤手连胜五人便为好汉，连胜六人便成为人们心目中的英雄。这五与六，是受到古代三国时蜀汉大将关羽"过五关斩六将"的启示而形成的一种民间习俗。然而，"过五关斩六将"并非容易事。挠羊赛场上，双方都在进攻，双方又都在防守，摔跤手不但要有高超的技艺，而且双方都有场外指导，出谋献策，往往在跤手不差上下的情况下，会出现通宵达旦相抗衡的局面。摔倒五人后，自己被摔倒，屡见不鲜，这是最扣人心弦的时刻。一个高手已摔倒了四个、五个，势如破竹，胜利在望，不想"半路杀出个程咬金"，使胜利在望者功败垂成。但是保羊者的命运同样难以预料，强中更有强中手，一山更比一山高，保羊者同样可能在摔倒四个或五个之后，遇到更加强劲的对手，从而前功尽弃，饮恨跤场。同众多竞技项目毫无二致，挠羊赛场上最后的胜利者，当然是实力最强的跤手，或是接连摔倒六个，或是对方已经"全军覆没"，再无跤手可派，这时，庙会主持者便将早已准备好的大绵羊牵过来交到获胜者手里，挠羊赛便结束了。

（2）招数。

传统的忻州挠羊赛参加者不穿跤衣，光背作战，因此跤手们多采用抱腿技术。通过控制对方的腿，让对手失去平衡，摔倒在地。实践证明，无论在技术上还是战术上，抱腿都有优越性和可施性。抱腿分为抱单腿和抱双腿。技法基本上有两大类。第一类是散手抱腿法，双方身体不接触，寻找机会，上手抱对手的腿。第二类是抓握抱腿法，抓住对手的

忻州挠羊赛
抱腿技术

胳膊或拍摁颈部，再进行抱腿。最关键的是，抱腿要快，要在一瞬间使用，让对手防不胜防。抱腿动作花样繁多，变化多端，攻守兼备。抱住对手大腿后，如果对方的重心向下时，你就可以往下跺；如果对方往上走，你就可以向上扛，同时也可以向两侧走。

还有勾、绞、挑、别等攻下盘技术。勾是用脚尖勾对方的腿和脚跟，好的跤手一个勾子就会将对方的脚跟勾离地面，然后迅速用手抓住对方脚跟，将对方摔倒在地；绞是用腿绞对方的腿，绞住腿后，抓住对方双肩，两手一用力，也能将对方摔倒；挑是用自己的脚挑对方同一方向的腿，将对方挑得单腿着地时，一推一拉便会将对方摔倒；特别是弯下腰用手推对方的腿。

攻上盘技术有推、搂、枕、背、闪。推是在两人交手后，不让对方抓住自己，围着对方腾挪闪跃，不断用单手推对方肩膀，这是虚招，在推的过程中寻找机会；搂是搂腰，有的跤手在腾挪闪跃中会突然钻到对方身后，从后面搂住对方的后腰，将对方举离地面然后摔下去；枕是在两人互相抓住后，瞅机会翻身将头和肩枕在对方胸部或肚子上，用自己的体重将对方压倒，但因施枕者在上面，所以被枕者先倒地；背是抓住对方双手或双臂，翻身将对方背起来从自己肩上摔下去；闪是借力使力，当对方扑向自己时，将身体一闪，趁机揪住对方的一条胳膊，将对方摔倒；大过肩是站着将对方举起，从头顶掼出去，小过肩是自己蹲下，将对方从头顶扔过去……这些都是基本招式，跤手跌跤除了眼疾手快外，还得机智，不断变换招式，使对方猝不及防。

（3）挠羊赛特点。

忻州挠羊赛有着悠久的历史和广泛的群众基础，比之中国摔跤正式比赛，挠羊赛有以下特点。

①参加者不穿跤衣，光背作战，田间地头，屋前柳下，上衣一脱便可交手，不受条件限制，来得相当方便。为广大爱好者减少了跤衣的开支，为广泛开展这项运动创造了条件。

②游戏规则简单，裁判在场上几近看客。

③没有时间限制，为此产生了一个专门的词语叫"熬油"，意即场上跤手势均力敌，总也不分胜负，观众看得眼皮下沉却不愿离去，谓之"熬油"。民间挠羊经常挠到东方欲晓，观众无分男女皆兴致勃勃。这种健康、简单的

竞技游戏，极大丰富了农村的文化生活，具有很高的娱乐价值。

④地点局限性小。挠羊赛是一种真正的民间运动，因为挠羊赛只是赛事，而"跌跤"却是随时随地都在进行。在忻、定、原一带，这种运动在街头、地头随处可见，几个孩子在街上玩，经常的活动便是跌跤，两个孩子头顶头双手抓住对方肩膀，一个跌倒另一个，不知情的人以为这些孩子在打架，其实他们是在友谊比赛；地头劳动时，锄了半天地，休息时，老者们抽烟闲聊，年轻人坐不住，也要跌一把跤，往往跌跤跌得误了干活。这种地头跌跤在20世纪六七十年代集体化时期尤其活跃。年轻人在一起劳动，一听队长说休息，扔下锄头便跌跤。

人们在劳动之余常常摔跤自娱，渐渐地创造了这种活动，并代代流传。民谣"立了秋，挂锄钩，唱戏挠羊放牲口"就是对这种活动的生动写照。

3. 唱戏跌跤，同台表演，一举多得

忻州一带的城乡，旧时每逢庙会和集市，必然要搞挠羊赛以娱乐大众。一年中有四五十次赶会，而挠羊赛也是标配项目。当地有俗谚说"赶会不摔跤，瞧得人就少，唱戏又摔跤，十村八村都来看热闹"。将跌跤和古庙会中的演出活动唱戏结合起来，唱戏，跌跤；跌跤，看戏，二者相辅相成，让摔跤和戏曲两种极具地方色彩的竞技和娱乐形式互助互长、成熟起来，就如《忻州摔跤史话》的作者田昌安所说的，忻州摔跤的普及和兴盛，与戏曲的普及与兴盛紧密相连。挠羊赛的进行，不仅为庙会增光添彩，更是招徕观众、留下观众的好办法。

挠羊和戏曲同台表演，使挠羊增加了几分舞台表演的气息和成分，考虑观众的观看需求，加之本身独有的招数和赛则，挠羊赛不同于一般摔跤活动，兼具表演和竞技的特色。

4. 赛事助力，培育新人，传承创新

（1）代表性传承人崔福海。

崔富海，男，汉族，1935年出生于忻州市奇村镇南高村，被称为三晋跤坛一代宗师，是挠羊赛国家级非物质文化遗产传承人。历任山西省摔跤队队长，总教练班主任、连长等，曾任山西省摔跤协会副主席、国际摔跤协会顾问忻州市体育总会委员、忻州市摔跤协会委员，从事摔跤事业以来，多次获得省级、国家级冠军。崔富海的父亲崔银忙是当地闻名的挠羊汉。在父亲的影响下，崔福海自幼喜欢摔跤，并勤于练习。1956年被选到山西省体工

大队。1959 年获得第一届全运会金牌。1960 年夺得全国摔跤比赛冠军，所带的队员共夺得奖牌 6 枚，名列团体总分第一名。他呕心沥血，先后为国家培养出全国冠军、亚军、运动健将 50 余人，国家级教练员 20 余名，所带的队员在全国大型比赛中夺得金牌、银牌 57 人次。1983 年，崔福海调任忻州体校，任摔跤教练员，为摔跤事业做好后备人才培养。教学之余，崔富海结合自己的实践经验，研究整理了许多珍贵资料，编写的《跤乡摔跤抱腿绝技》《摔跤抱腿 41 式及应用》《抱腿技术研究》《续抱腿种种》等专著，在全国摔跤界被广泛应用，对摔跤技术员运动水平的提高及摔跤运动的发展，起到了重要作用。1985 年获国家"中华人民共和国体育开拓者"荣誉称号，荣立过二等功一次；1998 年 8 月获"跤乡功臣"和"跤乡功臣教练"称号；2005 年获中国式摔跤杰出贡献奖；2007 年 9 月获感动忻州跤坛十大杰出人物；2009 年 6 月，被评为国家级非物质文化遗产项目挠羊赛代表性传承人。

崔富海的家族，在忻州有着传奇的色彩。从父亲一代算起，祖孙五代都是跤坛骁将。16 人在全国赛事中先后获得 22 枚金牌、40 多枚奖牌，4 人获得"国家级运动健将"称号，2 人为国家一级裁判，5 人从事教练工作。1983 年 8 月，崔家被原忻州市人民政府授予"摔跤世家"光荣称号，1998 年被山西省摔跤协会再次授予"摔跤世家"称号。2009 年，崔福海和家人在南高村建设了忻州跤园，作为忻州市挠羊赛文化展示和研究场所，对发展摔跤事业、弘扬摔跤文化、保护非物质文化遗产、传承摔跤精神有重要作用。

（2）以赛促学的传承方式。

①举办赛事，扩大影响。

自忻州举办历届忻州摔跤节以来，来自全国各地的"跤坛诸侯"会聚忻州，进行友好的较技。当地民间、政府组织的各种大小规模对抗赛、传统赛事不断，类型多样。如忻定原传统挠羊赛，定襄县农民丰收节"恒悦杯"传统挠羊赛，定襄县凤凰山挠羊擂台赛，定襄县"虹桥杯"挠羊赛，忻州"晋城银行杯"山西传统挠羊赛，忻府区南高村挠羊赛，忻府区曹张乡南曹张村摔跤比赛，代县"雁晋汽贸"杯中国传统摔跤挠羊大赛等。

有人说，风浪迭起，形势陡转，胜负难料，悬念丛生，这便是摔跤这一体育运动无穷魅力之所在。摔跤手们摔得如火如荼，跤迷们看得如醉如痴。而就在这千百次的循环中，老百姓找到他们的娱乐内容，并在这欢乐的陶醉中，一天天延续着他们亘古未变的生活图景。

②开办学校，育训并重。

忻州市建有忻州市摔跤柔道运动学校，该校创建于 1979 年，是市文化局直属的一所中等职业学校，是一所历史悠久的体育老校。学校坚持"读训并重"，其重点项目摔跤队，多年来培养了许多优秀摔跤人才，为挠羊赛的传承发展储备了大量人才资源。

★ 火现缤纷流光溢彩　风火流星

风火流星俗称"火流星"，是一门融中华武术、民间杂技与锣鼓艺术于一体的民间社火表演艺术。山西省晋中市祁县和太原市晋源区是其主要传承地。作为国家级非物质文化遗产，它糅合杂技中"水流星"的阴柔之美与传统武术中"流星锤"的阳刚之美，它用风与火的表演，表达着每一位传承人的情怀，饱含着风风火火腾飞的民族精神。

1. 百年历史，历经蛰伏，重获新生

风火流星兴起于清末民初，距今有 100 多年的历史。当下有据可查的"风火流星"的创始人是韩荣华（1896—1971）。韩荣华师从山西车派形意拳鼻祖车毅斋的高徒李发春，擅长流星锤。他随父在祁县经商期间，又得到祁县戴氏形意拳贺大光师父指点。1928 年，韩华荣从祁县回到太原县（即今晋源镇）后，韩荣华刻苦练功，通过自身感悟，把传统武术的某些手法结合"水流星""流星锤"的民间杂技技巧，创造出真正意义上的"风火流星"，并创造和改编了一系列新的动作手法。"风火流星"有较强的观赏性，在庙会和节庆表演中让人眼前一亮，迅速在晋源一带流行，成为民间社火活动中必备的表演项目。

韩荣华不遗余力地将自己所创造的"风火流星"传授给他人，广收徒弟，在晋源古太原县一带先后涌现出聂富喜、聂连富、聂鸿义、韩玉贵、聂鸿寿、牛三宝等一批优秀表演艺人。中华人民共和国成立后，曾涌现出一批精于此技的年轻人，他们的演出足迹遍及太原市南北郊的农村、厂矿、部队等地。而且那时候公社会给表演者记工分，从而在一定程度上促进了"风火流星"的发展。

20 世纪 70 年代，在晋源区郭家圪垛城隍庙附近的一次元宵节社火活动中，艺人聂鸿寿手中的"风火流星"迸溅的火花，落在一位围观者身上，将其崭新的衣服烧了一个洞。那人不依不饶，坚决要求赔偿，后来事情在村里

的协调下得以解决，但"风火流星"却被禁止在公开场合表演。再加上社会变革，城市化进程加快，人们的娱乐方式变得五花八门，风火流星不再为年轻人看重。风火流星表演者也慢慢步入老年，许多人疾病缠身，已无法完整地表演这一绝技。这一技艺在以后的多年里，几乎到了人亡艺绝的境地。

20 世纪 90 年代末，韩荣华的孙子韩金牛着手恢复即将失传的火流星技艺，收集整理资料。韩金牛的行动得到了"风火流星"第二代传人聂连富、聂鸿义、聂鸿寿、牛三宝以及堂兄弟韩玉贵、韩虎贵等的支持和响应。

2005 年，他们自筹资金组建晋阳"风火流星"民间艺术表演队；2006 年 12 月，晋阳风火流星被列入山西省首批非物质文化遗产名录；2007 年 3 月，成立晋阳风火流星民间艺术工作室；2008 年 6 月，晋阳风火流星被列入第二批国家非物质文化遗产名录；2013 年，晋阳风火流星荣获民间艺术杰出贡献奖；2014 年 3 月，成立晋阳风火流星艺术研究会；2015 年，风火流星艺术研究会获批太原非遗传承研习基地。

随着工作室的成立，曾习练过"风火流星"的贾天仓和侯铁梅也加入了"风火流星"的表演队伍中。如今聂鸿寿的孙女聂雪、韩金牛的女儿韩佳悦等成了"风火流星"的新一代传人。

2. 开道扩场，火借风势，金光四溢

风火流星，最开始主要是在农闲或社火节目表演时为背棍、铁棍、高跷等团队打头阵，是开道用的"武器"。四溅的火花驱赶围观的人们后退，为后面的节目腾出表演空间。后来逐渐发展成为独立表演的节目，传统的风火流星表演是在晚上进行。

表演时在绳子两头拳头大小的铁笼里放入炽热的木炭火，表演者用单手或双手或嘴扳起绳索，上下翻飞，左右转动，火借风势，风助火威，铁笼里的星火散若花瓣，金光四溢，在暗夜中交汇出一道道炫目的光圈。火在空中生，人在火中走。入眼，是流光溢彩的惊险招式；耳畔，还伴着木炭燃烧的"噼啪"声。

风火流星表演

表演时用锣鼓配乐，节奏或紧凑或舒缓或低沉或高昂，表演者行、站、坐、卧、滚，来去自如。可单人、双人或多人表演，动作有 100 多个，如双龙开道、火龙缠身、悟空舞棍等。其中"火龙开道"是风火流星表演中连接各个动作变化的关键，对表演起着承上启下的作用。表演者需要通过腰部的扭动和肩部的控制，保证火圈摆动的幅度一致，通过手腕转动的距离和力度，保持火圈转速的流畅。表演"口咬双龙"时，表演者用嘴咬住绳子中端，利用头上下摆动的力量，将绳子两端六颗流星，三前三后旋转起来，越转越快，星火散落四周，令人叫绝。

3. 道具改良，安全实用，不限时空

风火流星传统的表演道具是一条长 1 米多的绳子，两端系上大约 20 厘米的自制铁丝编织链，然后一端挂一个手工编织的铁丝网兜。网兜里面装着木炭，表演者将木炭点燃就可开始表演。绳索长短、网兜大小，依照表演者身高、体力可适当调整。网兜的编织需要足够的手劲并且确保两头的网兜大小相近，因此制作起来难度大、耗时长。

风火流星表演起来，两端的炭火温度能达到 800~1000℃，人要是被烫一下，会留下伤疤，十分危险，表演有一定的局限性。一些活动主办方也从安全角度出发，希望能创新技艺，摒弃炭火。因此随着时代的进步，风火流星表演的道具除传统手工编织的铁丝网兜外，还进行了各种改良。

如缩小装炭火用的铁笼的窟窿，或用汽车空气滤清器滤网或音响罩子代替，装入木炭火后，大炭火不会四处飞溅，不会伤到人，表演起来相对安全，同时大大缩短了道具制作时间。同时又将绳子两端的两个网兜拓展为四个、六个、八个，这样会呈现出两圈或是三圈的火圈，更加璀璨夺目。

在室内表演时，道具可以换成彩色闪光球，既安全也不影响动作招式的发挥和展现。在平时练习或学习风火流星时，使用的道具更是安全实用，在绳子两端绑上装有沙子或米粒的沙包就行。

如今风火流星的表演不受时间和空间的限制，室内室外，白天夜晚，形式丰富，用炭火有炭火的刺激，用闪光球有闪光球的精彩，用沙包有沙包的好处。

4. 稀有奇特，兼容并蓄，惊险刺激

（1）稀有性。纵观各地的民间社火活动及表演，除太原市周边如姚村镇、晋中祁县外，其他地方少有此类表演。

（2）奇特性。风火流星表演，夜间观看效果最佳，场地开阔，观众离表演者五六米开外，舞动开火花四溅、流光溢彩，再加上高难度危险动作，场面壮观刺激、惊险度高。

（3）兼容性。风火流星集锣鼓艺术、民间杂技、传统武术于一体，能产

生惊险刺激的视觉效果。其鼓乐配置过去为过街板子，现在为社家鼓。

（4）平民性。风火流星上手快，两三个月就能耍起来，道具易于携带、表演方便，具有浓郁的平民色彩和深厚的群众基础。

5.登舞台，进社区、校园、乡村，传统表演焕发新时代魅力

（1）代表性传承人。

贾天仓，男，山西省太原市人，第三代风火流星国家级非物质文化遗产项目代表性传承人。他从小接触风火流星，5岁起开始学习，不断练习钻研，将传统的套路练得娴熟自如，并自创出很多高难度动作，开创左右开弓双持技艺，连续翻滚火龙十八滚，设计"小媳妇搬磨""嫦娥奔月"等高难度玩法。近年来，他不放弃任何可以宣传表演风火流星的机会，在各种民间文化保护活动中常常可以看到他的身影。贾天仓多次受邀到国内外各地表演，受到观众的一致好评。

韩金牛，太原市晋源区晋源东街人，第三代风火流星国家级非物质文化遗产项目传承人受祖父韩荣华的影响，14岁时拜祖父的大弟子张跃华为师，学习形意拳，后跟随老艺人聂连富学习风火流星。20世纪90年代末，韩荣华的孙子韩金牛着手恢复即将失传的火流星技艺。他作为一个技艺全面的艺人，不仅有着良好的身体素质、武术功底和杂技基础，而且对鼓乐有着灵敏的听觉接受能力，能在抑扬顿挫的鼓乐声中运用自如。他表演的风火流星将武术、杂技、锣鼓结合在一起，产生了良好的视听效果。

风火流行发展到现在，已经是第四代传承人。

（2）传承方式。

①登台表演，绽放光彩。

韩金牛和贾天仓带领表演团队从2005年至今先后多次参加央视及各省市电视节目，如吉林卫视大型民间才艺竞技类节目《高手在民间》、中央电视台综艺频道（CCTV-3）《有趣的奇闻异事》、黑龙江卫视大型文化传承节目《一起传承吧》、安徽卫视《百家姓》、湖北卫视《我爱我的祖国》、山西卫视《人说山西好风光》、中央电视台中文国际频道（CCTV-4）《长城内外》等。多次参加各类文化艺术节等展演活动，如参加中华人民共和国第二届青年运动会开幕式非遗表演，湖南浏阳举办的第二届F5国际焰火锦标赛，上海世博会"山西活动周"等，将风火流星带至全国各地。

②媒体报道，扩大宣传。

风火流星不仅在各项活动中大放异彩，广受青睐，也引起诸多媒体的极大关注。央视、凤凰卫视、人民网、新华网、新浪网、搜狐网、《人民日报·海外版》、新华每日电讯、香港《大公报》等国内各大媒体都进行了广泛的宣传报道。

③成立社区表演队，深入群众。

风火流星的各式动作有利于手臂、肩、颈椎、腰等部位的锻炼。因此它可以作为大家锻炼身体或健身表演选择的项目。随着社区表演队的成立，如晋源区金胜镇西寨社区、古城营社区、南城角社区、东街社区等，风火流星得到下至七八岁孩子，上至60多岁老人的了解和学习。

④进校园进乡村，扎根教育与生活。

传承人团队编制风火流星相关内容教材，将表演技艺引入学校，带动学生主动参与学习，根植于校园文化中；风火流星走进店头古村落等，通过栩栩如生的表演，不仅为老百姓带来愉悦，同时也让他们近距离感受优秀传统文化的魅力。

"绒绳一条四尺长，两头各系铁丝网；铁丝网中燃木炭，舞动绳儿随意转；人醉火中火映人，火在手中现缤纷；惊险刺激又璀璨，流光溢彩不夜天。"这首《风火流星之歌》形象生动地描述了山西的民间技艺——风火流星。我们相信，风火流星在历代传承人和广大群众的学习中不断传承创新，这一传统技艺会焕发出新时代的魅力。

参考文献

[1] 范晓萍. 民俗非遗保护研究 [M]. 北京：文化艺术出版社，2015.

[2][元] 纪君祥等. 赵氏孤儿 [M]. 上海：上海古籍出版社，2010.

[3] 吴文科. 曲艺综论 [M]. 北京：北京时代华文书局，2015.

[4] 山西省杂技家协会. 山西民间杂技 [M]. 太原：三晋出版社，2017.

[5] 郭士星. 山西戏曲概说 [M]. 太原：三晋出版社，2017.

[6] 梁家胜. 民间叙事的演述逻辑与建构机制——以杨家将传说为例 [J]. 青海民族大学学报（社会科学版），2020，46（4）：117-123.

[7] 钱林森. 纪君祥的《赵氏孤儿》与伏尔泰的《中国孤儿》——中法文学的首次交融 [J]. 文艺研究，1988（2）：117-129.

[8] 苗宇阳，解洪兴. 历久弥新的艺术魅力与成长历程——太原莲花落田野调查 [J]. 边疆经济与文化，2020（12）：104-108.

[9] 黄娟. 万荣笑话的社会隐喻 [J]. 忻州师范学院学报，2020，36（6）：38-41+46.

[10] 谢红萍. 口头叙事、景观再造与文化的再生产——以山西万荣笑话为考察对象 [J]. 青海民族大学学报（社会科学版），2017，43（3）：102-107.

[11] 李海争. 万荣笑话的地方特色和文化底蕴 [J]. 山西师大学报（社会科学版），2013，40（S3）：131-132.

[12] 张鹏飞. 论山西闻喜花馍造型与色彩的象征性 [J]. 艺术科技，2016，29（11）：236-237.

[13] 张越. 探析平阳木版年画的色彩艺术和人文价值 [J]. 流行色，2022（7）：48-50.

[14] 洪洞大槐树寻根祭祖园官网 https://www.sxhtdhs.com.

[15] 中国非物质文化遗产网 https://www.ihchina.cn.

附 录

表1 山西省传统技艺类国家级非物质文化遗产代表性项目

序号	项目名称	申报地区或单位	公布时间	国家级传承人
1	阳城生铁冶铸技艺	山西省阳城县	2006年（第一批）	吉抓住
2	平遥推光漆器髹饰技艺	山西省平遥县	2006年（第一批）	薛生金、梁忠秀
3	杏花村汾酒酿制技艺	山西省汾阳市	2006年（第一批）	郭双威
4	清徐老陈醋酿制技艺	山西省清徐县	2006年（第一批）	武润威
5	老陈醋酿制技艺（美和居老陈醋酿制技艺）	山西省太原市	2008年（第二批）	郭俊陆
6	琉璃烧制工艺	山西省	2008年（第二批）	葛原生
7	滩羊皮鞣制工艺	山西省交城县	2008年（第二批）	张晓春
8	民族乐器制作技艺（长子响铜乐器制作技艺）	山西省长子县	2008年（第二批）	闫改好
9	砚台制作技艺（澄泥砚制作技艺）	山西省新绛县	2008年（第二批）	蔺永茂
10	蒸馏酒传统酿造技艺（梨花春白酒传统酿造技艺）	山西省朔州市	2008年（第二批）	秦文科
11	传统面食制作技艺（龙须拉面和刀削面制作技艺）	山西省全晋会馆	2008年（第二批）	—
12	传统面食制作技艺（抿尖面和猫耳朵制作技艺）	山西省晋韵楼	2008年（第二批）	—
13	月饼传统制作技艺（郭杜林晋式月饼制作技艺）	山西省太原市	2008年（第二批）	赵光晋
14	牛羊肉烹制技艺（冠云平遥牛肉传统加工技艺）	山西省冠云平遥牛肉集团有限公司	2008年（第二批）	王天明
15	六味斋酱肉传统制作技艺	山西省太原六味斋实业有限公司	2008年（第二批）	—

（续表）

序号	项目名称	申报地区或单位	公布时间	国家级传承人
16	瓷洞营造技艺	山西省平陆县	2008年（第二批）	张和成
17	家具制作技艺（晋作家具制作技艺）	山西省临汾市	2011年（第三批）	曹运建
18	漆器髹饰技艺（绛州剔犀技艺）	山西省新绛县	2011年（第三批）	何俊明
19	传统面食制作技艺（稷山传统面点制作技艺）	山西省稷山县	2011年（第三批）	王青艾
20	雁门民居营造技艺	山西省忻州市	2011年（第三批）	杨贵庭
21	酿醋技艺（小米醋酿造技艺）	山西省襄汾县	2014年（第四批）	王德才
22	皮纸制作技艺（平阳麻笺制作技艺）	山西省襄汾县	2014年（第四批）	张世峰
23	陶器烧制技艺（平定砂器制作技艺）	山西省平定县	2014年（第四批）	张宏亮
24	陶瓷烧制技艺（平定黑釉刻花陶瓷制作技艺）	山西省平定县	2014年（第四批）	张文亮
25	蚕丝织造技艺（潞绸织造技艺）	山西省高平市	2014年（第四批）	—
26	金银细工制作技艺	山西省稷山县	2014年（第四批）	王杰忠
27	漆器髹饰技艺（稷山螺钿漆器髹饰技艺）	山西省稷山县	2014年（第四批）	李爱珍
28	铜器制作技艺（大同铜器制作技艺）	山西省大同市城区	2014年（第四批）	李安民
29	古建筑模型制作技艺	山西省太原市	2014年（第四批）	祁伟成
30	传统棉纺织技艺（惠畅土布制作技艺）	山西省运城市、永济市	2021年（第五批）	—
31	晒盐技艺（运城河东制盐技艺）	山西省运城市	2021年（第五批）	—
32	传统面食制作技艺（太谷饼制作技艺）	山西省晋中市太谷区	2021年（第五批）	—
33	银铜器制作及鎏金技艺（朔州传统鎏金技艺）	山西省朔州市朔城区	2021年（第五批）	—
34	八义窑红绿彩瓷烧制技艺	山西省长治市上党区	2021年（第五批）	—
35	葫芦制作技艺（文水胡芦制作技艺）	山西省吕梁市文水县	2021年（第五批）	—

资料来源：根据中国非物质文化遗产网清单内容整理。

表2 山西省传统技艺类省级非物质文化遗产新增及扩展项目

批次	新增项目		扩展项目		项目数量
	项目名称	申报地区或单位	项目名称	申报地区或单位	
第一批（2006年公布）	1.阳城生铁冶铸技艺	1.晋城市阳城县	无	无	17
	2.平遥推光漆器髹饰技艺	2.晋中市平遥县			
	3.杏花村汾酒酿制技艺	3.吕梁市汾阳市			
	4.山西老陈醋传统酿制技艺	4.太原市清徐县，山西省非物质文化遗产保护中心			
	5.山西面食	5.山西省非物质文化遗产保护中心、山西晋餐文化研究会			
	6.云雕制作技艺	6.运城市新绛县			
	7.地窨院建筑技艺	7.运城市平陆县			
	8.长子响铜乐器制作技艺	8.长治市长子县			
	9.交城琉璃咯嘣制作技艺	9.吕梁市交城县			
	10.平定黑釉刻花陶瓷制作工艺	10.阳泉市平定县			
	11.新绛县澄泥砚传统制作工艺	11.运城市新绛县			
	12.郭杜林晋式月饼制作技艺	12.太原市			
	13.绛州飞龙制作技艺	13.运城市绛县			
	14.梨花春酒传统酿造工艺	14.朔州市			
	15.汾阳王酒传统酿造工艺	15.吕梁市汾阳市			
	16.上党堆锦艺术	16.长治市			
	17.太谷饼传统制作工艺	17.晋中市太谷县			

（续表）

批次	新增项目		扩展项目		项目数量
	项目名称	申报地区或单位	项目名称	申报地区或单位	
第一批（2007年增补）	1.冠云牌平遥牛肉传统制作技艺	1.晋中市平遥县	无	无	11
	2.六味斋酱肉传统生产技艺	2.太原市			
	3.山西传统琉璃制作工艺	3.山西省非物质文化遗产保护中心			
	4.平定黑釉刻花陶瓷制作工艺	4.阳泉市平定县			
	5.大阳手工制针技艺	5.晋城市泽州县			
	6.交城滩羊皮鞣制工艺	6.吕梁市交城县			
	7.交城琉璃咯嘣制作技艺	7.吕梁市交城县			
	8.稷山麻花传统制作工艺	8.运城市稷山县			
	9.五步产盐法	9.山西省运城盐化局			
	10.福同惠南武细点制作工艺	10.运城市			
	11.保德石崖建造技艺	11.忻州市保德县			
第二批（2009年公布）	1.襄垣手工挂面制作技艺	1.襄垣县文化馆	1.山西面食制作技艺（剔尖面和拨面传统制作技艺、刀拨面和擦片子传统制作技艺）	1.山西会馆餐饮文化有限公司、新开元酒店餐饮文化有限公司	33
	2.大同铜器制作技艺	2.大同市城区非物质文化遗产保护中心	2.传统月饼制作技艺（神池月饼制作技艺）	2.神池县自永和食品厂	
	3.平定砂货烧制工艺	3.阳泉市郊区南小西庄村、平定县文化馆	3.山西传统琉璃烧制工艺	3.万荣县上井琉璃工艺厂	

批次	新增项目		扩展项目		项目数量
	项目名称	申报地区或单位	项目名称	申报地区或单位	
第二批（2009年公布）	4.恒义诚老鼠窟元宵制作技艺	太原市恒义诚甜食店			33
	5.传统手工制香技艺	太原市小店区文化馆			
	6.王吴猪腰子制作技艺	太原市小店区文化馆			
	7.雁门杨氏古建筑营造技艺	山西省杨氏古建筑工程有限公司			
	8.代县黄酒酿造技艺	山西省代县贵喜酒业有限公司			
	9.胡麻油压榨技艺	山西省非物质文化遗产保护中心			
	10.柳林碗团制作技艺	柳林县沟门前风味食品有限公司			
	11.汾州八大碗制作技艺	汾阳市丰泰苑酒店			
	12.卫生馆五香调料面制作技艺	交城县人民文化馆			
	13.午城酒酿制工艺	山西午城酿酒有限责任公司			
	14.祁县小磨香油制作技艺	祁县顾椿香油厂			
	15.稷山太阳海珠工艺美术制作技艺	稷山太阳海珠工艺美术厂、稷山仿古旅游工艺厂			
	16.绛墨制作技艺	新绛积文斋笔墨庄			

（续表）

批次	新增项目		扩展项目		项目数量
	项目名称	申报地区或单位	项目名称	申报地区或单位	
第二批（2009年公布）	17.绛笔制作技艺	新绛县于良英笔庄、新绛积文斋笔墨庄			
	18.垣曲炒棋制作技艺	垣曲县解峪乡乐尧村			
	19.闻喜煮饼制作技艺	闻喜县永和祥和煮饼食品有限公司			
	20.新绛刻瓷工艺	新绛县文化馆			
	21.黑陶烧制技艺	高平市文化馆			
	22.白起豆腐制作技艺	高平市文化馆			33
	23.阳城制糖技艺	阳城县文化馆			
	24.阳城绵纸制作技艺	阳城县文化馆			
	25.晋作家具制作技艺	唐人居古典文化有限公司			
	26.晋南土布织造技艺	永和阁底乡于家咀村			
	27.蝴蝶杯制作工艺	侯马市群艺馆			
	28.新田青铜器制作技艺	侯马市青铜艺术学会			
	29.麻纸制作技艺（崞阳麻纸、蒋村麻纸）	原平市文化馆、定襄县文化中心			
	30.襄汾县北许锣鼓制造工艺	襄汾县文化馆			

批次	新增项目		扩展项目		项目数量
	项目名称	申报地区或单位	项目名称	申报地区或单位	
第三批（2011年公布）	1.清徐葡萄酒酿制技艺	1.山西清徐葡萄酒有限公司	1.老陈醋制技艺（"益源庆"宁化府老陈醋酿造技艺、辛寨陈醋酿制技艺、四眼井醋制作工艺）	1.太原市宁化府益源庆醋业有限公司、长治市金关县辛寨绿色醋业有限公司、晋中市榆次区四眼井酿造实业有限公司	44
	2.清徐罴黑葡萄技艺	2.太原市清徐马峪葡萄酒厂	2.传统面食制作技艺（剪刀面制作技艺、交里桥饸饹面制作技艺、大阳馔面制作技艺）	2.侯马市宴皇源餐饮有限公司、临汾沁曲沃饸饹里桥小胖饸饹、晋城市泽州县晋城面馆、泽州县文化馆	
	3.清徐孟封饼制作工艺	3.太原市昌发祥食品有限公司	3.砚台制作技艺（五台山石砚雕刻技艺、温氏空心澄泥砚）	3.忻州市定襄县河边雅艺轩制砚厂、五台温氏澄泥研制有限公司	
	4.豆腐干制作技艺（徐沟豆腐干制作技艺）	4.太原市清徐沟豆制品有限公司	4.传统月饼制作技艺（雪莲酥月饼制作技艺、神池月饼加工技艺）	4.太原市山西大唐明楼食品有限公司、忻州市神池县长祥圆食品有限责任公司	

批次	新增项目		扩展项目		项目数量
	项目名称	申报地区或单位	项目名称	申报地区或单位	
第三批（2011年公布）	5.浑源凉粉制作技艺	5.浑源大端食品有限责任公司	5.蒸馏酒传统酿造技艺（唐官悦酒酿造技艺、堡子酒酿造技艺、桑罗酒酿制作技艺）	5.长治市潞城市凤栖桥酿业有限公司、山西酒业有限公司古村酒业有限公司、山西济源集团永祥都集酒业有限公司	44
	6.铸造技艺（浑源铸钟制作技艺）	6.神溪牛氏铸钟公司	6.六味斋酱肘花传统生产工艺	6.太原六味斋实业有限公司	
	7.烧饼制作技艺（灵丘烧饼制作技艺、榼上酥饼）	7.大同市灵丘县田师傅食品加工厂，长治市沁源县榼上村	7.手工空心挂面制作技艺	7.运城市夏县黄土壹佰家食品有限公司	
	8.羊汤制作技艺（壶关羊汤）	8.山西郭氏食品工业有限公司（长治市）	8.砂货烧制技艺（翼城砂锅烧制技艺）	8.临汾市翼城县隆化镇苇都村	
	9.上党腊驴肉制作技艺	9.长治世龙食品有限公司	9.古建筑营造技艺（晋南古建筑营造技艺）	9.侯马市盛世华韵古典家居文化有限公司	
	10.苇编技艺	10.长治市蔓垣县非物质文化遗产保护中心	10.黄酒酿制技艺（代州黄酒制作技艺、平遥"长昇源"黄酒酿制技艺）	10.忻州市代县四达酒类饮料有限责任公司晋中市平遥"长昇源"黄酒	
	11.沁州干馍制作工艺	11.长治市沁县文化馆	11.神池胡麻油压榨技艺	11.忻州市神池县清泉岭榨油厂	

批次	新增项目		扩展项目		项目数量
	项目名称	申报地区或单位	项目名称	申报地区或单位	
第三批（2011年公布）	12.刘氏制鼓技艺	12.长治市黎城县民俗文化学会	12.传统宴席制作（平定传统三八席制作技艺、高平十大碗制作技艺）	12.阳泉市晋香源餐饮服务有限公司、高平市翠岭茶楼	44
	13.金银铜器传统制作技艺（金银铜器制作技艺、黎城银器制作技艺、繁峙银器制作技艺）	13.运城市杰忠金银铜器制作工艺研究中心、长治市黎城县八宝银楼、忻州市繁峙县星河银业有限公司	13.武乡炒指技艺	13.武乡县人民文化馆	
	14.长子炒饼制作技艺	14.长治市长子县明孩饭店	14.黑陶制作工艺	14.山西翔龙黑陶工艺品有限公司（榆次）	
	15.乔氏"法花"陶瓷传统手工技艺	15.晋城市阳城县乔枫瓷业有限公司	15.传统豆腐制作技艺（古寨豆腐制作技艺）	15.太原市晋源区金胜镇古寨村委会	
	16.桑蚕丝被制作技艺	16.晋城市晋氏实业有限公司	16.晋作家具制作技艺（家具制作技艺）	16.山西省鑫荣木雕工艺有限公司（忻府区）、侯马市盛世华韵古典家居文化有限公司	
	17.德义园府酱制作技艺	17.山西德义园味业有限公司	17.传统棉纺织技艺（襄子老粗布织造技艺、平顺手工纺织技艺、丁村民间传统棉纺织艺）	17.长治市襄垣县非物质文化遗产保护中心、长治市平顺县石城镇白杨坡村、临汾市丁村民俗文化开发有限公司	

（续表）

批次	新增项目		扩展项目		项目数量
	项目名称	申报地区或单位	项目名称	申报地区或单位	
第三批（2011年公布）	18.桑皮纸制作技艺	18.吕梁市柳林县孟门镇文化站	18.贾得手工麻纸技艺	18.尧都区贾得乡贾得村	44
	19.寿阳油柿子技艺	19.晋中市寿阳县文化馆			
	20.宝剑制作技艺	20.晋中市平遥县文涛防艺术品有限公司			
	21.传统布鞋制作技艺（宝龙斋传统布鞋制作技艺、千层底手工拉花布鞋制作技艺）	21.晋中市平遥宝龙制鞋厂、临汾市尧都区土垃塔手工布艺有限公司			
	22.熏醋酿制技艺	22.临汾市安泽县府城镇义唐泽林醋业			
	23.米醋酿制技艺（小米醋酿造技艺）	23.山西三盛合酿造有限公司（襄汾）			
	24.古陶烧制技艺（古陶烧制技艺）	24.临汾市九州地方文化工作室			
	25.彩古陶烧制技艺（彩绘陶制作技艺）	25.运城市新绛县店头乡乐义林堂仿古工艺厂			
	26."酱玉瓜"制作技艺	26.运城市临商县临晋东晟酱园			
第四批（2013年公布）	1.茉莉花茶加工技艺（乾和祥茉莉花茶融窨技艺）	1.太原市果品茶叶副食总公司乾和祥茶庄	1.荫城冶铁铸造技艺	1.长治县民同文艺家协会	33

（续表）

批次	新增项目		扩展项目		项目数量
	项目名称	申报地区或单位	项目名称	申报地区或单位	
	2.古建筑彩绘制作技艺	2.山西古典艺术研究院	2.蒸馏酒传统酿造技艺（羊羔酒传统酿造技艺、和川蔺薰酿酒技艺）	2.山西羊羔酒股份有限公司、安泽县和川蔺薰酿酒有限公司	
	3.并州刀剪制作技艺	3.太原晋府店刀剪社	3.砂器制作技艺（浑源砂器制作技艺、南安阳砂锅制作技艺）	3.大同浑源下韩砂器厂、晋城城县砂器文化馆	
	4.戏剧头盔制作技艺	4.山西省晋剧院	4.云香制作技艺	4.交城县洪泽制香有限公司	33
	5.高家堡、管制作技艺	5.大同阳高县文化馆	5.胡麻油传统手工压榨技艺	5.山西兴香缘粮油有限公司	
	6.黄瓜干制作技艺	6.平定县后沟村	6.传统宴席制作（洪洞重八席）	6.洪洞县重八大酒店餐饮有限公司	
第四批（2013年公布）	7.八义红绿彩	7.长治县民间文艺家协会	7.传统棉纺织技艺（新田手工粗布制作技艺、土布制作技艺）	7.侯马市晋商纯棉手工老粗布厂、运城市石榴花家纺装饰有限公司	
	8.襄垣金工铸造技艺	8.襄垣县丰通工艺铸造有限公司	8.青铜铸造技艺	8.曲沃县晋华隆艺术品有限公司	
	9.潞绸手工织造技艺	9.山西吉利尔潞绸集团织造股份有限公司	9.麻纸制作技艺（沁源手工麻纸制作技艺、平阳麻笺制作技艺）	9.沁源县中峪乡人民政府、临汾襄汾县邓庄丁陶麻笺社	

（续表）

批次	新增项目		扩展项目		项目数量
	项目名称	申报地区或单位	项目名称	申报地区或单位	
第四批（2013年公布）	10.陵川纸龙制作技艺	10.陵川县文化馆	10.锣鼓制作技艺	10.襄汾县徐记锣鼓制作有限公司	33
	11.陶瓷制作技艺（怀仁陶瓷制作技艺）	11.怀仁恒源瓷业有限公司	11.山西琺花器制作技艺	11.阳泉市郊区大龙琺花器制作中心	
	12.定襄古代戏装制作	12.定襄县文化馆	12.手工制鞋技艺（凤头鞋制作技艺，传统戏剧鞋帽制作技艺）	12.襄城县巨彩文化发展有限公司，稷山县传统鞋帽制作中心，山西永杰民同布鞋有限公司，闻喜县老谭布艺加工坊	
	13.木梁压榨小麻油工艺	13.榆社天禾绿色食品有限公司	13.米醋制作技艺（张营小米醋酿造技艺）	13.永济市张营镇小米醋酿造技艺	
	14."鱼羊包"烹饪技艺	14.榆次区文化馆	14.陶器制作技艺	14.新绛县龙兴镇文红陶器工厂	
	15.木雕、石雕、砖雕制作技艺	15.山西省灵石县王家大院资寿寺管理中心	15.酱菜制作技艺（代县酱菜制作技艺）	15.代县旭源土特产加工厂	
	16.熏肘传统制作工艺	16.平遥县延虎肉制品有限公司			
	17.传统乐器制作技艺	17.太谷县渊方乐器厂			
	18.平阳印染布艺	18.临汾市非物质文化遗产保护协会			

批次	新增项目		扩展项目		项目数量
	项目名称	申报地区或单位	项目名称	申报地区或单位	
第五批（2017年公布）	1. 潞城甩饼	1.山西世兴餐饮有限公司	1.山西老陈醋古法酿制技艺（山西老陈醋同步发酵传统酿造工艺、曲沃小米陈醋制作技艺、"德盛昌"老陈醋古法酿制技艺、兴县清泉清泉传统酿制技艺）	1.山西紫林醋业股份有限公司、曲沃县享沃食品有限公司、山西省群众艺术馆、山西省清泉醋业有限公司	81
	2. 荫城猪汤	2.长治县荫城李春生猪汤有限公司	2.老汉元宵制作技艺	2.小店区文化馆	
	3. 长治潞酒	3.山西省长治市潞酒有限公司	3.月饼制作技艺（簧潮月饼、盂县桃仁月饼、阳城李氏月饼制作技艺）	3.和顺县文化馆、盂县人民文化馆、阳城县文化馆	
	4. "盛康源"枣酒	4.山西盛康源酒业有限公司	4.酒传统酿造技艺（玉堂春传统酿造技艺、大同北魏贡酒制作技艺、浑源烧酒制作技艺）	4.山西玉堂春酒业有限公司、大同市上皇庄闯酒厂、浑源县恒山酿酒厂	
	5. 贾令熏肉制作技艺	5.祁县宏远贾令熏肉有限公司	5.鑫炳记太谷饼传统制作技艺	5.太谷县鑫炳记食业有限公司	
	6. 寿阳茶食技艺	6.寿阳县文化馆	6.流璃制作技艺	6.高平市三缕堂	
	7. （晋升）传统油茶制作技艺	7.平遥县晋升食品有限公司	7.古建筑营造技艺（平遥古建筑营造传统技艺、山西传统寺观建筑营造技艺）	7.平遥县古建筑工程有限公司、山西日海岳建设有限公司	

（续表）

批次	新增项目		扩展项目		项目数量
	项目名称	申报地区或单位	项目名称	申报地区或单位	
	8."三疙瘩"碗脱子制作技艺	8.平遥县非物质文化遗产保护中心	8.嵌螺钿漆器制作技艺晋绣（武氏绣法）	8.稷山县禹龙工艺美术厂	81
	9.认一力蒸饺制作技艺	9.太原市认一力饭庄	9.惠畅土布制作技艺	9.永济市惠畅文化创意有限公司	
	10.羊杂割制作技艺（鼓楼羊杂割制作技艺、贺老人羊杂）	10.太原市晟洋洋餐饮管理有限公司、大同市城区贺老人羊杂都大道店	10.金银铜器制作技艺（交城金银器制作技艺）	10.交城县永德盛金属工艺品厂	
	11.清徐沾片子传统技艺	11.清徐县晋韵农家乐	11.沁州黄米醋制作技艺	11.沁州黄米醋有限公司	
第五批（2017年公布）	12.冠山连翘茶（延年翘）传统制作技艺	12.山西冠霖农业科技有限公司			
	13.赵城卤肉传统制作技艺	13.洪洞县贾安邦肉制品有限公司			
	14.尧香茶制作技艺	14.山西叶绿钙茶饮品有限公司			
	15.王牌羊肉胡卜制作技艺	15.盐湖区鑫王牌约民餐饮服务有限公司			
	16.芮城麻片传统制作技艺	16.山西省芮城县糖酒副食公司、和顺县文化馆			
	17.泓芝驿糖豆角制作技艺	17.运城市盐湖区泓芝驿乐食品厂			

批次	新增项目		扩展项目		项目数量
	项目名称	申报地区或单位	项目名称	申报地区或单位	
第五批（2017年公布）	18.侯家酱豆制作技艺	18.运城市晋天秀食品酿造有限公司			81
	19.宁武县毛健茶制作技艺	19.宁武县九峰农产品加工合作社			
	20.伏姜制作技艺	20.晋城市城区文化馆			
	21.阳城烧肝制作技艺	21.阳城县文化馆			
	22.润城泡麦面馍制作技艺	22.阳城县文化馆			
	23.泡泡油糕制作方法	23.山西北国美容餐饮有限公司			
	24.糖醋鱼制作技艺	24.山西天星海外海餐饮集团有限公司			
	25.一窝丝制作技艺	25.山西天星海外海餐饮集团有限公司			
	26.传统过油肉制作方法	26.山西丽华大酒店			
	27.神仙鸡传统制作工艺	27.山西大酒店			
	28.清和元"头脑"传统制作技艺	28.山西省群众艺术馆			
	29.贤美牛肉传统加工技艺	29.山西贤美食业有限公司			
	30.孝义捕酥包子传统加工技艺	30.孝义市东兴兴豪酒店有限公司			
	31.南曹村豆腐传统手工制作技艺	31.孝义市南曹村九州香豆制品有限公司			

（续表）

批次	新增项目		扩展项目		项目数量
	项目名称	申报地区或单位	项目名称	申报地区或单位	
第五批（2017年公布）	32.老山西葱花胎油饼制作技艺	32.山西子福缘酒店管理有限公司			81
	33.沁河古堡合椿醋制作技艺	33.山西沁河古堡农业开发有限公司			
	34.黎城戏曲浮雕	34.黎城四品民间文化产业有限公司			
	35.上党彩灯	35.长治市华灯工贸有限公司			
	36.舒心养生枕	36.潞城市舒心养生枕有限公司			
	37.手工地毯	37.山西省长治云霖地毯有限公司			
	38.长子潞麻	38.长子县东旺苏氏文化研究会			
	39.洪山名香"全料香"制作工艺	39.介休市洪山镇洪山村恒瑞制香厂			
	40.人工吹制玻璃器皿	40.祁县红海玻璃有限公司			
	41.平遥传统石刻技艺	41.平遥县悟石斋金石书画院			
	42.枣木制板拓片传统技艺	42.榆次区文化馆			
	43.太原孟家井绞胎瓷制作技艺	43.太原市非物质文化遗产中心			
	44.传统鎏金工艺	44.朔州市朔城区肖岗工艺品加工工作室			

（续表）

批次	新增项目		扩展项目		项目数量
	项目名称	申报地区或单位	项目名称	申报地区或单位	
	45.墨宝斋瓷印传统制作技艺	45.山西省书法院			
	46.张氏墨宝斋毛笔传统手工制作技艺	46.山西省书法院			
	47.阳泉民用铸铁技艺	47.郊区河底镇任家峪村村民委员会			
	48.平定紫砂制作技艺	48.平定县紫砂研发中心			
	49.晋派木工技术	49.阳泉市群众艺术馆			
	50.蒲县柳编制作技艺	50.蒲县人民文化馆			
第五批（2017年公布）	51.古籍装帧	51.山西德美文化产业发展有限公司			81
	52.木制模型制作技艺	52.山西省永济市蒲州镇学院手工艺品厂			
	53.婴幼儿服饰制作技艺	53.芮城县婴幼儿服饰研究所			
	54.灰陶制作技艺	54.河津市西头西头琉璃灰陶工艺厂			
	55.金银累丝制作技艺	55.山西龙头娃娃商贸有限公司			
	56.铁器锻造技艺（铁艺装饰技艺）	56.万荣县文化馆			
	57.刻灰技艺	57.新绛县大家云雕艺术研制所			
	58.大同结艺	58.唐晴节飞天创意公司			

（续表）

批次	新增项目		扩展项目		项目数量
	项目名称	申报地区或单位	项目名称	申报地区或单位	
第五批（2017年公布）	59.泽州铁货制作技艺	59.晋城市晋韵堂古泽州铁货开发有限公司			81
	60.司徒铁花技艺	60.晋城市城区文化馆			
	61.文水县吴村烙画葫芦加工技艺	61.文水县石安葫芦种植加工协会			
	62.汾阳核桃木雕家具传统制作技艺	62.汾阳文新木业有限公司			
	63.柳编技艺（九枝社柳编传统手工制作技艺）	63.汾阳市九枝社柳编专业合作社			
	64.麻葛纸制造技艺	64.山西省文史研究中心			
	65.古器物全形拓	65.山西正时金石传拓文化传播有限公司			
	66.北派葫芦制作技艺	66.山西黄河美术馆			
	67.长子长子根雕	67.长子长子宇根雕有限公司			
	68.平阳彩塑制作技艺	68.临汾市尧都区薛万红传统文化发展有限公司			
	69.河东花灯制作技艺	69.运城市明德源彩灯装饰工程有限公司			
	70.襄汾传统建筑砖雕工艺	70.襄汾县瑞旗陶业有限公司			
第六批（2023年公布）	1.山西面食技艺与食俗	1.山西省烹饪餐饮饭店行业协会	1.山西老陈醋酿造技艺（大同陈醋酿造技艺）	1.大同市云冈区	92

批次	新增项目		扩展项目		项目数量
	项目名称	申报地区或单位	项目名称	申报地区或单位	
第六批（2023年公布）	2.土豆饭制作技艺	2.吕梁市岚县	2.山西老陈醋酿造技艺（五寨牛氏博文食醋制作技艺）	2.忻州市五寨县	92
	3.介休贯馅糖制作工艺	3.晋中市介休市	3.山西面食制作技艺（田园饺面制作技艺）	3.大同市	
	4.娘子关压饼制作技艺	4.阳泉市平定县	4.山西面食制作技艺（大同勾刀削面制作技艺）	4.大同市	
	5.壶关馅饼制作技艺	5.长治市壶关县	5.山西面食制作技艺（汾城油粉饭制作技艺）	5.临汾市襄汾县	
	6.河东扣碗制作技艺	6.运城市	6.山西面食制作技艺（浮山拨面制作技艺）	6.临汾市浮山县	
	7.定襄蒸肉制作技艺	7.忻州市定襄县	7.砚台制作技艺（石砚制作技艺）	7.忻州市忻府区	
	8.武乡枣糕制作技艺	8.长治市武乡县	8.空心粗月饼制作技艺	8.太原市清徐县	
	9.酱梅肉荷叶饼制作技艺	9.山西丽华物业有限管理公司	9.蒸馏酒传统酿造技艺（太原晋酒大曲酒酿造技艺）	9.太原市	
	10.老梨汤熬制技艺	10.运城市盐湖区	10.蒸馏酒传统酿造技艺（潇河黄米白酒酿造技艺）	10.太原市小店区	
	11.大同云冈北芪酒酿造技艺	11.大同市阳高县	11.蒸馏酒传统酿造技艺（宗酒传统酿造工艺）	11.吕梁市文水县	

批次	新增项目		扩展项目		项目数量
	项目名称	申报地区或单位	项目名称	申报地区或单位	
	12.原平锅魁制作技艺	12.忻州市原平县	12.山西琉璃烧制技艺（代县琉璃烧制技艺）	12.忻州市代县	
	13.临县青塘"蜜浸大枣粽"制作技艺	13.吕梁市临县	13.大同积德盈糕点制作技艺	13.大同市平城区	
	14.金漆镶嵌技艺	14.太原市迎泽区	14.核桃酪传统手工制作技艺	14.吕梁市离石区	
	15.传统家具修复技艺（临猗传统家具修复技艺）	15.运城市临猗县	15.砂器制作技艺（小眼砂锅制作技艺）	15.长治市上党区	
	16.传统家具修复技艺（稷山传统家具修复技艺）	16.运城市稷山县	16.砂器制作技艺（砂罐制作技艺）	16.长治市武乡县	
第六批（2023年公布）	17.金银铜器修复技艺	17.吕梁市交城县	17.晋祠桂花元宵制作技艺	17.太原市晋源区	92
	18.装裱修复技艺（传统手工书画装裱技艺）	18.山西省艺术科技研究院有限公司	18.魏虎仙元宵制作工艺	18.晋中市榆次区	
	19.装裱修复技艺（古籍修复与书画装裱技艺）	19.山西省图书馆（山西省古籍保护中心）	19.大碗托制作技艺	19.忻州市保德县	
	20.介休窑古陶瓷复烧技艺	20.晋中市介休市	20.孝义碗团传统制作技艺	20.吕梁市孝义市	
	21.平阳窑传统陶瓷技艺	21.临汾市尧都区	21.传统宴席制作（晋源家宴八碗八碟制作技艺）	21.太原市晋源区	
	22.古琴制作技艺（太原古琴制作技艺）	22.太原市杏花岭区	22.传统宴席制作（广灵八大碗传统制作技艺）	22.大同市广灵县	

批次	新增项目		扩展项目		项目数量
	项目名称	申报地区或单位	项目名称	申报地区或单位	
第六批（2023年公布）	23.古琴制作技艺（阳泉古琴制作技艺）	23.阳泉市郊区	23.传统宴席制作（传统八八宴席）	23.晋城市阳城县	92
	24.中式服装（礼服）裁剪制作技艺	24.太原市迎泽区	24.传统宴席制作（霍州宴）	24.临汾市霍州市	
	25.楼花模印技艺	25.山西梓古轩水墨印业有限公司	25.上官氏麻酱制作技艺	25.太原市迎泽区	
			26.连庄辣椒酱制作技艺	26.阳泉市平定县	
			27.传统豆腐制作技艺（长子小河豆腐制作技艺）	27.长治市长子县	
			28.晋作家具制作技艺（清式家具制作技艺）	28.太原市小店区	
			29.晋作家具制作技艺（老榆木家具制作技艺）	29.太原市晋源区	
			30.晋作家具制作技艺（晋作家具（木雕）制作技艺）	30.晋中市榆次区	
			31.晋作家具制作技艺（明式家具制作技艺）	31.长治市平顺县	
			32.传统棉纺织技艺（霍州老粗布制造技艺）	32.临汾市霍州市	
			33.寿阳豆腐干制作技艺	33.晋中市寿阳县	

批次	新增项目		扩展项目		项目数量
	项目名称	申报地区或单位	项目名称	申报地区或单位	
第六批（2023年公布）			34.烧饼制作技艺（昔阳吊炉烧饼制作技艺）	34.晋中市昔阳县	92
			35.羊汤制作技艺（曲沃羊汤）	35.临汾市曲沃县	
			36.申氏制鼓技艺	36.长治市上党区	
			37.金银铜器传统制作技艺（晋中金银器制作技艺）	37.晋中市平遥县	
			38.金银铜器传统制作技艺（孔氏金银器制作技艺）	38.长治市屯留区	
			39.金银铜器传统制作技艺（天艺银饰制作技艺）	39.运城市稷山县	
			40.山西珐花器制作技艺	40.晋中学院	
			41.桑皮纸制作技艺	41.晋中市高平市	
			42.冷兵器制作技艺	42.朔州市怀仁县	
			43.酱菜制作技艺（万安酱菜秘制传统技艺）	43.临汾市洪洞县	
			44.古建筑模型制作技艺	44.长治市潞州区	
			45.文水县田七刀具制作技艺	45.吕梁市文水县	

批次	新增项目		扩展项目		项目数量
	项目名称	申报地区或单位	项目名称	申报地区或单位	
第六批（2023年公布）			46.戏剧盔帽制作技艺	46.阳泉市平定县	92
			47.戏剧头盔制作技艺	47.晋城市高平市	
			48.陶瓷制作技艺（黑釉陶瓷窑变技艺）	48.朔州市怀仁市	
			49.陶瓷制作技艺（陶瓷贮缸制作技艺）	49.长治市壶关县	
			50.神池炖羊肉制作技艺	50.忻州市神池县	
			51.张兰那家堡驴肉传统加工工艺	51.晋中市介休市	
			52.长子猪头肉制作技艺	52.长治市长子县	
			53.芮城卤肉制作技艺	53.运城市芮城县	
			54.五台山红灯笼制作技艺	54.忻州市五台县	
			55.六和泰透气枕制作技艺	55.晋中市平遥县	
			56.新田绣花手工枕制作技艺	56.临汾市侯马市	
			57.孟家井窑釉下彩绘陶瓷制作技艺	57.山西工艺美术集团有限责任公司	

（续表）

批次	新增项目		扩展项目		项目数量
	项目名称	申报地区或单位	项目名称	申报地区或单位	
第六批（2023年公布）			58.新绛铸铁技艺	58.运城市新绛县	92
			59.乡宁紫砂制作技艺	59.临汾市乡宁县	
			60.代县传统木作	60.忻州市代县	
			61.柳编（广灵柳编）	61.大同市广灵县	
			62.柳编（韩家庄柳编）	62.临汾市洪洞县	
			63.婴幼儿服饰制作技艺（盐湖区婴幼儿服饰制作技艺）	63.运城市盐湖区	
			64.婴幼儿服饰制作技艺（闻喜婴幼儿服饰制作技艺）	64.运城市闻喜县	
			65.婴幼儿服饰制作技艺（稷山满月服饰制作技艺）	65.运城市稷山县	
			66.烙画葫芦制作技艺（离石烙画葫芦制作技艺）	66.吕梁市离石区	
			67.烙画葫芦制作技艺（平定烙画葫芦制作技艺）	67.阳泉市平定县	
总计					311

资料来源：根据山西省人民政府发布的相关文件整理。

表3 山西省传统医药类国家级非物质文化遗产代表性项目

序号	项目名称	申报地区或单位	公布时间	国家级传承人
1	中医传统制剂方法（龟龄集传统制作技艺）	山西省太谷县	2008年（第二批）	杨巨奎、柳惠武
2	中医养生（药膳八珍汤）	山西省太原市	2008年（第二批）	—
3	中医诊法（道虎壁王氏中医妇科）	山西省平遥县	2011年（第三批）	王培章
4	中医传统制剂方法（定坤丹制作技艺）	山西省太谷县	2011年（第三批）	柳惠武
5	中医正骨疗法（武氏正骨疗法）	山西省高平市	2011年（第三批）	武承谋
6	中医传统制剂方法（安宫牛黄丸制作技艺）	山西省太谷县	2014年（第四批）	—
7	中医传统制剂方法（点舌丸制作技艺）	山西省新绛县	2014年（第四批）	—
8	中医诊疗法（摸骨正脊术）	山西省灵石县	2021年（第五批）	—

资料来源：根据中国非物质文化遗产网清单内容整理。

表4 山西省传统医药类省级非物质文化遗产新增及扩展项目

批次	新增项目		扩展项目		项目数量
	项目名称	申报地区或单位	项目名称	申报地区或单位	
第一批（2006年公布）	1.傅山养生健身术（八珍汤、傅青主女科、傅山传说）	1.太原市尖草坪区	无	无	2
	2.龟龄集酒传统药制作工艺	2.晋中市太谷县			
第二批（2009年公布）	1.竹叶青酒泡制技艺	1.杏花村汾酒集团	无	无	8
	2.梅花点舌丸制作技艺	2.山西双人药业有限责任公司			
	3.小儿七珍丸制作技艺	3.山西双人药业有限责任公司			
	4.榆社阿胶熬制技艺	4.榆社阿胶厂			
	5.定坤丹制作技艺	5.山西省广誉远国药有限公司			
	6.垣曲菖蒲酒泡制技艺	6.垣曲县舜皇菖蒲酒业有限公司			
	7.武氏正骨法	7.高平市文化馆			
	8.平遥"道虎壁"王氏中医妇科	8.平遥县王恭诊所、晋中市道虎壁王氏妇科研究院			

批次	新增项目		扩展项目		项目数量
	项目名称	申报地区或单位	项目名称	申报地区或单位	
	1.针灸（一针消肿疗法）	1.临汾市非物质文化遗产保护协会	1.龟龄集酒传统制作技艺	1.山西龟龄酒酒厂	
第三批（2011年公布）	2.中药炮制技术（山西颐圣堂蜡制药材）	2.山西黄河中药有限公司	2.中医传统制剂方法（白氏拨毒膏药与生肌散制作技艺、安宫牛黄丸制作技艺、勒马回中药制作技艺）	2.晋中市仁庄中医外科诊所，山西广誉远国药有限公司，运城市万荣三九药业有限公司	6
			3.中医正骨疗法（李氏正骨、平王中医正骨）	3.长治潞城区红十字新如骨科医院、运城市稷山县洪城镇县肉城县中医骨科诊所、稷南镇平王村中医骨科诊所	
			4.中医诊法（吉祥王氏烧伤、腹揉康传统揉肚技艺）	4.临汾市曲沃县吉祥村卫生所、运城腹揉康传统揉肚特色疗法研究所	
第四批（2013年公布）	1.中医烧伤疗法（杨氏中医烧伤疗法、冯氏中医皮肤烧伤疗法）	1.平遥县杨复兴诊所、万荣皮肤烧伤研究所	1.中医养生（沙袋循经拍打疗法、中医养生术）	1.太原市御生堂文化养生服务有限公司、芮城县吕洞宾中医养生文化研究会	
	2.中药炼制技艺（传统丹药炼制技艺）	2.稷山县清河镇秦家庄卫生所	2.中医传统制剂方法（乾德堂中医正泻散制作技艺、楼村中医世家胄灵散制作技艺、贾氏乌金散制作技艺、襄汾关梁氏青药制作技艺）	2.平遥县西关大街邓兆泉诊所、洪洞县乐善堂中医诊所有限责任公司、洪洞贾氏乌金散中医研究所、襄汾关梁氏医院	6
			3.中医正骨疗法（韩氏正骨术、赵氏正骨疗法）	3.陵川县西河底镇卫生院、晋中市灵石县、河津堡子沟中医骨伤专科医院	

（续表）

批次	新增项目 项目名称	申报地区或单位	扩展项目 项目名称	申报地区或单位	项目数量
第四批（2013年公布）			4.中医诊疗法（吴氏妇科疗法、武氏中医脾胃派疗法）	4.太谷县康福药店、运城武氏中医院	6
第五批（2017年公布）	1.浑源正北芪黄芪加工技艺	1.浑源县黄芪合作协会	1.中医传统制剂方法（正肤百应散、姚氏乳病消药膏、东南李烧伤生肌膏、祖师麻风湿膏制作技艺、嫩张秘方膏药、夏氏外治及其家传膏药）	1.阳泉市城区赵致恒诊所、襄汾县赵康镇璐琳中药材种植专业合作社、山西汾县西乡总工会、山西康意中药材植场、山区景斌文史研究中心	13
	2.麝雄至宝丸	2.山西广誉远国药有限公司	2.中医正骨术（应县王氏中医正骨术、阳泉河下冯氏正骨）	2.应县南河种医院、阳泉市郊区河下村第二卫生所	
	3.牛黄清心丸制作技艺	3.山西广誉远国药有限公司、山西黄河中药有限公司	3.中医诊疗法（雾霜疗法、任氏痛风黑膏药及火针疗法、田德生堂鼻渊中医治、"九针"疗法、许氏中医人针疗法、冀氏妇女月子病中医疗法）	3.榆次区文化馆、山西三通摄生健康服务有限责任公司、阳泉市群众文史艺术中心、平遥县田德生堂自然医学研究院、山西中德生堂中医院附属医院、山西中医耳病专科医院、樱山中医院、闻喜县"竹林园"中医药疗法研保护协会	
	4."百应健脾王"丸药制作技艺	4.平遥县联业堂健脾药研究中心			
	5."大生堂"孔氏医术	5.介休孔氏大生堂中医诊所			

批次	新增项目		扩展项目		项目数量
	项目名称	申报地区或单位	项目名称	申报地区或单位	
第五批（2017年公布）	6.补肾通督汤制作技艺	太原侯丽萍风湿骨病中医医院			13
	7.谢氏艾灸	临汾市侯马开发区谢锡亮艾灸文化传播有限公司			
	8.祛风息痛丸制作技艺	山西康意制药有限公司			
	9.运城市关氏腰椎间盘突出手法一捏复位	运城市关氏腰椎间盘突出手法一捏复位科技研究所			
	10.疼痛中医内治法	山西省文史研究中心			
第六批（2023年公布）	无	无	1.延龄御酒制作技艺	1.晋中市太谷区	24
			2.中医传统制剂方法（麝香接毒膏制作技艺）	2.太原市迎泽区	
			3.中医传统制剂方法（冯氏祛腐生肌烧伤膏）	3.吕梁市交口县	
			4.中医传统制剂方法（西黄丸传统制作技艺）	4.晋中市太谷区	
			5.中医正骨疗法（刘氏正骨）	5.山西省形意拳协会	
			6.中医正骨疗法（杨氏形意骨术）	6.太原市	
			7.中医正骨疗法（常氏中医正骨技艺）	7.太原市杏花岭区	
			8.中医正骨疗法（代县杨氏整脊技艺）	8.忻州市代县	
			9.中医正骨疗法（平遥米氏正骨疗法）	9.晋中市平遥县	

（续表）

批次	新增项目		扩展项目		项目数量
	项目名称	申报地区或单位	项目名称	申报地区或单位	
第六批（2023年公布）	无	无	10.中医正骨疗法（常氏正骨）	10.长治市上党区	24
			11.中医诊疗法（萧氏脉诊）	11.山西省中医院	
			12.中医诊疗法（"吕氏对法"针药结合中医诊疗术）	12.山西省针灸医院	
			13.中医诊疗法（郭氏喉科中医外治疗法）	13.山西中医药大学附属医院	
			14.中医诊疗法（郭氏七损八益诊疗法）	14.山西省中医药结合医院	
			15.中医诊疗法（阴阳平衡针法）	15.太原市	
			16.中医诊疗法（贾氏中药穴位贴敷疗法）	16.太原市杏花岭区	
			17.中医诊疗法（神针火疗法）	17.太原市万柏林区	
			18.中医诊疗法（透骨拔毒疗法）	18.太原市万柏林区	
			19.中医诊疗法（大同泉派中医疗法）	19.大同市平城区	
			20.中医诊疗法（代州冯氏妇科）	20.忻州市代县	
			21.中医诊疗法（李氏脊柱拔罐诊疗法）	21.晋中市祁县	
			22.中医诊疗法（河东少儿推拿疗法）	22.运城市	
			23.恒山黄芪加工技艺	23.山西中医药大学	
			24.申氏熟地制作技艺	24.长治市黎城县	
总计					59

资料来源：根据山西省人民政府发布的相关文件整理。

表5　山西省项传统音乐类国家级非物质文化遗产代表性项目

序号	项目名称	申报地区或单位	公布时间	国家级传承人
1	左权开花调	山西省左权县	2006年（第一批）	刘改鱼
2	河曲民歌	山西省河曲县	2006年（第一批）	辛里生、吕桂英、韩运德
3	晋南威风锣鼓	山西省临汾市	2006年（第一批）	王振湖
4	绛州鼓乐	山西省新绛县	2006年（第一批）	—
5	上党八音会	山西省晋城市	2006年（第一批）	黄一宝
6	文水鈲子	山西省文水县	2006年（第一批）	武济文
7	五台山佛乐	山西省五台县	2006年（第一批）	释汇光、章祥摩兰、果祥
8	唢呐艺术（晋北鼓吹）	山西省阳高县	2008年（第二批）	刘福寿
9	唢呐艺术（上党八音会）	山西省长子县	2008年（第二批）	崔青云
10	唢呐艺术（上党乐户班社）	山西省壶关县	2008年（第二批）	牛其云
11	唢呐艺术（晋北鼓吹）	山西省忻州市	2008年（第二批）	卢朴良
12	锣鼓艺术（太原锣鼓）	山西省太原市	2008年（第二批）	刘耀文
13	道教音乐（恒山道乐）	山西省阳高县	2008年（第二批）	李满山
14	锣鼓艺术（云胜锣鼓）	山西省原平市	2011年（第三批）	—
15	佛教音乐（崞阳寺寺庙音乐）	山西省云县	2011年（第三批）	—
16	唢呐艺术（临县大唢呐）	山西省临县	2014年（第四批）	刘晓弘
17	锣鼓艺术（软槌锣鼓）	山西省万荣县	2014年（第四批）	吴明昌
18	唢呐艺术（五台八大套）	山西省五台县	2021年（第五批）	—

资料来源：根据中国非物质文化遗产网清单内容整理。

薪火相承

山西的非遗文明

· 200 ·

表6 山西省传统音乐类省级非物质文化遗产新增及扩展项目

批次	新增项目		扩展项目		项目数量
	项目名称	申报地区或单位	项目名称	申报地区或单位	
第一批（2006年公布）	1.左权开花调	1.晋中市左权县	无	无	12
	2.河曲民歌	2.忻州市河曲县			
	3.五台山佛乐	3.忻州市五台县			
	4.晋南威风锣鼓	4.临汾市			
	5.绛州鼓乐	5.运城市新绛县			
	6.上党八音会	6.晋城市、长治市长治县、长子县			
	7.文水鈲子	7.吕梁市文水县			
	8.太原锣鼓	8.太原市			
	9.晋北鼓吹	9.忻州市忻府区、五台县、大同市阳高县			
	10.恒山道乐	10.大同市阳高县			
	11.上党乐户班社	11.长治市			
	12.临县大唢呐	12.吕梁市临县			
第一批（2007年增补）	1.九大套	1.太原市小店区	无	无	2
	2.保德民歌	2.忻州市保德县			

（续表）

批次	新增项目		扩展项目		项目数量
	项目名称	申报地区或单位	项目名称	申报地区或单位	
第二批（2009年公布）	1.云冈大锣鼓（云胜锣鼓）	1.原平云冈大锣鼓艺术社	1.佛教音乐（左云拜严寺佛乐）	1.左云县文化馆	14
	2.泽州对鼓	2.泽州县文化馆	2.道教音乐（柏林坡道教音乐）	2.绛县文化馆	
	3.十不隔	3.陵川县文化馆	3.唢呐艺术（吉县唢呐）	3.吉县文化馆	
	4.盂县民歌	4.盂县文化馆			
	5.翼城西闫民歌	5.翼城县文化馆			
	6.花敲鼓	6.垣曲县新城镇古堆村			
	7.庆唐神鼓	7.浮山县文化馆			
	8.金鼓乐	8.洪洞县万安镇			
	9.侯马台神花鼓	9.侯马市群艺馆			
	10.侯马台骀锣鼓	10.侯马市群艺馆			
	11.文水桥头大鼓	11.文水县文化馆			
第三批（2011年公布）	1.斤秤锣鼓	1.长治市武乡县人民文化馆	1.晋北鼓吹（定襄八音）	1.忻州市定襄县金唢呐艺术团	8
	2.福胜锣鼓	2.吕梁市文水县闫家社	2.恒山道乐	2.大同市浑源县文化馆	
	3.人祖山祭祖鼓乐	3.临汾市吉县文化馆	3.上党乐户	3.长治市潞城区西流村王家乐户	

批次	新增项目		扩展项目		项目数量
	项目名称	申报地区或单位	项目名称	申报地区或单位	
第三批（2011年公布）	4.晋都文锣鼓	4.临汾市曲沃县乐昌镇许村			8
	5.软槌锣鼓	5.运城市万荣县软槌锣鼓研究会			
第四批（2013年公布）	1.太原民歌	1.小店区文化馆	1.丁樊锣鼓	1.万荣县丁樊神韵鼓乐艺术团	12
	2.晋中吹打	2.晋源区文化馆、祁县西六支乡人民政府	2.晋北吹打（晋北吹、岚县八音）	2.山阴县民间艺术团、岚县文化馆	
	3.大同五音联弹会	3.大同市群众艺术馆	3.道教乐（长子）	3.长子县文化馆	
	4.文水马西铙	4.文水县马西西铙艺术研究会			
	5.碛口号子	5.临县碛口民间演艺有限公司			
	6.吕梁民歌	6.吕梁市群众艺术馆			
	7.汾阳围鼓	7.汾阳市戏曲歌友协会			
	8.襄汾民歌	8.襄汾县人民文化馆			
	9.凌云八音会	9.古县文化馆			
第五批（2017年公布）	1.高村鼓坊	1.阳曲县恒泰民间鼓坊传承协会	佛教音乐（安陵寺祈福佛乐、寿阳佛乐）	山西天脑山旅游开发有限公司、寿阳县文化馆	6
	2.河津小曲	2.河津市人民文化馆			
	3.武皇群锣	3.文水县武皇群锣艺术团			
	4.孙嘉淦故里鼓社牌子	4.山西省残疾人人文化艺术促进会			
	5.古琴艺术	5.山西元音古琴艺术研究院			

批次	新增项目		扩展项目		项目数量
	项目名称	申报地区或单位	项目名称	申报地区或单位	
第六批（2023年公布）	1.晋剧四大件演奏	1.晋中市太谷区	1.武乡开花调	1.长治市武乡县	11
	2.杨家将战鼓	2.忻州市代县	2.汾西民歌	2.临汾市汾西县	
	3.河津西王小花戏	3.运城市河津市	3.太原民俗鼓乐	3.太原市万柏林区	
			4.云州昊天鼓乐	4.大同市云州区	
			5.潞城鼓乐	5.长治市潞城区	
			6.禹王鼕鼓	6.运城市夏县	
			7.方山唢呐	7.吕梁市方山县	
			8.虞山派古琴演奏	8.太原市杏花岭区	
总计					65

资料来源：根据山西省人民政府发布的相关文件整理。

表7 山西省传统舞蹈类国家级非物质文化遗产代表性项目

序号	项目名称	申报地区或单位	公布时间	国家级传承人
1	狮舞（天塔狮舞）	山西省襄汾县	2006年（第一批）	李登山
2	高跷（高跷走兽）	山西省稷山县	2006年（第一批）	段铁成
3	翼城花鼓	山西省翼城县	2006年（第一批）	杨作梁、张飞飞
4	秧歌（临县伞头秧歌）	山西省临县	2008年（第二批）	—
5	秧歌（原平凤秧歌）	山西省原平市	2008年（第二批）	—
6	秧歌（汾阳地秧歌）	山西省汾阳市	2008年（第二批）	—
7	傩舞（寿阳爱社）	山西省寿阳县	2008年（第二批）	韩富林
8	鼓舞（平定武迓鼓）	山西省平定县	2008年（第二批）	—
9	鼓舞（万荣花鼓）	山西省万荣县	2011年（第三批）	王企仁
10	鼓舞（土沃老花鼓）	山西省沁水县	2011年（第三批）	祁学德
11	鼓舞（稷山高台花鼓）	山西省稷山县	2011年（第三批）	—
12	麒麟舞（麒麟采八宝）	山西省侯马市	2011年（第三批）	张西山
13	左权小花戏	山西省左权县	2014年（第四批）	—
14	翼城浑身板	山西省翼城县	2021年（第五批）	—

资料来源：根据中国非物质文化遗产网清单内容整理。

表8　山西省传统舞蹈类省级非物质文化遗产新增及扩展项目

批次	新增项目		扩展项目		项目数量
	项目名称	申报地区或单位	项目名称	申报地区或单位	
第一批（2006年公布）	1.狮舞（天塔狮舞）	临汾市襄汾县	无	无	14
	2.走兽高跷	运城市稷山县			
	3.翼城花鼓	临汾市翼城县			
	4.临县伞头秧歌	吕梁市临县			
	5.稷山高台花鼓	运城市稷山县			
	6.踢鼓秧歌	朔州市			
	7.平定武迓鼓	阳泉市平定县			
	8.寿阳爱社	晋中市寿阳县			
	9.汾阳地秧歌	吕梁市汾阳市			
	10.朔州喜乐	朔州市			
	11.背铁棍（抬阁、挠阁）	太原市清徐县、晋中市祁县、运城市万荣县、忻州市代县			
	12.原平凤秧歌	忻州市原平市			
	13.榆社霸王鞭	晋中市榆社县			
	14.武乡顶灯	长治市武乡县			
第一批（2007年增补）	1.五鬼盘叉	晋城市陵川县	无	无	2
	2.高平九莲灯	高平市文化馆			

批次	新增项目		扩展项目		项目数量
	项目名称	申报地区或单位	项目名称	申报地区或单位	
第二批（2009年公布）	1.二鬼摔跤	忻州市体育运动学校、太原市小店区文化馆	1.花鼓（万荣花鼓、土沃老花鼓）	1.万荣县汉薛镇南景村、沁水县文化馆	18
	2.屯留瞎眼家伙	屯留县文化事业发展中心	2.秧歌（唐城华灯秧歌、白店秧歌）	2.安泽县唐城镇唐城村民委员会、侯马市新田乡白店村委会	
	3.盐湖龙灯舞	运城市盐湖区金井乡贵家营村			
	4.平定皇纲	平定县文化馆			
	5.盂县牛斗虎	盂县秀水镇南白水村			
	6.迓鼓（昔阳迓鼓、阳泉文迓鼓）	昔阳县文化艺术中心、阳泉市郊区文化馆			
	7.昔阳拉话	昔阳县文化艺术中心			
	8.寿阳竹马	寿阳县文化馆			
	9.跑旱船（阳城旱船、翼城孝义旱船）	阳城县文化馆、翼城县文化馆			
	10.翼城浑身板	翼城县文化馆			
	11.翼城堡子河蚌舞	翼城县文化馆			
	12.侯马麒麟舞	侯马市新田乡乔村村委会			
	13.响铃高跷	阳城县文化馆			
	14.阳城摔马	阳城县文化馆			
	15.扛桩闹故事	阳城县文化馆			

批次	新增项目		扩展项目		项目数量
	项目名称	申报地区单位	项目名称	申报地区或单位	
第二批（2009年公布）	16.西华门舞狮	16.太原市民间文艺家协会			18
第三批（2011年公布）	1.风火龙舞	1.长治市襄垣县非物质文化遗产保护中心	1.狮舞（南上官狮舞）	1.临汾市侯马市南上官村委会	18
	2.漾杠箱	2.晋城市泽州县大箕镇南河底	2.高跷（集义高跷，庙前高跷、元王高跷、神农高跷、飞岭高跷）	2.太原市清徐县文化馆、太原市民间文艺家协会（迎泽区）、长治市沁县文化馆、晋城市高平市文化馆、临汾市安泽县府城镇飞岭村	
	3.霍家山龙灯	3.晋城市沁水县文化馆	3.花鼓（北垣花鼓）	3.运城市闻喜县文化馆	
	4.渔翁逗海蚌	4.忻州市繁峙县繁城镇北城街	4.秧歌（水船秧歌、踢鼓秧歌、地灯秧歌）旱船地秧	4.吕梁市柳林镇青龙社区文化活动中心、吕梁市离石区文化馆，大同市大同县文化馆、大同市南郊区文化馆、临汾市汾西县文化馆	
	5.左权小花戏	5.晋中市左权县开花调艺术	5.背铁棍（抬阁）	5.晋中市榆次区张庆乡张庆村、晋中市灵石县静升镇静升村	
	6.独龙杆	6.晋中市灵石县静升镇静升村	6.霸王鞭（西石霸王鞭）	6.运城市垣曲县古城镇西石村	

（续表）

批次	新增项目		扩展项目		项目数量
	项目名称	申报地区或单位	项目名称	申报地区或单位	
第三批（2011年公布）	7.跑莲灯	7.晋中和顺县文化馆	7.九莲灯（冶底九莲灯）	7.晋城市泽州县南村镇冶底村	18
	8.转身身鼓（襄城转身鼓）	8.临汾市襄城县文化馆、襄汾县令伯村委会	8.竹马（左权县五里垓）	8.晋中市左权县辽阳镇五里垓村村委会	
	9.花胳鼓	9.临汾市襄汾县赵康镇赵雄村委会			
	10.亮宝	10.运城市永济市文化馆			
第四批（2013年公布）	1.东蒲舞龙	1.太原市小店区文化馆	1.高跷（定襄高跷、垣曲武高跷）	1.定襄民间高跷秧歌协会，垣曲县文化馆	7
	2.侯村花船	2.运城市盐湖区侯丰农作物种植专业合作社	2.秧歌（挑高秧歌、花伞秧歌）	2.襄垣县非遗协会挑高秧歌研习所、隰县文化馆	
	3.定襄大马社火	3.定襄县宏道镇北社西村委会	3.踢鼓子秧歌（浑源耍故事、五寨八角秧歌、神池道情架子秧歌）	3.浑源县文化馆、五寨县文化馆、神池县襄子上村村民委员会	
			4.抬阁（襄汾抬阁）	4.襄汾县汾城镇总工会	
第五批（2017年公布）	1.霍州莺歌	1.霍州市群众艺术馆	1.高跷（浮山高跷）	1.浮山县众仁文化传媒有限公司	8
	2.跑花灯	2.绛县文化馆	2.花鼓（大柴花鼓、十二生肖民俗花鼓、西河花鼓）	2.襄汾县南贾镇总工会、稷山县人民文化馆、沁水县人民文化馆	

批次	新增项目		扩展项目		项目数量
	项目名称	申报地区或单位	项目名称	申报地区或单位	
第五批（2017年公布）	3.西黄头高跷顶桩	晋城市黄土情文化艺术有限公司	3.踢鼓秧歌	3.平鲁区恒通踢鼓秧歌队	8
	4.平定移穰龙灯舞	平定县巨城镇移穰村村民委员会	4.（竹马）冯匠双龙竹马	4.晋城市城区文化馆	
第六批（2023年公布）	1.灯马	1.晋中市太谷区	1.秧歌（柳林鼓子秧歌）	1.吕梁市柳林县	11
	2.花灯舞	2.临汾市襄城县	2.踢鼓秧歌（右玉南山踢鼓秧歌）	2.朔州市右玉县	
	3.榆社响环舞	3.晋中市榆社县	3.李家山竹马	3.晋城市沁水县	
	4.吉壁腰鼓	4.临汾市翼城县	4.马牧龙舞	4.临汾市洪洞县	
	5.拳板舞	5.运城市稷山县	5.顶桩	5.晋城市泽州县	
	6.平定马马山扇鼓	6.阳泉市平定县			
总计					78

资料来源：根据山西省人民政府发布的相关文件整理。

表9　山西省传统戏剧类国家级非物质文化遗产代表性项目

序号	项目名称	申报地区或单位	公布时间	国家级传承人
1	晋剧	山西省	2006年（第一批）	牛桂英、郭彩萍、王爱爱、武忠、田桂兰、程玉英、马玉楼、冀萍
2	蒲州梆子	山西省临汾市	2006年（第一批）	张峰、任跟心、郭泽民
3	蒲州梆子	山西省运城市	2006年（第一批）	武俊英、王秀兰、康希圣、景雪变、王艺华
4	北路梆子	山西省忻州市	2006年（第一批）	李万林、翟效安、杨仲义、成凤英
5	上党梆子	山西省晋城市	2006年（第一批）	马正瑞、吴国华、张爱珍、张保平、郭孝明
6	雁北耍孩儿	山西省大同市	2006年（第一批）	薛瑞红、王斌祥
7	灵丘罗罗腔	山西省灵丘县	2006年（第一批）	范增
8	碗碗腔（孝义碗碗腔）	山西省孝义市	2006年（第一批）	张建琴、田学思
9	秧歌戏（朔州秧歌戏）	山西省朔州市	2006年（第一批）	张元业、张福
10	秧歌戏（繁峙秧歌戏）	山西省繁峙县	2006年（第一批）	张润来、武玉梅
11	道情戏（晋北道情戏）	山西省右玉县	2006年（第一批）	—
12	道情戏（临县道情戏）	山西省临县	2006年（第一批）	张瑞峰、任林林
13	二人台	山西省河曲县	2006年（第一批）	杜焕荣、贾德义、许月英
14	锣鼓杂戏	山西省临猗县	2006年（第一批）	李正勤、张军
15	皮影戏（孝义皮影戏）	山西省孝义市	2006年（第一批）	梁全民、李世伟
16	晋剧	山西省太原市	2008年（第二批）	高翠英、李月仙、阎慧贞、谢涛
17	上党梆子	山西省长治市	2008年（第二批）	张志明

（续表）

序号	项目名称	申报地区或单位	公布时间	国家级传承人
18	秧歌戏（祁太秧歌）	山西省祁县	2008年（第二批）	苗根生
19	秧歌戏（祁太秧歌）	山西省太谷县	2008年（第二批）	白美云，孙贵明
20	秧歌戏（襄武秧歌）	山西省襄垣县	2008年（第二批）	杨升祥
21	秧歌戏（襄武秧歌）	山西省武乡县	2008年（第二批）	任森奎
22	秧歌戏（壶关秧歌）	山西省壶关县	2008年（第二批）	李英英
23	道情戏（洪洞道情）	山西省洪洞县	2008年（第二批）	—
24	木偶戏（孝义木偶戏）	山西省孝义市	2008年（第二批）	武兴
25	赛戏	山西省朔州市	2008年（第二批）	—
26	上党落子	山西省黎城县	2008年（第二批）	李仙宝
27	上党落子	山西省潞城市	2008年（第二批）	—
28	眉户（运城眉户）	山西省运城市	2008年（第二批）	李英杰
29	北路梆子	山西省大同市	2011年（第三批）	张彩平
30	碗碗腔（曲沃碗碗腔）	山西省曲沃县	2011年（第三批）	—
31	秧歌戏（泽州秧歌）	山西省泽州县	2011年（第三批）	—
32	道情戏（神池道情戏）	山西省神池县	2011年（第三批）	黄凤兰，吴翠花
33	耍戏（任庄扇鼓傩戏）	山西省曲沃县	2011年（第三批）	凌凤英
34	眉户（晋南眉户）	山西省临汾市	2011年（第三批）	潘国梁
35	上党二黄	山西省晋城市城区	2011年（第三批）	郭胖胖
36	晋剧	山西省晋中市	2014年（第四批）	贾炳正，王万梅
37	线腔	山西省芮城县	2014年（第四批）	—
38	秧歌戏（沁源秧歌）	山西省沁源县	2021年（第五批）	—

资料来源：根据中国非物质文化遗产网清单内容整理。

表10　山西省传统戏剧类省级非物质文化遗产新增及扩展项目

批次	新增项目		扩展项目		项目数量
	项目名称	申报地区或单位	项目名称	申报地区或单位	
第一批（2006年公布）	1.晋剧	1.山西省文化厅	无	无	20
	2.蒲州梆子	2.临汾市、运城市			
	3.北路梆子	3.忻州市			
	4.上党梆子	4.晋城市、长治市			
	5.雁北耍孩儿	5.大同市			
	6.灵丘罗罗腔	6.大同市灵丘县			
	7.秧歌戏（朔州秧歌戏、襄武秧歌、壶关秧歌）	7.朔州市朔城区,忻州市繁峙县,长治市襄垣县、武乡县,壶关县			
	8.道情戏（晋北道情戏、临县道情戏、神池道情戏、洪洞道情戏）	8.朔州市右玉县,吕梁市临县,忻州市神池县,临汾市洪洞县			
	9.二人台	9.忻州市河曲县			
	10.锣鼓杂戏	10.运城市临猗县			
	11.皮影戏（孝义皮影戏）	11.吕梁市孝义市、临汾市侯马市			
	12.碗碗腔（孝义碗碗腔）	12.吕梁市孝义市、临汾市曲沃县			
	13.祁太秧歌（太谷秧歌、晋中秧歌）	13.晋中市、太谷县、祁县			

批次	新增项目		扩展项目		项目数量
	项目名称	申报地区或单位	项目名称	申报地区或单位	
第一批 （2006年公布）	14.晋南眉户	临汾市、运城市临猗县	无	无	20
	15.上党落子	长治市、潞城市			
	16.线腔	运城市、芮城县			
	17.孝义木偶戏	吕梁市、孝义市			
	18.雄白沟秧歌	大同市			
	19.赛戏	朔州市			
	20.上党二簧	晋城市城区			
第一批 （2007年增补）	1.晋剧（中路梆子）	太原市、晋中市	无	无	4
	2.壶关秧歌	长治市壶关县			
	3.怀邦戏	运城市垣曲县			
	4.眉户	运城市临猗县、临汾市眉户剧团			
第二批 （2009年公布）	1.凤台小戏	和顺县文化馆	1.北路梆子	1.大同市北路梆子剧团	10
	2.夏县蛤蟆嗡	2.夏县文化馆	2.秧歌戏（汾孝秧歌、西火秧歌、沁源秧歌、太原秧歌、广灵秧歌、泽州秧歌、平腔秧歌）	2.汾阳市韩家桥村、山西省孝义市传统文化研究会、长治县文化中心、沁源县人民文化馆、太原市区文化馆、太原市晋源区音乐舞蹈工作者协会、广灵县文化馆、泽州县文化馆、高平市文化馆、陵川县文化馆	

批次	新增项目		扩展项目		项目数量
	项目名称	申报地区或单位	项目名称	申报地区或单位	
第二批（2009年公布）	3.垣曲曲剧	3.垣曲县曲剧团	3.道情戏（洪洞道情）	3.临汾市尧都区群众艺术馆	10
	4.弦儿戏	4.夏县文化馆	4.二人台	4.阳高县二人台剧团	
			5.皮影戏（绛州皮影戏）	5.新绛县文化馆	
			6.木偶戏（浮山木偶戏）	6.浮山木偶艺术团	
第三批（2011年公布）	1.弦腔（夫子岭弦腔）	1.晋中市和顺县文化馆	1.秧歌戏（大树秧歌、沁水秧歌、中庄秧歌、祁县武秧歌）	1.晋城市阳城县非物质文化遗产保护中心、晋城市沁水县文化馆、阳城县非物质文化遗产保护中心、晋中市祁县温曲村	9
	2.乐乐腔	2.临汾市浮山县文化馆	2.道情戏（大涧道情、兴县李家湾道情、永和道情）	2.大同市灵丘县文化馆、吕梁市兴县人民文化馆、临汾市永和县文化馆	
	3.目连戏	3.临汾市翼城县文化馆	3.锣鼓杂戏	3.运城市万荣县锣鼓杂戏研究会	
			4.皮影戏	4.太原市清徐县常丰村皮影艺术团	
			5.上党落子	5.长治市上党落子剧团	
			6.赛戏（鳌石赛戏）	6.大同市阳高县文化馆	
第四批（2013年公布）	扬高戏	芮城县文化馆	1.晋剧	1.大同市晋剧院	5
			2.秧歌戏（土滩秧歌、翼城秧歌）	2.榆社县文化馆、翼城县人民文化馆	
			3.二人台	3.山西省曲艺团	
			4.芮城木偶戏	4.芮城县文化馆	

批次	新增项目		扩展项目		项目数量
	项目名称	申报地区或单位	项目名称	申报地区或单位	
第五批（2017年公布）	无	无	1.雁北耍孩儿	1.应县耍孩儿综合艺术团	4
			2.秧歌戏（岗北秧歌、红石塄秧歌）	2.太原市非物质文化遗产保护中心、灵丘县人民文化馆	
			3.广灵八角地木偶戏	3.广灵县木偶皮影戏剧艺术协会	
			4.五台县赛戏	4.五台县茹村乡西天和村民委员会	
第六批（2023年公布）	京剧	山西省京剧院（山西省京剧艺术研究院）	1.晋剧	1.吕梁市	4
			2.秧歌戏（朔州秧歌戏）	2.朔州市应县	
			3.二人台	3.忻州市保德县	
总计					56

资料来源：根据山西省人民政府发布的相关文件整理。

表11　山西省曲艺类国家级非物质文化遗产代表性项目

序号	项目名称	申报地区或单位	公布时间	国家级传承人
1	潞安大鼓	山西省长治市	2006年（第一批）	王海燕
2	襄垣鼓书	山西省襄垣县	2008年（第二批）	王俊川
3	三弦书（沁州三弦书）	山西省沁县	2008年（第二批）	栗四文
4	莲花落	山西省太原市	2011年（第三批）	曹有元
5	长子鼓书	山西省长子县	2011年（第三批）	刘引红
6	翼城琴书	山西省翼城县	2011年（第三批）	—
7	曲沃琴书	山西省曲沃县	2011年（第三批）	—
8	泽州四弦书	山西省泽州县	2011年（第三批）	陈连发
9	弹唱	山西省吕梁市离石区	2014年（第四批）	—
10	屯留道情	山西省长治市屯留区	2021年（第五批）	—
11	陵川钢板书	山西省晋城市陵川县	2021年（第五批）	—

资料来源：根据中国非物质文化遗产网清单内容整理。

附录

表12 山西省曲艺类省级非物质文化遗产新增及扩展项目

批次	新增项目		扩展项目		项目数量
	项目名称	申报地区或单位	项目名称	申报地区或单位	
第一批（2006年公布）	1.潞安大鼓	1.长治市	无	无	7
	2.太原莲花落	2.太原市			
	3.襄垣鼓书	3.长治市襄垣县			
	4.阳泉评说	4.阳泉市			
	5.晋东南说唱道情	5.长治市屯留县晋城市阳城县			
	6.河东说唱道情	6.运城市盐湖区、永济市			
	7.沁州三弦书	7.长治市沁县			
第二批（2009年公布）	1.大同数来宝	1.大同市工人文化活动中心	1.鼓书（武乡鼓书、长子鼓书、高平鼓书）	1.武乡县人民文化馆、长子县文化馆、高平市文化馆	9
	2.洪洞书调	2.洪洞县祥瑞传播公司	2.三弦书（霍州三弦书）	2.霍州市群艺馆	
	3.琴书（翼城琴书、曲沃琴书）	3.翼城县文化馆、曲沃县文化馆			
	4.泽州四弦书	4.泽州县文化馆			
	5.泽州鼓书	5.泽州县文化馆			
	6.陵川钢板书	6.陵川县文化馆			
	7.沁水鼓儿词	7.沁水县文化馆			

（续表）

批次	新增项目		扩展项目		项目数量
	项目名称	申报地区或单位	项目名称	申报地区或单位	
第三批（2011年公布）	1.垣曲曲镳 2.四弦书（平陆高调）	1.垣曲县文化馆 2.运城市平陆县文化馆	1.鼓书（隰县打鼓书） 2.晋东南说唱道情（屯长道情） 3.三弦书（临县三弦书、离石三弦书、平遥弦子书）	1.临汾市隰县文化馆 2.长治市长子县文化馆 3.吕梁市临县文化馆、吕梁市离石区文化馆、晋中市平遥县文化馆	5
第四批（2013年公布）	河津干板腔	河津市文化馆	钢板书（长子钢板书）	长子县文化馆	2
第五批（2017年公布）	曲艺（壶关评书）	壶关县明星文山演艺有限公司	1.鼓书（壶关鼓书、阳城鼓书） 2.晋南说唱道情 3.三弦书（沁州三弦书） 4.古琴书 5.长子鼓儿词	1.壶关县龙泉秀琴鼓书说唱团、阳城县文化馆 2.浮山县人民文化馆 3.沁源县人民文化馆 4.稷山县人民文化馆 5.长子县文化馆	6
第六批（2023年公布）	浮山四平书	临汾市浮山县	1.太原莲花落 2.鼓书（潞城鼓书） 3.芮城书调 4.琴书（夏县琴书）	1.山西省曲艺团艺有限责任公司 2.长治市潞城区 3.运城市芮城县 4.运城市夏县	5
总计					34

资料来源：根据山西省人民政府发布的相关文件整理。

表13 山西省传统美术类国家级非物质文化遗产代表性项目

序号	项目名称	申报地区或单位	公布时间	国家级传承人
1	剪纸（中阳剪纸）	山西省中阳县	2006年（第一批）	王计汝
2	剪纸（广灵染色剪纸）	山西省广灵县	2008年（第二批）	—
3	剪纸（静乐剪纸）	山西省静乐县	2014年（第四批）	—
4	剪纸（太原剪纸）	山西省太原市	2021年（第五批）	—
5	砖雕（山西民居砖雕）	山西省清徐县	2008年（第二批）	张红霞
6	面花（阳城面面塑）	山西省阳城县	2008年（第二批）	董巧兰
7	面花（闻喜花馍）	山西省闻喜县	2008年（第二批）	—
8	面花（定襄面塑）	山西省定襄县	2008年（第二批）	—
9	面花（新绛面塑）	山西省新绛县	2008年（第二批）	李成秀
10	面花（岚县面塑）	山西省岚县	2008年（第二批）	—
11	木版年画（平阳木版年画）	山西省临汾市	2008年（第二批）	—
12	堆锦（上党堆锦）	山西省长治市堆锦研究所	2008年（第二批）	弓春香
13	堆锦（上党堆锦）	山西省长治市群众艺术馆	2008年（第二批）	赵翠林
14	民间绣活（高平绣活）	山西省高平市	2008年（第二批）	—
15	布老虎（黎侯虎）	山西省黎城县	2008年（第二批）	郝彦明
16	建筑彩绘（炕围画）	山西省襄垣县	2008年（第二批）	雷显元
17	平遥纱阁戏人	山西省平遥县	2011年（第三批）	李艳军
18	清徐彩门楼	山西省清徐县	2011年（第三批）	
19	木雕（永乐桃木雕刻）	山西省芮城县	2014年（第四批）	

资料来源：根据中国非物质文化遗产网清单内容整理。

非遗 文明 的 西 山

表14　山西省传统美术类省级非物质文化遗产新增及扩展项目

批次	新增项目		扩展项目		项目数量
	项目名称	申报地区或单位	项目名称	申报地区或单位	
第一批（2006年公布）	1.中阳剪纸	1.吕梁市中阳县	无	无	6
	2.平阳木版画	2.临汾市			
	3.山西面塑艺术（定襄面塑、闻喜花馍、新绛面塑）	3.忻州市定襄县、运城市闻喜县、新绛县，晋城市阳城县			
	4.山西民居砖雕艺术	4.山西省非遗产保护中心、山西省民居砖雕艺术研究会			
	5.黎侯虎（布艺老虎）	5.长治市黎城县			
	6.广灵染色剪纸	6.大同市广灵县			
第一批（2007年增补）	1.襄垣坑围画	1.长治市襄垣县	无	无	2
	2.高平刺绣	2.晋城市高平市			
第二批（2009年公布）	1.南庄无根架火	1.晋中市榆次区文化馆	1.剪纸（孝义剪纸、浮山剪纸、隰县剪纸、新绛戏曲剪纸、高平剪纸、静乐剪纸）	1.山西省孝义市传统文化研究会、浮山县文化馆、隰县文化馆、新绛县文化馆、高平市文化馆、乐县非物质文化遗产保护中心	16
	2.平遥纱阁戏人	2.平遥县文化艺术中心	2.木版年画（绛州木版年画）	2.新绛县文化馆	
	3.晋城泥塑	3.晋城市城区文化馆	3.面花（高平面塑、万荣面塑、孝义面塑）	3.高平市文化馆、万荣县城镇云仙传统工艺面塑铺、山西省孝义民间面塑艺术委员会	

（续表）

批次	新增项目		扩展项目		项目数量
	项目名称	申报地区或单位	项目名称	申报地区或单位	
第二批（2009年公布）	4.曲沃花葫芦	4.曲沃县郑家寨民间美术社	4.山西民居砖雕	4.陵川县文化馆	16
	5.侯马皮影	5.侯马市皮影雕刻艺术研究会	5.布艺（侯马布老虎）	5.侯马市群艺馆	
	6.永济扎麦草	6.永济市文化馆	6.炕围画（原平炕围画）	6.原平市文化馆	
	7.运城绒绣	7.运城市关圣绒绣研究中心	7.民间绣活（和顺刺绣、侯马刺绣）	7.和顺县文化馆、侯马市群艺馆	
	8.大同折纸	8.张氏折纸素质教育研发中心			
	9.清徐彩门	9.清徐县文化馆			
第三批（2011年公布）	1.石雕（沁源石雕）	1.长治市沁源县赤石桥乡武家沟村	1.剪纸（武乡剪纸、沁源剪纸、陵川剪纸、右玉剪纸、柳林剪纸、寿阳福寿剪纸、左权剪纸、闻喜剪纸、万荣剪纸）	1.长治市武乡县职业介绍服务中心,长治市沁源县郭道镇鄢滩村,晋城市陵川县文化馆,朔州市右玉县飞天民间艺术发展中心,吕梁市柳林县文化馆,晋中市寿阳县文化馆,晋中市左权县文化馆,运城市闻喜县文化馆,运城市万荣县月贵剪纸工作室	13
	2.木雕（根雕、永乐桃木雕刻技艺）	2.长治市沁源县赤石桥乡涧崖底村,忻州市宁武县杯海根艺美术专业合作社,忻州市定襄晟龙木雕模型艺术有限公司,吕梁市交口县文化馆,运城市芮城县永乐理天桃木雕刻坊	2.面花（太原面塑、代县面塑、万荣面人）	2.杏花岭区三桥街道办事处桃北西社区,太原市晋源区晋阳文化研究会,忻州市代县面塑艺术研究中心,临汾市非物质文化遗产保护协会,运城市万荣县董氏面人工作室	

批次	新增项目		扩展项目		项目数量
	项目名称	申报地区或单位	项目名称	申报地区或单位	
第三批（2011年公布）	3.泥金笺画	3.运城永济市文化馆	3.山西民居砖雕（太谷砖雕）	3.晋中市太谷县晋派砖雕研究所	13
	4.宫灯（柴森宫灯）	4.运城市夏县柴森宫灯厂	4.布艺（阳高布艺、陵川布贴画、绛县布扎、芮城布艺）	4.大同市阳高县民间工艺美术协会、阳泉市城区峰梅琴艺术工作室、晋城市陵川县文化馆、运城县秋菊布扎艺术工作室、运城市芮城县雅婷婷布艺工作室	
			5.建筑彩绘（墙围画、襄垣民居脊饰传统技艺、古建筑彩绘）	5.长治市沁源县赤石桥乡赤石桥村、长治市襄垣县非物质文化遗产保护中心、晋中市山西晋阳古建筑工程有限公司榆社分公司	
			6.长治堆锦	6.长治市城区德艺坊堆锦工作室	
			7.民间绣活（上党女红、繁峙晋绣、榆社晋绣）	7.长治郊区锦绣坊、忻州市繁峙县晋绣坊文化产业发展中心、晋中市榆社县兴晋绣艺专业合作社	
			8.泥塑（不倒翁、泥塑佛像）	8.清徐县文化馆、晋中市灵石县静升镇苏溪村	
			9.麦草画	9.临汾市蒲县非物质文化保护中心	
第四批（2013年公布）	1.玉雕（太原玉和堂）	1.玉和堂玉雕工作室	1.剪纸（阳泉盘合、祁县剪纸、河津剪纸）	1.阳泉市矿区文化馆、祁县城赵镇人民政府、河津市尚文轩剪艺术中心、山西剪纸协会	10
	2.内画（广灵内画）	2.广灵县文化馆	2.面花（阳泉彩色面塑、大阳阴阳塑、乡宁花馍）	2.阳泉市城区文化馆、泽州县文化馆、临汾市非物质文化遗产保护协会	

（续表）

批次	新增项目		扩展项目		项目数量
	项目名称	申报地区或单位	项目名称	申报地区或单位	
第四批（2013年公布）	3.平遥彩塑	3.平遥县琢凡彩塑制作中心	3.布艺（潞城布艺、传统民俗服饰制作技艺）	3.潞城市福禄工艺品有限公司，万荣县亲亲蛋蛋婴幼儿民俗用品有限公司	10
	4.河津转花灯	4.河津市楼里转花灯制作中心	4.民间绣活（交口刺绣）	4.交口县雅汇刺绣专业合作社	
	5.泥皮画	5.芮城县三月三文化发展中心	5.灯彩（平遥古城灯艺）	5.平遥古城灯艺研究所	
第五批（2017年公布）	1.沁源手工编织	1.沁源县俊腾手工工艺品有限公司	1.剪纸（太原传统剪纸、右玉民俗剪纸、永和剪纸、盐湖剪纸、忻州黄土风情剪纸）	1.山西上林苑传统剪纸艺术研究院、右玉县剪纸剪绣协会、永和县文化馆、李建肖剪纸工作室、忻州市山水关文化艺术有限公司	23
	2.传统刻瓷	2.太原市迎泽区羽洁工艺品经销部	2.刘家寨头木版年画	2.柳林县文化馆	
	3.长治潞绣	3.长治市潞城飞雷手工绣品有限公司	3.面花（太原传统面塑）	3.太原市民间文艺家协会	
	4.手工临摹经典碑帖技艺（响拓）	4.阳泉市城区文化馆	4.砖雕（河津吕氏砖雕）	4.河津市吕氏祖传砖雕厂	
	5.太平绣球	5.襄汾县赵康红传统手工专业合作社	5.布艺（布老虎工艺、凤城工艺）	5.左权县民歌研究中心、山西布坊文化传播有限公司	
	6.拨金漆画	6.新绛县世杰拨金漆画研究所	6.民间绣活（武氏绣活）	6.太原市唐人绣坊艺术品发展有限公司	
	7.草编（玉米皮编织）	7.闻喜县蓬莹草编专业合作社	7.泥塑（泥塑、代县泥塑彩绘、古法泥塑）	7.山西宏艺青铜雕塑工艺厂、代县天顺昌泥塑艺术有限公司、高平市叶铭雕塑艺术工作室	

薪火相承 —— 山西的非物质文化遗产

批次	新增项目		扩展项目		项目数量
	项目名称	申报地区或单位	项目名称	申报地区或单位	
第五批（2017年公布）	8.河东戏剧脸谱	8.河津市金盛轩剪纸中心	8.石雕（壶关石雕，新绛石雕）	8.长治市雄伟石业有限公司，新绛县玉顺石雕工艺品有限公司	23
	9.代县雁绣	9.代县雁绣坊文化艺术有限公司	9.木雕、根雕（益泰永木雕、泓福木雕、平遥木雕神像、麻梨雕刻【山西根雕】）	9.山西益泰永木雕有限公司，山西泓福木雕有限公司、平遥县非物质文化遗产保护中心、山西省正时金石传拓文化传播有限公司	
	10.交城传统堆绫艺术	10.交城县庄英锦艺术制作有限公司	10.彩塑（山西彩塑，临县传统彩塑艺术，山西传统彩塑艺术【李氏山西民间传统彩塑】，五台山民间传统彩塑）	10.长治学彩塑艺术研究院，临县彩塑研学保护中心、山西省文化产业发展中心、五台县锦泰工艺制品有限公司	
	11.武氏剪纸撕纸艺术	11.古交市文化馆	11.泥皮画	11.晋城市城区文化馆	
	12.（云冈）康氏绢人	12.康氏绢人工艺品店			
第六批（2023年公布）	1.皮雕（苑氏皮雕）	1.太原市小店区	1.剪纸（朔城区剪纸）	1.朔州市朔城区	57
	2.手绘布画	2.运城市河津市	2.剪纸（榆次剪纸）	2.晋中市榆次区	
	3.刻铜（文房刻铜）	3.晋中市平遥县	3.剪纸（平遥剪纸）	3.晋中市平遥县	
	4.刻铜（铜印鉴刻）	4.运城市稷山县	4.剪纸（盂县剪纸）	4.阳泉市盂县	
	5.掐丝珐琅釉画	5.运城市盐湖区	5.剪纸（黎城剪纸）	5.长治市黎城县	
	6.葫芦雕刻（朔城区葫芦雕刻）	6.朔州市朔城区	6.剪纸（沁州剪纸）	6.长治市沁县	
	7.葫芦雕刻（文水县葫芦雕刻）	7.吕梁市文水县	7.剪纸（大阳剪纸）	7.晋城市泽州县	

批次	新增项目		扩展项目		项目数量
	项目名称	申报地区或单位	项目名称	申报地区或单位	
第六批（2023年公布）	8.葫芦雕刻（夏县区葫芦雕刻）	8.运城市夏县	8.剪纸（彩贴剪纸）	8.晋城市高平市	57
	9.葫芦雕刻（永济葫芦雕刻）	9.运城市永济市	9.剪纸（曲沃剪纸）	9.临汾市曲沃县	
	10.吊挂（小会吊挂）	10.晋中市左权县	10.木版年画（平遥木版年画）	10.晋中市平遥县	
			11.面花（人物面塑）	11.太原市杏花岭区	
			12.面花（忻府区面塑）	12.忻州市忻府区	
			13.面花（晋中面塑）	13.晋中市平遥县	
			14.面花（襄垣花馍）	14.长治市襄垣县	
			15.面花（浮山面塑）	15.临汾市浮山县	
			16.面花（隰县面塑）	16.临汾市隰县	
			17.面花（霍州年馍）	17.临汾市霍州市	
			18.面花（芮城面人）	18.运城市芮城县	
			19.砖雕（稷山砖雕）	19.运城市稷山县	
			20.布艺（大同布老虎）	20.大同市平城区	
			21.布艺（平定布艺）	21.阳泉市平定县	
			22.布艺（平阳香包）	22.临汾市	
			23.布艺（神山双头虎）	23.临汾市浮山县	

薪火相承 —— 山西的非遗文明

批次	新增项目		扩展项目		项目数量
	项目名称	申报地区或单位	项目名称	申报地区或单位	
			24.布艺（布贴画）	长治市屯留区	
			25.布艺（黎之锦）	长治市黎城县	
			26.布艺（闻喜布艺）	运城市闻喜县	
			27.建筑彩绘（朔州炕围画）	朔州市	
			28.建筑彩绘（古建壁画及彩绘）	吕梁市文水县	57
第六批（2023年公布）			29.民间绣活（晋式刺绣）	太原市小店区	
			30.民间绣活（娄烦刺绣）	太原市娄烦县	
			31.民间绣活（中阳绣品）	吕梁市中阳县	
			32.民间绣活（王家刺绣）	晋中市灵石县	
			33.民间绣活（潞绣）	长治市上党区	
			34.民间绣活（四姑刺绣）	长治市黎城县	
			35.民间绣活（临猗扎花）	运城市临猗县	
			36.泥塑（张氏彩泥塑）	太原市万柏林区	

（续表）

批次	新增项目		扩展项目		项目数量
	项目名称	申报地区或单位	项目名称	申报地区或单位	
第六批（2023年公布）			37.泥塑（平遥泥人）	晋中市平遥县	57
			38.泥塑（平定泥塑）	阳泉市平定县	
			39.泥塑（上党王氏泥塑）	长治市上党区	
			40.泥塑（平阳泥塑）	临汾市襄汾县	
			41.太谷麦秆画	晋中市太谷区	
			42.石雕（繁峙天然黄金石雕刻）	忻州市繁峙县	
			43.石雕（金钱石雕刻）	运城市绛县	
			44.木雕（朔城区木雕）	朔州市朔城区	
			45.彩塑（寺观彩塑）	太原市尖草坪区	
			46.彩塑（稷山彩塑）	运城市稷山县	
			47.传统刻瓷（怀仁刻瓷）	朔州市怀仁市	
总计					127

资料来源：根据山西省人民政府发布的相关文件整理。

表15　山西省民间文学类国家级非物质文化遗产代表性项目

序号	项目名称	申报地区或单位	公布时间	国家级传承人
1	董永传说	山西省万荣县	2006年（第一批）	—
2	杨家将传说（杨家将说唱）	山西省	2008年（第二批）	—
3	尧的传说	山西省绛县	2008年（第二批）	—
4	牛郎织女传说	山西省和顺县	2008年（第二批）	—
5	笑话（万荣笑话）	山西省万荣县	2008年（第二批）	解放
6	赵氏孤儿传说	山西省盂县	2011年（第三批）	—
7	白马拖缰传说	山西省晋城市城区	2011年（第三批）	—
8	舜的传说	山西省沁水县	2011年（第三批）	—
9	烂柯山的传说	山西省陵川县	2011年（第三批）	—
10	广禅侯故事	山西省阳城县	2014年（第四批）	—

资料来源：根据中国非物质文化遗产网清单内容整理。

表16　山西省民间文学类省级非物质文化遗产新增及扩展项目

批次	新增项目		扩展项目			项目数量
	项目名称	申报地区或单位	项目名称	申报地区或单位		
第一批（2006年公布）	1.董永传说	1.运城市万荣县	无	无		7
	2.民间传唱史诗《杨家将》	2.山西大学				
	3.广武传说	3.朔州市山阴县				
	4.赵氏孤儿传说	4.阳泉市盂县、运城市新绛县				
	5.万荣笑话	5.运城市万荣县				
	6.司马光传说	6.运城市夏县				
	7.牛郎织女传说	7.运城市永济市、晋中市和顺县				
第一批（2007年增补）	1.尧王故里传说	1.运城市绛县	无	无		3
	2.乔阁老传说	2.运城市临猗县				
	3.来丑子故事	3.忻州市定襄县				
第二批（2009年公布）	1.女娲补天神话	1.泽州县文化馆	赵氏孤儿的传说	清徐县清源镇大北村村民村委会、襄汾县东汾阳村		26
	2.精卫填海神话	2.长子县文化馆、高平市文化馆				
	3.后羿射日神话	3.屯留县文化馆、襄垣县文化馆				
	4.愚公移山传说	4.阳城县文化馆				
	5.丕山吐月传说	5.泽州县文化馆				

（续表）

批次	新增项目		扩展项目		项目数量
	项目名称	申报地区或单位	项目名称	申报地区或单位	
	6.白马脱缰传说	6.晋城市城区文化馆			
	7.舜的传说	7.沁水县文化馆			
	8.杀虎口传说	8.右玉县图书馆			
	9.老寿星传说	9.寿阳县文化馆			
	10.姑射山—乾元山传说	10.洪洞县乾元山九州旅游有限公司			
	11.大禹治水传说	11.河津市文化馆			
	12.嫘祖养蚕传说	12.夏县文化馆			
第二批（2009年公布）	13.稷王传说	13.闻喜县文化馆			26
	14.交城玄中寺鸠鸽二仙传说	14.交城县人民文化馆			
	15.峪道河马跑神泉传说	15.山西神泉酒业有限公司			
	16.董父豢龙传说	16.闻喜县东镇官庄村			
	17.鱼跃龙门传说	17.河津市文化馆			
	18.围棋起源传说	18.陵川县文化馆			
	19.介子推传说	19.万荣县孤峰山景区发展有限公司，介休市文化馆			
	20.杨贵妃传说	20.永济市杨贵妃文管所			

（续表）

批次	新增项目		扩展项目		项目数量
	项目名称	申报地区或单位	项目名称	申报地区或单位	
第二批（2009年公布）	21.广禅侯故事	阳城县文化馆			26
	22.崔生遇虎故事	襄垣县文化馆			
	23.张生和莺莺故事	永济市普救寺旅游有限公司			
	24.孔子回车故事	泽州县文化馆			
	25.张四姐大闹温泉县故事	交口县文化馆			
第三批（2011年公布）	1.狄仁杰的传说	太原市小店区营盘街办文化站	1.笑话（襄汾七十二呆）	襄汾县非物质文化遗产保护协会	18
	2.石海的传说	太原市小店区北格镇北格村	2.尧的传说	长治市黎城县文化馆、临汾市非物质文化遗产保护协会	
	3.李佬人的传说	长治市黎城县文化馆	3.舜的传说	运城市垣曲县文化馆	
	4.青果美泉寺的传说	长治沁源县交口乡壁村	4.稷王的传说	运城市稷山县文化馆	
	5.炎帝的传说	长治市城区炎帝文化研究会	5.张四姐的故事	孝义市传统文化研究会	
	6.王泰来的传说	晋城市泽州县大箕镇南沟村委、秋木洼村	6.围棋起源传说（沁县烂柯的传说）	长治市沁县文化馆	
	7.松林积雪的传说	晋城市泽州县大箕镇松林寺			
	8.汾神台骀的传说	临汾市侯马市群众艺术馆			
	9.黄河仙子的传说	临汾市大宁县文化馆			

（续表）

批次	新增项目		扩展项目		项目数量
	项目名称	申报地区或单位	项目名称	申报地区或单位	
第三批（2011年公布）	10.李娘娘的传说	临汾市翼城县文化馆			18
	11.晋文公的传说	运城市绛县文化馆			
	12.卫夫人的传说	运城市夏县文化馆			
第四批（2013年公布）	1.晋城"九头十八匠"的传说	晋城市城区文化馆	无	无	6
	2.汾州民间传说	汾阳市汾州文化研究会			
	3.石勒传说（榆社）	榆社县文化馆			
	4."王通王绩王勃"的传说	万荣县三王研究学会			
	5.蒲津渡铁牛传说	永济市文化馆			
	6.晋商茶路上的故事	山西晋贾茶文化有限公司			
第五批（2017年公布）	1.柳仙庙的故事	长治市沁县漳源镇口头村	狄仁杰的传说	山西千福缘酒店管理有限公司	11
	2.灵空山的传说	沁源县文化旅游产业发展有限公司			
	3.孟母故里的民间故事	太谷县文化馆			
	4.苏三传奇故事	山西省洪洞县文化馆			

批次	新增项目		扩展项目		项目数量
	项目名称	申报地区或单位	项目名称	申报地区或单位	
第五批（2017年公布）	5.飞虹塔传奇故事	5.洪洞县广胜寺旅游景区管理服务有限公司			11
	6.伯益的传说	6.襄汾县三晋文化研究会			
	7.尧造围棋的故事	7.临汾市非物质文化遗产保护协会			
	8.蚩尤传说	8.运城市盐湖区文化馆			
	9.汤王传说	9.垣曲县乡情莲藕专业种植合作社			
	10.清凉山传说	10.山西云中飞龙文化传媒有限公司			
第六批（2023年公布）	1.老大同故事	1.大同市平城区	1.杨家将	1.吕梁市柳林县	5
	2.岱宗祠传说	2.运城市万荣县	2.人祖山娲皇传说	2.临汾市吉县	
			3.合驼的传说	3.太原市	
总计					76

——资料来源：根据山西省人民政府发布的相关文件整理。

表17　山西省民俗类国家级非物质文化遗产代表性项目

序号	项目名称	申报地区或单位	公布时间	国家级传承人
1	民间社火	长治市潞城区	2006年（第一批）	杜同海
2	抬阁（忠子、铁枝、飘色）（峨口挠阁）	忻州市代县	2008年（第二批）	郝来喜
3	抬阁（忠子、铁枝、飘色）（清徐徐沟背铁棍）	太原市清徐县	2008年（第二批）	一
4	抬阁（忠子、铁枝、飘色）（万荣抬阁）	运城市万荣县	2008年（第二批）	高裕民
5	元宵节（柳林盘子会）	吕梁市柳林县	2008年（第二批）	白有厚、贾峰岳
6	祭祖习俗（大槐树祭祖习俗）	临汾市洪洞县	2008年（第二批）	一
7	庙会（晋祠庙会）	太原市晋源区	2008年（第二批）	一
8	灯会（河曲河灯会）	忻州市河曲县	2008年（第二批）	一
9	民间信俗（关公信俗）	运城市	2008年（第二批）	一
10	洪洞走亲习俗	临汾市洪洞县	2008年（第二批）	一
11	汉族传统婚俗（孝义贾家庄婚俗）	吕梁市孝义市	2008年（第二批）	一
12	春节（怀仁旺火习俗）	朔州市怀仁市	2011年（第三批）	一
13	中和节（永济背冰）	运城市永济市	2011年（第三批）	相建峰
14	中和节（云丘山中和节）	临汾市乡宁县	2011年（第三批）	一
15	尉村跑鼓车（襄汾）	临汾市襄汾县	2011年（第三批）	一
16	清明节（介休寒食清明习俗）	晋中市介休市	2011年（第三批）	一
17	祭祖习俗（沁水柳氏清明祭祖）	长治市沁水县	2011年（第三批）	一
18	独辕四景车赛会（平顺）	长治市平顺县	2011年（第三批）	一
19	中秋节（泽州中秋习俗）	晋城市泽州县	2011年（第三批）	一
20	重阳节（皇城村重阳习俗）	晋城市阳城县	2011年（第三批）	一
21	庙会（蒲县朝山会）	临汾市蒲县	2014年（第四批）	一
22	民间社火（南庄无根架火）	晋中市榆次区	2014年（第四批）	赵志高
23	春节（娘子关跑马排春节习俗）	阳泉市平定县	2021年（第五批）	一

一资料来源：根据中国非物质文化遗产网清单内容整理。

表18 山西省民俗类省级非物质文化遗产新增及扩展项目

批次	新增项目		扩展项目			项目数量
	项目名称	申报地区或单位	项目名称	申报地区或单位		
第一批（2006年公布）	1.民间社火	1.长治市潞城县	无	无		18
	2.尧王传统祭祀文化	2.临汾市				
	3.舜王传统祭祀文化	3.运城市、晋城市				
	4.禹王传统祭祀文化	4.运城市				
	5.关公文化	5.运城市				
	6.河东盐池文化	6.运城市				
	7.寒食节	7.晋中市介休市				
	8.洪洞大槐树祖文化	8.临汾市洪洞县				
	9.后土文化	9.运城市万荣县				
	10.骡驮轿	10.朔州市				
	11.晋祠庙会（水母娘娘的传说，晋阳风火流星）	11.太原市晋源区				
	12.走亲习俗	12.临汾市洪洞县				
	13.河曲河灯会	13.忻州市河曲县				
	14.背水	14.运城市芮城县、永济市				
	15.任庄扇鼓傩戏	15.临汾市曲沃县				

（续表）

批次	新增项目		扩展项目		项目数量
	项目名称	申报地区或单位	项目名称	申报地区或单位	
第一批（2006年公布）	16.柳林盘子会（含弹唱）	吕梁市柳林县、离石区	无	无	18
	17.孝义贾家庄婚俗	吕梁市孝义县			
	18.裴氏谱系文化	运城市闻喜县			
第一批（2007年增补）	1.小店牺汤习俗	太原市小店区	无	无	2
	2.柳氏家族人生礼仪	柳氏民居实业开发有限公司			
第二批（2009年公布）	1.郭璞堪舆文化	闻喜县郭璞研究会	庙会（交城卦山庙会、龙天庙会、水陆院庙会、沁源菩提古寺庙会、魏村牛王庙会）	交城县人民文化馆、山西龙天古大原县城开发有限公司（晋源区）、晋城市城区文化馆、沁源县人民文化馆、临汾市尧都区群艺馆	22
	2.祁县民居建筑习俗	祁县文化艺术中心			
	3.怀仁旺火习俗	朔州市怀仁县文化馆			
	4.偏关万人会	偏关县文化馆			
	5.五台山骡马大会	忻州市群众艺术馆			
	6.平定零零祭	平定县文化馆			
	7.礼生唱祭习俗	山西省柳林文化研究会			
	8.二月二南街火习俗	太原市晋源区晋源南街村委会			

批次	新增项目		扩展项目		项目数量
	项目名称	申报地区或单位	项目名称	申报地区或单位	
第二批（2009年公布）	9.泽州中秋习俗	9.泽州县民间习俗研究会			22
	10.尉村跑鼓车	10.襄汾县尉村村委会			
	11.洪洞北羊社祭	11.洪洞县北羊农耕社祭管委会			
	12.煤窑祭祀	12.襄垣县文化馆			
	13.连氏手指算法	13.襄垣县文化馆			
	14.平顺四景车赛会	14.平顺县文化馆			
	15.平遥票号	15.平遥县文化艺术中心			
	16.皇城村重阳节习俗	16.阳城县皇城村			
	17.乡宁中和节习俗	17.乡宁县文化馆			
	18.岚城面供	18.岚县文化馆			
	19.九曲黄河阵	19.沁源县人民文化馆、晋中市榆次区文化馆			
	20.晋商镖局	20.晋中市心意拳协会、平遥县文化艺术中心			
	21.清明节	21.介休市文化馆			
第三批（2011年公布）	1.东干架火迎鼓习俗	1.清徐县文化馆	1.民间社火（代县上阳花社火）	1.忻州市代县上阳花社火研究中心	19

（续表）

批次	新增项目		扩展项目		项目数量
	项目名称	申报地区或单位	项目名称	申报地区或单位	
第三批（2011年公布）	2.刮街	长治市平顺县石城镇白杨坡村	2.尧的祭祀	运城市绛县文化馆	19
	3.上党连氏宗族信俗	长治市襄垣非物质文化遗产保护中心	3.舜的祭祀	运城市垣曲县舜文化研究会	
	4.端午节习俗	长治市沁县文化馆	4.庙会（圪咀崖娘娘庙会、高都三月二十八传统庙会、凤山庙会、华佗庙会、娘娘庙会、四脚楼传统古会、襄城涑池古会、鸣条二月二四圣出巡古庙会）	太原市古交市文化馆、晋城市泽州县高都镇综合文化站、吕梁市离石区文化馆、临汾市蒲县非遗保护中心、临汾市曲沃县方城村民俗文化研究会、临汾市曲沃县里村镇封王村村委会、临汾市曲沃县乐昌县文化馆、运城市襄城县尧条鸣条关四圣禹关民间文化传承会	
	5.黎城望乡会	长治市黎城县文化馆	5.婚俗（平定婚俗）	平定县历史文化研究会	
	6.打谭习俗	晋城市阳城县非物质文化遗产保护中心、泽州县下村镇上寺头村	6.九曲黄河阵（平顺转九曲、保德九曲黄河灯会、左权县黄河阵黄河阵、晋中市左权县"九曲黄河灯阵"）	长治市平顺县石城镇白杨坡村、忻州九曲黄河灯会文化发展有限公司、晋中市左权县辽阳镇河南村村委、榆社县箕城镇北逆流河村	
	7.泽州打铁花习俗	晋城市泽州县巴公镇来村村委			
	8.宁武天池净身习俗	忻州市宁武县余庄乡马营村村委会			

（续表）

批次	新增项目		扩展项目		项目数量
	项目名称	申报地区或单位	项目名称	申报地区或单位	
第三批 （2011年 公布）	9.用水习俗	临汾市霍州市文化馆			19
	10.火星圣母祭祀习俗	临汾市霍州市文化馆			
	11.五龙洞祭祀习俗	临汾市蒲县非遗中心			
	12.汾西添仓节	临汾市汾西县文化馆			
	13.山西本命年习俗研究会	山西本命年习俗研究会			
第四批 （2013年 公布）	1.绵上天齐庙习俗	山西通洲集团灵宝旅游有限公司	1.庙会（海潮禅寺庙会）	1.河津县文化体育发展中心	8
	2.阳城蚕桑习俗	阳城县孙文龙纪念馆	2.盂县河灯节	2.阳泉市盂县梁家寨乡大崔家庄村	
	3.后稷祭祀	稷山县民间文艺家协会	3.春节（娘子关跑马排春节习俗）	3.平定县下董寨村民委员会	
			4.马拉鼓车	4.闻喜县文化馆	
			5.九曲黄河阵	5.河曲县文化体育发展中心、偏关县文化馆	
第五批 （2017年 公布）	1.沁州书会	沁县曲艺协会	1.寒食节	1.沁源县郭道镇郭道村民委员会	13
	2.院戏	平顺县石城镇东庄村村委会	2.庙会（小西天庙会、天地庙庙会）	2.小西天文物管理所、新绛县道和旅游开发有限公司	
	3.宇文武社火	太原市尖草坪区文化馆			

（续表）

批次	新增项目		扩展项目		项目数量
	项目名称	申报地区或单位	项目名称	申报地区或单位	
第五批（2017年公布）	4.门神信俗——尉迟敬德	4.山西尉迟恭文化创意有限公司	1.庙会（三泉庙会杜火梁习俗）	1.阳泉市郊区	13
	5.平定跑马陵道	5.平定县岔口乡理家庄村党支部、村委会	2.庙会（灵通禅寺庙会）	2.长治市沁源县	
	6.三月十八祭水神习俗	6.洪洞县广胜寺旅游景区管理服务有限公司	3.庙会（永乐宫三月三届会）	3.运城市	
	7.大佛寺登高节	7.覆山县农耕文化服务中心	4.西窑河灯会	4.晋中市榆次区	
	8.北岳恒山祭祀活动	8.浑源县北岳恒山登山协会	5.灵丘打铁花习俗	5.大同市灵丘县	
	9.商汤祈雨过赛习俗	9.阳城县文化馆			
	10.串黄蛇	10.汾阳市后沟村九曲黄河阵组委会			
	11.孝义市苏家庄村年俗	11.孝义市龙天民间年俗文化传承研究			
第六批（2023年公布）	1.炎帝故里拜祖大典	1.晋城市高平市			13
	2.晋商典当	2.山西省典当行业协会			
	3.元宵节（晋阳眊山）	3.山西慧光古灯博物馆			
	4.珠算	4.山西省珠算心算协会			
	5.覆山神兽祭祀	5.运城市覆山县			
	6.二十四节气（七十二候历）	6.临汾市襄城县			
	7.同川梨花会	7.忻州市原平市			
	8.老太原叫卖	8.太原市			
总计					95

资料来源：根据山西省人民政府发布的相关文件整理。

表19　山西省传统体育、游艺及杂技类国家级非物质文化遗产代表性项目

序号	项目名称	申报地区或单位	公布时间	国家级传承人
1	挠羊赛	忻州市	2008年（第二批）	崔福海
2	风火流星	太原市	2008年（第二批）	贾天仓
3	心意拳	晋中市	2008年（第二批）	梁晓峰
4	心意拳	祁县	2011年（第三批）	穆金桥
5	形意拳	太谷县	2011年（第三批）	宋光华
6	通背缠拳	洪洞县	2011年（第三批）	—

资料来源：根据中国非物质文化遗产网清单内容整理。

表20　山西省传统体育、游艺及杂技类省级非物质文化遗产新增及扩展项目

批次	新增项目		扩展项目		项目数量
	项目名称	申报地区或单位	项目名称	申报地区或单位	
第一批（2006年公布）	1.挠羊赛	1.忻州市	无	无	2
	2.心（形）意拳	2.晋中市			
第一批（2007年增补）	1.洗髓经健身术	1.山西省群艺馆健身中心	无	无	2
	2.盂县武术社火	2.阳泉市盂县			
第二批（2009年公布）	1.形意拳	1.太谷县形意拳协会	心意拳	永济市心意拳协会、祁县戴氏心意拳协会	11
	2.文水长拳	2.文水县左家拳总会			
	3.太谷绞活龙	3.太谷县文化艺术中心			
	4.拔花花	4.太原市尖草坪区文化馆			
	5.南少林五行拳	5.太原市万柏林区体育总会			
	6.傅山拳法	6.太原市尖草坪区傅山文化园			
	7.打瓦游戏	7.永和县文化馆			
	8.翼城老虎上山	8.翼城县文化馆			
	9.动物棋	9.乡宁县文化馆			
	10.洪洞通背缠拳	10.洪洞县通背缠拳协会			
第三批（2011年公布）	1.浑元一气功	1.武警山西总队	傅山拳	晋中市灵石县武术协会	6

（续表）

批次	新增项目		扩展项目		项目数量
	项目名称	申报地区或单位	项目名称	申报地区或单位	
第三批（2011年公布）	2.要叉（晋阳三叉、寿阳要叉、火叉）	太原市晋源区武术协会、晋中市寿阳县文化馆、临汾市襄城县文化馆			6
	3.手歌	临汾市汾西县文化馆			
	4.永济飞狮	运城市永济市文化馆			
	5.杨氏太极拳	太原市传统杨氏太极拳协会			
第四批（2013年公布）	1.鞭杆	盛甫武术研究院	无	无	2
	2.铁礼花	长治县民间文艺家协会			
第五批（2017年公布）	1.太行意拳（古传太极）	长治市郊区师旷古传太极文化研究会	无	无	11
	2.战力拳	灵石县仁义村委			
	3.弓力拳	祁县弓力拳协会			
	4.王宗岳太极拳	太谷县王宗岳太极拳协会			
	5.河东风筝	盐湖区体育事业发展中心			
	6.流星锤	万荣县武术协会			
	7.散手迎风掌	临猗荷县武术协会			
	8.杨家枪法	繁峙县杨家枪发展传承研究协会			
	9.陵川王泉武故事	陵川县人民文化馆吕梁市孝义市			

（续表）

批次	新增项目		扩展项目		项目数量
	项目名称	申报地区或单位	项目名称	申报地区或单位	
第五批（2017年公布）	10.孝义秘传64式活步大架太极拳	孝义市广平太极拳研究会	无	无	11
	11.手搏术	山西省介子推文化传媒有限公司			
第六批（2023年公布）	1.六合拳（汾阳六合拳）	吕梁市汾阳市	1.张家庄武社火	1.阳泉市平定县	6
	2.六合拳（左权六合拳）	晋中市左权县	2.通背缠拳	2.太原市杏花岭区	
	3.大同梅花拳	大同市	3.杨家将武术	3.忻州市代县	
总计					40

——资料来源：根据山西省人民政府发布的相关文件整理。